建设工程法律实务丛书
格案致知法律实务丛书

建设工程施工合同解除法律实务

王文杰 著

中国建材工业出版社

图书在版编目(CIP)数据

建设工程施工合同解除法律实务/王文杰著. --北京：中国建材工业出版社，2021.1

(建设工程法律实务丛书)

ISBN 978-7-5160-2988-6

Ⅰ. ①建… Ⅱ. ①王… Ⅲ. ①建筑施工-经济合同-合同法-研究-中国 Ⅳ. ①D923.64

中国版本图书馆 CIP 数据核字（2020）第 123561 号

建设工程施工合同解除法律实务

Jianshe Gongcheng Shigong Hetong Jiechu Falü Shiwu

王文杰 著

出版发行：中国建材工业出版社

地　　址：北京市海淀区三里河路1号

邮　　编：100044

经　　销：全国各地新华书店

印　　刷：北京鑫正大印刷有限公司

开　　本：787mm×1092mm　1/16

印　　张：11.25

字　　数：270千字

版　　次：2021年1月第1版

印　　次：2021年1月第1次

定　　价：56.00元

本社网址：www.jccbs.com，微信公众号：zgjcgycbs
请选用正版图书，采购、销售盗版图书属违法行为
版权专有，盗版必究。本社法律顾问：北京天驰君泰律师事务所，张杰律师
举报信箱：zhangjie@tiantailaw.com　　举报电话：（010）68343948
本书如有印装质量问题，由我社市场营销部负责调换，联系电话：（010）88386906

前 言 PREFACE

建设工程施工合同是合同法中最为复杂的合同类型之一，其复杂性表现在合同签订和合同履行的各个环节，除双方行为的互助、交叉、纠缠、勾连之外，合同履行过程中，还会出现很多在合同签订时没有约定或者预测不到的情形。因此，可以认为建设工程施工合同纠纷也是所有合同纠纷中最为复杂的纠纷类型之一。多年、多案件的代理实务经验，让笔者充分体会到，无论是判定解除权能否成立，还是解除合同后的撤场、结算、违约责任及损失等事实认定和法律适用问题，都比正常履行合同后的权利义务确认和责任处理更为复杂。

实务中，这一类纠纷并不少见，解除合同案件无论是在人民法院、还是仲裁机构所受理的民商事纠纷案件中都占有相当大的比重。尤其是在经济下行、金融危机、诚信缺失、工作失误、经营亏损，甚至是见利忘义的情况下，毁约率、违约率就会更高，违约和毁约行为导致合同无法履行，进而导致合同目的无法实现，最终导致合同解除，引致纠纷。

《中华人民共和国合同法》（以下简称《合同法》，全书同）并没有把合同解除单独列为一章，而是将其作为合同权利义务终止的情形之一，包含在第六章（权利义务终止）这一章节中。关于解除合同的具体条款也寥有几条，最高人民法院《民事案件案由规定》也没有把合同解除作为一个单独的案由作出规定。司法解释如最高人民法院《关于审理商品房买卖合同纠纷案件适用法律若干问题的解释》（2003 年 6 月 1 日起施行）、最高人民法院《关于审理建设工程施工合同纠纷案件适用法律问题的解释》（2005 年 1 月 1 日起施行）、最高人民法院《关于审理涉及国有土地使用权合同纠纷案件适用法律问题的解释》（2005 年 8 月 1 日起施行）、最高人民法院《关于审理技术合同纠纷案件适用法律问题的解释》（2005 年 1 月 1 日起施行）对合同解除虽有涉及，但毕竟没有系统叙述。

实务中，解除施工合同前的风险评估，怎样行使解除权？行使解除权的时机把握，合同该不该解除？解除后的法律后果？违约金过高的判断和调整，违约损失范围的确定与估算，在解除施工合同的诉讼中提出哪些诉讼请求，诉讼时效，诉讼管辖等等，都是值得实务律师深入研究的问题。

鉴于施工合同解除纠纷案件比正常履行合同后的纠纷所涉及的事实和法律问题要复

杂得多，所耗时间也更长，这些问题都是发包方和承包方的巨大风险，所以把施工合同的解除纠纷作为一个专门的课题来研究很有必要。尤其是专业的工程律师不得不关注这样一类案件。

另外，从施工合同解除的实际意义来看，解除合同是结算已完工程价款的前提条件之一，也是违约金计算的终止点，也是发包方要求承包方撤场的合法理由。

基于上述原因，施工合同的解除是一个重要的专题研究。2017年5月10日，在北京市律师协会组织、建设工程法律专业委员会主导的律师业务培训大会上，笔者以"建设工程施工合同解除若干实务问题研究"为题作了专题讲座，取得了良好效果，这是首场专门以施工合同解除以及解除后的实务处理为研究对象的实务讲座。笔者在讲座内容的基础上加以充实，遂成本书。

本书定稿之时，恰遇《中华人民共和国民法典》（以下简称《民法典》）正式颁布。笔者注意到《民法典》在原《合同法》及相关司法解释、最高人民法院关于《全国法院民商事审判工作会议纪要（2019）》合同解除内容的基础上对合同解除制度进行了完善。《民法典》相比于《合同法》在合同解除制度方面有了以下变化。

1. 增加了合同僵局中的解除制度。

《民法典》第580条规定："当事人一方不履行非金钱债务或者履行非金钱债务不符合约定的，对方可以请求履行，但是有下列情形之一的除外：（一）法律上或者事实上不能履行；（二）债务的标的不适于强制履行或者履行费用过高；（三）债权人在合理期限内未请求履行"。

"有前款规定的除外情形之一，致使不能实现合同目的的，人民法院或者仲裁机构可以根据当事人的请求终止合同权利义务关系，但是不影响违约责任的承担"。

关于解除的程序，最高人民法院关于印发《全国法院民商事审判工作会议纪要（2019）》第48条规定："违约方不享有单方解除合同的权利。但是，在一些长期性合同如房屋租赁合同履行过程中，双方形成合同僵局，一概不允许违约方通过起诉的方式解除合同，有时对双方都不利。在此前提下，符合下列条件，违约方起诉请求解除合同的，人民法院依法予以支持：（1）违约方不存在恶意违约的情形；（2）违约方继续履行合同，对其显失公平；（3）守约方拒绝解除合同，违反诚实信用原则"。

"人民法院判决解除合同的，违约方本应当承担的违约责任不能因解除合同而减少或者免除"。

2. 增加了不定期合同的解除制度。

《民法典》第563条第2款规定："以持续履行的债务为内容的不定期合同，当事人可以随时解除合同，但是应当在合理期限之前通知对方。以持续履行的债务为内容的不定期合同，当事人可以随时解除合同，但是应当在合理期限之前通知对方"。

3. 增加了解除权行使的除斥期间。

《民法典》第564条第2款规定："法律没有规定或者当事人没有约定解除权行使期限，自解除权人知道或者应当知道解除事由之日起一年内不行使，或者经对方催告后在合理期限内不行使的，该权利消灭"。此处《民法典》引入了《合同法》相关司法解释的规定，统一了裁判尺度。

4. 增加了解除通知中的自动解除内容。

《民法典》第565条第1款规定："当事人一方依法主张解除合同的，应当通知对方。合同自通知到达对方时解除；通知载明债务人在一定期限内不履行债务则合同自动解除，债务人在该期限内未履行债务的，合同自通知载明的期限届满时解除"。解除通知中规定了宽展期的，尊重解除权人的意思表示。

5. 增加了对方有异议时启动公力救济程序的主体规定。

《民法典》第565条第1款规定："对方对解除合同有异议的，任何一方当事人均可以请求人民法院或者仲裁机构确认解除行为的效力"。此处《民法典》引入了《合同法》相关司法解释的规定，统一了行使权利的程序。

6. 增加了直接以公力救济方式请求解除合同的制度。

《民法典》第565条第2款规定："当事人一方未通知对方，直接以提起诉讼或者申请仲裁的方式依法主张解除合同，人民法院或者仲裁机构确认该主张的，合同自起诉状副本或者仲裁申请书副本送达对方时解除"。此处《民法典》引入了《合同法》相关司法解释的规定，统一了裁判尺度。

7. 增加了公力救济时合同解除时间节点的规则。

《民法典》第565条第2款规定："当事人一方未通知对方，直接以提起诉讼或者申请仲裁的方式依法主张解除合同，人民法院或者仲裁机构确认该主张的，合同自起诉状副本或者仲裁申请书副本送达对方时解除"。此处《民法典》引入司法审判实务中关于解除日期的认定，统一了裁判尺度。

8. 增加了违约解除时的违约责任承担规则。

关于合同解除后，可否向违约方主张违约责任问题，实务中素有争议，《民法典》第566条第2款规定："合同因违约解除的，解除权人可以请求违约方承担违约责任，但是当事人另有约定的除外"。这一规定统一了裁判尺度。

9. 增加了合同解除对担保责任的影响。

《民法典》第566条第3款规定："主合同解除后，担保人对债务人应当承担的民事责任仍应当承担担保责任，但是担保合同另有约定的除外"。这一规定统一了裁判尺度，实务中不再有争议。

10. 对典型合同中解除规则的修改。

如第933条规定："委托人或者受托人可以随时解除委托合同。因解除合同造成对方损失的，除不可归责于该当事人的事由外，无偿委托合同的解除方应当赔偿因解除时间不当造成的直接损失，有偿委托合同的解除方应当赔偿对方的直接损失和合同履行后可以获得的利益"。

"纸上得来终觉浅，绝知此事要躬行"。法律的生命在于实践。法律是用来解决实际问题的，缺少了实践的法律就没有了生命，缺少了实践的律师就没有了竞争力。

王文杰
2020年11月

目 录 CONTENT

第一章 施工合同解除权、解除主体、解除方式及解除后果 / 1
 一、施工合同解除权 / 1
 二、行使施工合同解除权的主体 / 6
 三、行使施工合同解除权的方式及程序 / 9
 四、施工合同解除的法律后果 / 11

第二章 实务中常见的解除合同的原因 / 14
 一、发包人的解除权 / 14
 二、承包人的解除权 / 21
 三、施工合同双方协商一致解除 / 25
 四、双方意思表示一致，解除施工合同 / 26
 五、不可抗力下的施工合同解除权 / 28
 六、不安抗辩权下的解除权 / 30
 七、情势变更下的解除权 / 36
 八、意外事件导致合同不能履行后的解除 / 38
 九、特殊情况下，违约方的解除权 / 41
 十、任意解除权（随时解除权）/ 42
 十一、自动解除（当然解除）/ 43
 十二、实际解除权 / 45
 十三、第三人违约导致施工合同解除 / 46
 十四、双方约定的其他解除合同的条件 / 48
 十五、不开工或开工后擅自停工超过合理期限，可以解除合同 / 50
 十六、项目取消导致合同不能履行，合同解除 / 50
 十七、不符合约定的质量要求，发包方可以解除合同 / 51
 十八、能否以合同附随义务的违反为由提请合同解除 / 52
 十九、不能实现或者能否实现合同目的处于不确定状态 / 53

二十、总包合同无效，分包合同的效力认定 / 55
二十一、没有施工许可证，是否可以成为承包方解除合同的理由 / 60
二十二、合同未解除，发包方将涉案工程发包给第三方，施工方的解除权 / 61
二十三、《破产法》中视为解除合同的情形 / 62
二十四、未完工程优先受偿权的行使和合同解除权 / 64
二十五、法律规定的其他情形 / 65

第三章 解除施工合同的具体步骤 / 68

一、审查解除合同的利益考量 / 68
二、审查施工合同的效力 / 68
三、审查解除权是否成立 / 68
四、解除合同风险评估 / 69
五、解除合同的时机 / 70
六、行使解除权之前权利义务的确定 / 71
七、考虑合同相对方的抗辩理由 / 71
八、诉讼请求的确定 / 71
九、固定请求权基础，准确锁定法律规范 / 73
十、解除合同的本诉程序和反诉程序 / 73
十一、诉讼或仲裁的前置程序 / 74

第四章 施工合同解除的实务操作问题 / 75

一、施工合同解除的适用范围 / 75
二、施工合同解除纠纷管辖问题 / 76
三、解除合同通知的具体形式 / 77
四、合同解除、质量合格是施工方请求已完工程结算支付的前提条件 / 77
五、确认合同解除与请求裁判合同解除以及解除时间的确定 / 78
六、诉讼中，当事人不主张解除合同，法院可否依职权解除合同 / 80
七、因发包人原因致使建设工程停工，当事人对停工时间未作约定或未达成协议的，承包人不应盲目等待而放任停工状态的持续以及停工损失的扩大，否则应对放任扩大的损失承担责任 / 82
八、合同一方当事人以相对方迟延履行合同义务为由解除合同是否必须以催告相对方履行合同义务为前置条件 / 83
九、合同解除权的行使是否受除斥期间的限制，合同解除权的除斥期间如何确定，对合同解除有异议的一方请求确认合同解除效力是否受期间限制 / 84
十、合同履行过程中，一方当事人可否自行指定合同解除权的行使期限 / 86
十一、同时履行抗辩权或先履行抗辩权行使不当，构成违约 / 86
十二、正确行使先履行抗辩权 / 87

十三、解除权人行使合同解除权后，可否撤销该解除通知 / 88

十四、合并之诉在施工合同纠纷案件中的运用 / 89

十五、视为解除条件约定不明的情形 / 90

十六、要准确判定合同解除方是否享有合同解除权，对解除事由进行
实质性审查 / 90

十七、一方无解除权要求解除合同，有解除权的一方不要求解除合同，
法院如何处理 / 95

十八、要妥善处理合同解除的法律后果 / 97

十九、对当事人滥用合同解除权，应如何进行限制 / 101

二十、合同解除权的行使是否应当考虑双方的利益平衡问题 / 102

二十一、先予执行程序在施工合同纠纷中的应用 / 102

二十二、违约金的调整问题 / 105

二十三、合同解除后，结算工程款的诉讼时效如何起算 / 107

二十四、确认合同无效是否受诉讼时效的限制，诉讼时效如何起算 / 111

二十五、合同解除后工程质保金预留问题 / 113

二十六、实务中，施工合同解除后未施工部分预期利益损失请求能否得到支持 / 114

二十七、在双方当事人已失去合作信任的情况下，为解决双方矛盾，人民法院可以判
决由发包人自行委托第三方参照修复设计方案对工程质量予以整改，所需费
用由承包人承担 / 116

二十八、合同约定解除应否考虑违约程度 / 119

二十九、施工合同解除后，剩余材料的处理 / 122

三十、黑白合同效力认定以及效力认定在施工合同解除纠纷中的必要性 / 124

三十一、先行判决或裁决解除合同的前提条件 / 126

三十二、在一方已经履行完了合同义务的情况下，另一方要求解除合同，能否得到
支持 / 127

三十三、合同解除后，施工方有义务配合业主办理竣工验收手续 / 129

三十四、法院或者仲裁庭的释明义务 / 131

三十五、解除合同后，另行选择施工队伍恢复施工造成的损失 / 133

三十六、解除施工合同，以物抵债协议的效力和抵扣问题 / 134

三十七、违约迟延交付工程，违约金诉讼时效的起算 / 136

三十八、有无解除权，是认定解除通知是否产生法律后果的前提条件 / 137

三十九、如何判定"不能实现合同目的"？ / 137

四十、行政机关的处罚或管理措施能否作为解除合同的理由 / 139

四十一、解除合同通知的法律后果判定 / 140

四十二、解除施工合同必须作为明确的诉讼请求提出 / 140

四十三、施工合同无效或解除后，施工方不撤出施工场地，发包方应该以何案由起诉要求撤出工地 ／ 142

四十四、协商解除合同，达成一致后还能否要求违约赔偿 ／ 144

第五章 施工合同解除纠纷疑难案例解析 ／ 145

一、法院拒绝被告质量鉴定申请，是否违反法定程序 ／ 145

二、最高人民法院案例：总包合同解除，分包合同是否应同步解除 ／ 147

三、发包方滥用解除权导致合同解除，应承担违约责任 ／ 150

四、单方解除，还是双方达成了合意解除 ／ 155

五、本案合同是BOT还是EPC，是否因是BOT模式而不能解除合同 ／ 157

六、施工合同解除后工程交接争议 ／ 159

附　录　最高人民法院公报：与合同解除权有关的12个裁判规则汇总 ／ 160

第一章　施工合同解除权、解除主体、解除方式及解除后果

一、施工合同解除权

1. 各国关于合同解除的法律规则分类

笔者阅读了部分专家关于合同解除的著述，发现，世界各国关于合同解除的法律规则主要有四类，归纳如下：

第一类，双方合意解除。双方合意是一个合同关系。既然当事人有权利通过合意设立一种关系，同样有权利通过合意消灭一种既存的关系。这一点，《中华人民共和国合同法》第2条已经规定的很明确。合意解除规则被世界各国法律所公认，在此规则之下，解除诉讼是不必要的，但是双方合意是否成立或是否有效是可以通过诉讼或仲裁来确认的。

第二类，当然解除。所谓当然解除，也叫自动解除，是指当法律规定的条件出现时，合同自动解除，无须当事人为解除之意思表示，解除不是法律行为。关于当然解除的立法例并不多见。《日本国商法》第525条规定："根据买卖性质或当事人的意思表示，除非在一定日期或一定期间内履行，否则就不能达到契约目的的情况下，如果当事人一方不予履行、并已超过规定的时间时，如相对人不立即请求履行，则视为解除契约。"当然解除在日本法上被适用于定期买卖。诉讼对于当然解除同样是不需要的。解除即使要诉讼，其与无效确认之诉在性质上是完全相同的，本质是一个确认之诉。

第三类，裁判解除。裁判解除适用于一般法定解除，是指当一般法定解除权产生的条件（主要是指根本违约）成就时，解除权人行使解除权解除合同，应当通过诉讼程序，经裁判解除。这种模式以法国法律为代表。《法国民法典》第1184条第3款规定："债权人的解除契约，必须向法院提起之。法院依情形对于被告得许以犹豫期间。"因此，"契约之解除，须于裁判上请求之"。这时，裁判审查的目的在于确认根本违约是否成立。法国学者莱尼·达维对裁判解除模式存在的正当性是这样分析的："这样做的原因是只有在契约被严重违反的情况下，才被允许将其废除，即一方当事人失去了其因契约所带来的收益，其承诺已经毫无意义。因而契约的取消不能没有法院的监督，因

为，取消契约可能导致对另一方当事人相当数量的赔偿费。"

裁判解除应当经由诉讼程序，由法院最终判决合同能否被解除。

第四类，单方通知解除。单方通知解除是将解除权设定为形成权，合同的解除依赖于解除权人的意思表示，合同自解除的意思到达对方当事人时解除。德国民法、日本民法、我国台湾地区"民法"、中国《合同法》及《联合国国际货物买卖合同公约》均采用了这种模式。在德国债法的修订中，依然保留了第349条立法关于解除权的行使方式，因此"解除需要解除权人做出表示解除的单方需受领的意思表示。由于这涉及的是形成权的行使，所以此种表示不得附有条件和期限"。我国台湾地区"民法"第258条第1款规定："解除权之行使，应向他方当事人以意思表示为之。"《联合国国际货物买卖合同公约》第26条规定："宣告解除合同的声明，必须向另一方当事人发出通知，方始有效。"因为解除的意思表示是单方的、不要式的，因此不论于审判外或审判上，又不论为明示或默示，均无不可。所以，在单方通知解除规则下，法律并不禁止解除权人通过诉讼的方式送达解除之意思，但是诉讼对于单方通知解除规则是不必要的。

2. 中国法律关于合同解除的法律规则分类

我国法律对合同解除规则的选择主要集中在裁判解除与单方通知（形成权）解除两种规则上。从法律渊源的角度看，这种选择体现了法律与司法解释在立法价值上的差异。

（1）《合同法》的合同解除规则

除合意解除外，无论是约定解除、一般法定解除，还是特别法定解除，解除权行使的方式都是一致的。《合同法》第96条第1款规定："当事人一方依照本法第九十三条第二款、第九十四条的规定主张解除合同的，应当通知对方。合同自通知到达对方时解除……"由此可见，《合同法》关于合同的解除规定为典型的单方通知解除规则。在一般法定解除情形下，解除权是作为违约救济制度被规定的，解除权常常与根本违约相对应。解除权单方通知行使的模式决定了解除通知比解除权本身更优越，因此，判断合同是否被解除，首先不是看有无解除权，而是看解除通知是否已经到达对方当事人。中国台湾学者在论及此时指出："解除之意思表示，无须明示解除权发生之原因，虽有错误原因之附加，亦不妨意思表示之为有效。"为防止解除权人滥用解除权损害对方利益，《合同法》作了一个全新的制度安排，赋予对方当事人以异议诉权。《合同法》第96条第1款规定，对方有异议的，可以请求人民法院或者仲裁机构确认解除合同的效力。

通过对《合同法》解除规则的分析，我们可以看出：首先，合同当事人主张解除合同无须提起解除之诉。并且，根据形成权的制度安排，当事人在单方通知解除合同时，"无须明示解除权发生之原因"，更不需要为解除权的存无举证。其次，对解除权存无的实质审查应当是在解除异议之诉程序中，而这个诉必须由对方当事人（异议方）提起。

实务中，是否应该实体审查解除权发生的原因，存在争议，但司法共识认为实体审查解除权发生之原因不仅是必要的，还要求主张的一方为解除权的存无举证，并承担举证不能的法律后果，解除的原因不成立，不但达不到解除合同的目的，还会构成违约。

（2）最高人民法院司法解释的合同解除规则

最高人民法院有多个关于合同纠纷的司法解释涉及合同解除的规则。这些司法解释包括：最高人民法院《关于审理商品房买卖合同纠纷案件适用法律若干问题的解释》（2003年6月1日起施行）、最高人民法院《关于审理建设工程施工合同纠纷案件适用法律问题的解释》（2005年1月1日起施行）、最高人民法院《关于审理涉及国有土地使用权合同纠纷案件适用法律问题的解释》（2005年8月1日起施行）。另外，最高人民法院《关于审理技术合同纠纷案件适用法律问题的解释》对合同解除也有涉及，这些规则的基本内容包括：

第一，将解除权归于诉权。

最高人民法院《关于审理商品房买卖合同纠纷案件适用法律若干问题的解释》第8条规定："具有下列情形之一，导致商品房买卖合同目的不能实现的，无法取得房屋的买受人可以请求解除合同、返还已付购房款及利息、赔偿损失，并可以请求出卖人承担不超过已付购房款一倍的赔偿责任。"最高法院的司法解释的本质在于设定，解除权人有权利通过诉讼的方式来行使解除权，解除权是一个"请求"，但形成权却不是一个须经"请求"方可实现的权利。解除权因为司法解释已由"形成权"转化为"请求权"。

第二，法院有权力支持或者不支持解除权人的解除请求。

最高人民法院《关于审理商品房买卖合同纠纷案件适用法律若干问题的解释》第12条规定："因房屋主体结构质量不合格不能交付使用，或者房屋交付使用后，房屋主体结构质量经检验确属不合格，买受人请求解除合同和赔偿损失的，应予支持。"最高人民法院《关于审理建设工程施工合同纠纷案件适用法律问题的解释》（以下简称《施工合同司法解释》，全书同）第8条规定："承包人具有下列情形之一，发包人请求解除建设工程施工合同的，应予支持：（一）明确表示或者以行为表明不履行合同主要义务的；（二）合同约定的期限内没有完工，且在发包人催告的合理期限内仍未完工的；（三）已经完成的建设工程质量不合格，并拒绝修复的；（四）将承包的建设工程非法转包、违法分包的。"解除权既然要诉请法院实现，法院经过审理，当然会做出支持或者不支持的判决结论。

最高人民法院的司法解释所确立的是一个裁判解除规则，其将法律基于根本违约而赋予守约方以解除救济的权利设定为诉权。守约方寻求救济应当经由司法审判最后确认实现，是否构成根本违约由法院最终查明。但是，应当特别指出的是，即使在法国民法典早已沿用百年的裁判解除规则下，"法官如何判定违约是否严重，在法国法中并没有形成统一的、明确的标准和概念"。形成权解除规则更符合解除违约救济的本质。

3. 施工合同解除权的概念及含义

合同解除权就是合同当事人依照合同约定或法律规定享有的解除合同的权利，它的行使直接导致合同权利义务消灭的法律后果。

合同解除权属形成权。所谓形成权，是指权利人依自己的单方意思表示就可以使民事法律关系发生、变更或消灭的权利。根据形成权的法律特征，在通常情况下，形成权以单方意思表示方式行使；也就是说，实现形成权既不需要向法院提出请求，也不需要进行强制执行，所以行使形成权不需要法院的裁判。合同解除权为形成权，属于私力救济权，由债权人单方作出意思表示即可。一般而言，主张解除的当事人不必向法院或仲裁机构提起确认之诉，但主张解除的当事人必须将解除合同的通知送达对方当事人能够控制的地方。

合同解除的本质含义，是对合同权利义务的清算。或者说，权利义务没有清算，不能视为合同已经解除。不存在只解除合同，不清算权利义务的情形，除非双方另有约定或不需要。合同解除包括全部解除或部分解除。

4. 《合同法》关于合同解除权的法律规范

依合同解除权产生的条件不同，可将合同解除权的类型分为约定解除权、法定解除权和法律规定的其他情形的解除权。

（1）约定解除权。

约定解除权即指通过当事人约定，当一定事由发生时，一方或双方享有解除合同的权利。约定解除权的产生是基于双方当事人的约定，而不是单方决定。这种约定可以在订立合同时在合同中写明，也可以在订立合同后另行约定。根据《合同法》第93条的相关规定，当事人在约定解除权时，对此种权利的行使可以附加一定的条件，如解除权的发生情形、行使条件以及行使解除权的效力等。值得注意的是，当发生符合行使约定解除权的事由时，并不当然出现合同解除的后果，而是必须经由解除权人在解除期限内向对方发出解除合同的意思表示。通常情况下，解除合同既可在诉讼外提出，也可在诉讼中提出。如果对解除权行使方法有特殊约定的，则应遵守其约定。

《合同法》第93条第2款规定："当事人可以约定一方解除合同的条件。解除合同的条件成就时，解除权人可以解除合同。"

（2）法定解除权。

法定解除权即指由法律直接加以规定，当一定事由发生时，一方当事人享有解除合同的权利。《合同法》在充分吸收了两大法系及国际公约的立法经验的基础上，对法定合同解除条件作了较为严格的限制。根据《合同法》第94条的规定，当事人单方行使解除权的法定情形有下列五种：一是因不可抗力不能实现合同目的的。不可抗力是指不能预见、不能避免、不能克服的客观现象。不可抗力事件的发生，只有其致使合同目的完全不能实现时，则任何一方当事人均享有合同解除权。二是因拒绝履行主要债务不能实现合同目的的。这是指在履行期限届满之前，当事人一方明确表示或者以自己的行为表明不履行主要债务。对于这种情况，另一方可不进行履行催告，径直行使解除权。三是因迟延履行主要债务致使不能实现合同目的的。债务人无正当理由，若对于未约定履行期限，在债权人催告后仍未履行的，债权人便可享有合同解除权；若在合同履行期间届满，仍未履行合同主要债务，则债权人可不进行催告即享有解除权。四是因迟延履行或有其他违约情形不能实现合同目的的。致使合同目的无法实现的违约形态有多种，包括迟延履行、不完全履行，以及履行地点不符合合同约定等。在此情况下，债权人可不经催告而直接解除合同。五是法律规定的其他解除情形。这是一个概括性的规定，当以上情形都没有出现，而法律规定其他情形合同也应该解除时，合同就解除。这为将来法律的发展留足了空间，同时也防止法律出现漏洞。

（3）法律规定的其他情形的解除权。

《合同法》第 94 条用列举加概括的方式对法定解除权做出了相对明确的规定，其中第（五）项做了兜底式概括性规定，那么"法律规定的其他形式"主要包括哪些具体情形？

首先，不安抗辩权下的解除权。

《合同法》第 68 条规定，应当先履行债务的当事人，有确切证据证明对方有下列情形之一的，可以中止履行：（一）经营状况严重恶化；（二）转移财产、抽逃资金，以逃避债务；（三）丧失商业信誉；（四）有丧失或者可能丧失履行债务能力的其他情形。当事人没有确切证据中止履行的，应当承担违约责任。《合同法》第 69 条规定，当事人依照本法第 68 条的规定中止履行的，应当及时通知对方。对方提供适当担保时，应当恢复履行。中止履行后，对方在合理期限内未恢复履行能力并且未提供适当担保的，中止履行的一方可以解除合同。《合同法》对不按抗辩权下解除权的行使规定了前置程序条件。

其次，法律或者事实意义上的不能履行情况下的解除权。

《合同法》第 110 条规定："当事人一方不履行非金钱债务或者履行非金钱债务不符合约定的，对方可以要求履行，但有下列情形之一的除外：（一）法律上或者事实上不能履行；（二）债务的标的不适于强制履行或者履行费用过高；（三）债权人在合理期限内未要求履行。"

上述情形能否作为解除事由？谁可行使解除权？实务中会有争议。最高人民法院曾有判决认为，此种情形下违约方可以行使解除权[①]。该案归纳的规则要旨：根据《合同法》相关规定，有违约行为的一方当事人请求解除合同，没有违约行为的另一方当事人要求继续履行合同，当违约方继续履约所需的财力、物力超过合同双方基于合同履行所能获得的利益，合同已不具备继续履行的条件时，为平衡双方当事人利益，可以允许违约方解除合同，但必须由违约方承担赔偿责任，以保证对方当事人的现实既得利益不因合同解除而减少。

违约方有无解除权？王利明教授曾经提出不同意见，认为授予违约方解除权，理论上没有依据，违约方根本就没有解除权。

《最高人民法院关于印发〈全国法院民商事审判工作会议纪要〉的通知》（法〔2019〕254 号）第 48 条规定："【违约方起诉解除】违约方不享有单方解除合同的权利。但是，在一些长期性合同如房屋租赁合同履行过程中，双方形成合同僵局，一概不允许违约方通过起诉的方式解除合同，有时对双方都不利。在此前提下，符合下列条

---

① 见《新宇公司诉冯玉梅商铺买卖合同纠纷案》，载《最高人民法院公报》2006 年第 6 期（总第 116 期）。

件，违约方起诉请求解除合同的，人民法院依法予以支持：（1）违约方不存在恶意违约的情形；（2）违约方继续履行合同，对其显失公平；（3）守约方拒绝解除合同，违反诚实信用原则。人民法院判决解除合同的，违约方本应当承担的违约责任不能因解除合同而减少或者免除。"

我国《民法典》（草案）第三百五十三条第三款规定：合同不能履行致使不能实现合同目的，解除权人不解除合同对对方明显不公平的，对方可以向人民法院或者仲裁机构请求解除合同，但是不影响其承担违约责任。民法典规定，在这种情况下，违约方可以起诉解除，由法院判断是否应该解除，这和授予违约方解除权有着本质的区别。

5.《中华人民共和国企业破产法》规定的视为合同解除的情形

《中华人民共和国企业破产法》（以下简称《企业破产法》，全书同）第18条第1款对破产管理人的合同解除权做出的相关规定："人民法院受理破产申请后，管理人对破产申请受理前成立而债务人和对方当事人均未履行完毕的合同有权决定解除或者继续履行，并通知对方当事人。管理人自破产申请受理之日起二个月内未通知对方当事人，或者自收到对方当事人催告之日起三十日内未答复的，视为解除合同。"这种情形应属于《合同法》第94条第（五）项法律规定的其他情形中之一。

二、行使施工合同解除权的主体

关于解除权的归属，《合同法》赋予当事人以解除权，行使解除权的主体只能是当事人，只有合同当事人才能行使解除权，法院、仲裁机构没有解除权，法律没有赋予法院、仲裁机构合同解除权，法院、仲裁机构不能依职权解除合同。

一般情况下，只有守约方才能行使解除权。对约定解除权，必须按约定行使。对于法定解除权，要按法律规定行使。

最高人民法院《关于审理建设工程施工合同纠纷案件适用法律问题的解释》规定了发包人和承包人的解除权，即发包人和承包人为行使施工合同解除权的主体。

1. 发包人为行使施工合同解除权的主体

《施工合同司法解释》第8条规定："承包人具有下列情形之一，发包人请求解除建设工程施工合同的，应予支持：（一）明确表示或者以行为表明不履行合同主要义务的；（二）合同约定的期限内没有完工，且在发包人催告的合理期限内仍未完工的；（三）已经完成的建设工程质量不合格，并拒绝修复的；（四）将承包的建设工程非法转包、违法分包的。"

上述规定了发包人可以解除施工合同的四种情形，这四种情形是施工合同中最常见的解除事由，主要包括：

第一，明确表示或者以行为表明不履行合同主要义务的。这是对《合同法》第94条第（二）项预期违约内容的具体化，就施工合同具体内容举例为：在工程款支付、施工行为、协助义务、法定义务方面存在上述行为，不按指令进场、擅自停工等行为。

实际施工过程中，承包人以书面形式明确表明不履行合同义务的情况较少，多表现为承包人未与发包人协商，单方擅自停工，以此要求发包人同意签证、调整工程造价等行为。

第二，合同约定的期限内没有完工，且在发包人催告的合理期限内仍未完工的。这是对《合同法》第94条第（三）项现实违约内容的具体化和对接，包括总工期、阶段性工期、节点工期等。发包人的催告应属于容忍义务的范畴，催告的意义，在于催促承包人纠正违约行为，依约履行合同义务，也为下一步行使解除权固定证据。

建设工程未如期完工，可能会引起发包人对合同外一系列的违约风险，尤其是房地产开发项目，由于承包人的工期延误，可能会导致业主要求开发商交房违约的巨额赔偿。若由于承包人自身原因，如施工组织不力、施工方案安排不合理等，导致工期延误，且在发包人给予的宽限期内仍未完工，则发包人有权解除合同。

第三，已经完成的建设工程质量不合格，并拒绝修复的。这是对《合同法》第94条第（四）项内容的具体化和对接，具体情形包括施工过程中质量不合格并拒绝修复等。如已完工，则无需解除合同，可以要求减少工程款。

由于工程质量不合格，发包人不能实现合同的根本目的，承包人的行为构成根本违约，发包人有权针对未完成的工程依法解除合同。

第四，将承包的建设工程非法转包、违法分包的。这是对《合同法》第94条第（五）项"违反其他法律规定的"具体化和对接。

关于将承包的工程转包和违法分包的。为保证建筑工程的质量，国家对承包商实行强制的资质许可制度，不同的资质代表承包商承建工程的资金实力、技术力量和经验业绩，若承包人转包或分包工程后，实际施工人的资质等级低于承包人或实际施工人根本没有资质，由于实际施工人缺乏完成该工程的资信和技术实力，则工程质量和工期可能无法保障，发包人的合同目的有可能根本无法实现，故发包人有权解除合同。

《中华人民共和国民法典（草案）》（2019年，以下简称《民法典（草案）》，全书同）第806条规定："承包人将建设工程转包、违法分包的，发包人可以解除合同。发包人提供的主要建筑材料、建筑构配件和设备不符合强制性标准或者不履行协助义务，致使承包人无法施工，且在催告的合理期限内仍未履行相应义务的，承包人可以解除合同。

合同解除后，已经完成的建设工程质量合格的，发包人应当按照约定支付相应的工程价款；已经完成的建设工程质量不合格的，参照本法第七百九十三条的规定处理。"

上述情形为施工合同中最常见的发包人的解除事由，具体适用时还要回到《合同法》立法本意，不能脱离《合同法》原条款。

2. 承包人为行使施工合同解除权的主体

《施工合同司法解释》第9条规定："发包人具有下列情形之一，致使承包人无法施工，且在催告的合理期限内仍未履行相应义务，承包人请求解除建设工程施工合同的，应予支持：（一）未按约定支付工程价款的；（二）提供的主要建筑材料、建筑构配件和设备不符合强制性标准的；（三）不履行合同约定的协助义务的。"

该条规定了承包人可以解除施工合同的三种情形，这三种情形是施工合同中最常见的解除事由，第（一）、（二）项为列举式，第（三）项为概括式，主要包括：

第一，未按约定支付工程价款的。这一条弹性最大，未支付的数额或比例达到多少方可要求解除合同？是否应考虑不能实现合同目的？这就涉及重大违约、根本违约和轻微违约问题下解除权的判断问题。

第二，发包人提供的主要材料、构配件和设备不符合强制性标准，且在承包人催告的合理期限内未予以更换。《中华人民共和国建筑法》（2019年修正，以下简称《建筑法》，全书同）第55条和第58条规定了承包人的建设工程质量责任制度。第54条规定，发包人不得以任何理由，在施工作业中，违反法律、行政法规和建筑工程质量、安全标准，要求施工单位降低工程质量标准等。第59条规定，对"甲供材料"，承包人负有检验义务，经检验不合格的，不得使用，并有权要求发包人更换。据此，若发包人提供的主要材料、构配件和设备等不符合强制性标准，且在承包人催告的合理期限内未予以更换，则承包人有权依法解除合同。

第三，发包人不履行合同约定的协助义务且经催告后合理期限内仍未履行。在施工合同履行过程中，发包方有很多协助义务，主要表现为：发包人不按约定提供施工场地、施工界面，不协调总分包关系、相邻关系、或未完成立项报建等行政审批手续等，经承包人催告后，发包人在合理期限内未消除上述障碍，则承包人有权解除合同。此外，还包括拆迁、水电、图纸、道路等协助条件。需要注意的是，特别强调了合同约定的协助义务，只有发包人不履行合同约定的协助义务且经催告后合理期限内仍未履行的，才适用解除合同的规定。

3. 不可抗力原因解除的主体

《中华人民共和国民法总则》（2017年，以下简称《民法总则》，全书同）第180条规定："因不可抗力不能履行民事义务的，不承担民事责任。法律另有规定的，依照其规定。不可抗力是指不能预见、不能避免且不能克服的客观情况。"《合同法》第117条第2款规定，不可抗力是指不能预见、不能避免并不能克服的客观情况。

是否属不可抗力，应从以下几个方面综合加以认定：

（1）不可预见性。（2）不可避免性。（3）不可克服性。（4）履行期间性。构成一项合同的不可抗力事件，必须同时具备上述四个要件，缺一不可。

因不可抗力致使不能实现合同目的，当事人任何一方均可以主张解除合同。不可抗力通常包括地震、水灾等自然灾害，战争、骚乱、罢工等社会异常事件，国家颁布新的法律法规以及政府行为等。施工过程中，发生不可抗力事件，可以参照施工合同范本关于不可抗力及责任承担的条款规定的原则，承发包双方均可解除合同，损失各自承担。

三、行使施工合同解除权的方式及程序

按照《合同法》第96条第1款规定:"当事人一方依照本法第九十三条第二款、第九十四条的规定主张解除合同的,应当通知对方……"可见,行使解除权的方式为通知,但是《合同法》并没有规定通知的具体方式。实务中,提起诉讼或仲裁被视为是解除通知的具体方式之一。按照《合同法》和《施工合同司法解释》的规定,工程施工合同解除的程序包括催告违约或履行通知、解除通知、通知送达和解除异议四个阶段。

1. 通知义务

《合同法》第96条第1款规定:"当事人一方依照本法第93条第2款、第94条的规定主张解除合同的,应当通知对方。合同自通知到达对方时解除。对方有异议的,可以请求人民法院或者仲裁机构确认解除合同的效力。"

解除权系形成权,依单方意思表示即可成立,不必经对方当事人同意。承发包双方任一方收到另一方发出的催告违约通知或纠正违约通知后,在指定的期限内,仍不纠正违约行为,则另一方可在法律规定或合同约定的期限内,向对方发出解除合同的通知。依据《合同法》第95条,若解除权人在法律规定或合同约定的期限内没有行使解除权,则该权利消灭。除上述法律意义外,通知的实际意义在于确定解除的具体日期,因为合同自通知到达对方时解除,通知到达日一般即被视为解除日。

2. 通知方式

对通知的具体方式,《合同法》未作特殊要求,因此它可以包括书面、口头或其他形式,如国际上惯用的声明、请求或特定情况下的传真、电子邮件等。实务中,为了避免产生争议,最好采取书面形式。对于法律规定或当事人约定采取书面形式的合同,在合同解除时,也应采取书面通知的形式。不管采取哪种方式,只要通知送达对方即可发生合同解除的法律效力。

解除权人用通知行使解除权,也没有明确规定具体程序,比如诉讼或者仲裁程序。无论是约定解除还是法定解除,只要享有合同解除权的一方行使解除权并通知对方,合同即行解除,无须由法院或者仲裁机构裁决解除合同的效力。

实务中,既可以通知解除,也可以直接通过诉讼或者仲裁行使解除权;也可以先通知,再以诉讼或仲裁方式行使解除权,但是两种方式的诉讼请求不一样,即确认合同已经解除或要求裁决合同解除。

为确保合同解除的效力,最常用的做法是采用公证送达通知书,即使对方不同意签收,公证人员亦可采用留置送达的方式送达。

3. 催告义务

实务中,在发包人不能按合同约定支付工程款,不能提供施工图纸、材料或设备的

情形下，承包人会向发包人发出催告通知，指出发包人的违约行为，并要求发包人在规定期限内予以纠正。

在承包人擅自停工、工期延误或工程质量不合格等违约情况下，发包人亦会向承包人发出催告违约通知，指出承包人的违约行为，并要求承包人在规定期限内予以纠正。

关于催告义务，《施工合同司法解释》第8条对工期违约，主要建筑材料、建筑构配件和设备质量不合格，不履行合同约定的协助义务，都规定了催告义务；第9条对违约支付工程款规定了催告义务。

实务中，是否把催告作为必经程序，是否是行使解除权的前提条件要看案件的具体情形。

4. 解除权的除斥期间

《民法总则》第199条规定："【除斥时间】法律规定或者当事人约定的撤销权、解除权等权利的存续期间，除法律另有规定外，自权利人知道或者应当知道权利产生之日起计算，不适用有关诉讼时效中止、中断和延长的规定。存续期间届满，撤销权、解除权等权利消灭。"

《民法典（草案）》第564条规定："法律规定或者当事人约定解除权行使期限，期限届满当事人不行使的，该权利消灭。

法律没有规定或者当事人没有约定解除权行使期限，自解除权人知道或者应当知道解除事由之日起一年内不行使的，或者经对方催告后在合理期限内不行使的，该权利消灭。"

5. 异议期

一方行使解除合同的权利，主张解除合同，而由另一方提出异议，并向人民法院或仲裁机构提出确认之诉的情况下，人民法院或仲裁机构才对合同是否解除进行裁决。

法律在保障一方行使解除权时，赋予了另一方的异议权。依据《合同法》第96条规定，若一方对另一方的合同解除主张有异议，则可请求人民法院或仲裁机构确认合同解除之效力。

关于一方行使异议权的期限，最高人民法院在《关于适用〈中华人民共和国合同法〉若干问题的解释（二）》第24条中规定："当事人对合同法第九十六条、第九十九条规定的合同解除或者债务抵销虽有异议，但在约定的异议期限届满后才提出异议并向人民法院起诉的，人民法院不予支持；当事人没有约定异议期间，在解除合同或者债务抵销通知到达之日起三个月以后才向人民法院起诉的，人民法院不予支持。"由此可见，有约定合同解除异议期的，应在约定期限内提出；没有约定异议期的，应在合同解除通知送达之日起三个月内向法院起诉。

另外，《企业破产法》规定了视为解除的情形的异议期限。《企业破产法》第18条规定："人民法院受理破产申请后，管理人对破产申请受理前成立而债务人和对方当事人均未履行完毕的合同有权决定解除或者继续履行，并通知对方当事人。管理人自破产申请受理之日起二个月内未通知对方当事人，或者自收到对方当事人催告之日起三十日内未答复的，视为解除合同。管理人决定继续履行合同的，对方当事人应当履行；但是，对方当事人有权要求管理人提供担保。管理人不提供担保的，视为解除合同。"

在权利救济途径上，如果相对人对管理人解除合同的行为持有异议，可基于《合同法》第96条的规定，向法院提起诉讼，按正常的民事诉讼程序解决。

6. 解除权的行使及异议程序中抗辩、反诉、另诉程序的具体适用

实务中，当事人发送解除合同通知后，又在最高人民法院《关于适用〈合同法〉若干问题的解释（二）》规定的异议期限届满前向人民法院提起诉讼，请求确认解除合同行为已发生法律效力的，相对方可以在诉讼中进行抗辩，不需以提起反诉或另行提起诉讼的方式提出异议。当事人请求解除合同，未根据《合同法》第97条的规定要求恢复原状、采取其他补救措施及赔偿损失的，人民法院应当向当事人进行释明是否增加诉讼请求。一方当事人请求解除合同，相对方主张赔偿损失的，应当以反诉方式提出。

实务建议：承包人欲解除施工合同，最好先催告再停工，然后发出解除通知，再提起诉讼或仲裁对已完工程进行结算。发包人欲解除施工合同，最好先催告，再发出解除通知，只要施工人能配合交出工地和施工资料，是否再提起诉讼或仲裁要看实际需要及合同约定。催告、暂停工、停工、发出解除通知，必须符合合同约定和法律规定。

四、施工合同解除的法律后果

《施工合同司法解释》第10条规定："建设工程施工合同解除后，已经完成的建设工程质量合格的，发包人应当按照约定支付相应的工程价款；已经完成的建设工程质量不合格的，参照本解释第三条规定处理。因一方违约导致合同解除的，违约方应当赔偿因此而给对方造成的损失。"

1. 施工合同解除的效力

施工合同解除没有溯及既往的效力，合同解除的效力只向将来消灭。

依据《合同法》第93条、第97条及《施工合同司法解释》第8条、第9条的规定，建设工程施工中的承、发包双方在施工过程中，若一方出现合同约定或法律规定的违约情形，另一方可通过行使合同解除权，维护自身合法权益。在建设工程施工的实际履行过程中，承、发包双方均可依约或依法行使合同解除权。由于行使合同解除权的主体、合同解除的原因和情形不同，从而导致承、发包双方损失的索赔范围、工程结算、停建工程的保管和维修及后期竣工备案等法律后果均不同。

2. 解除合同的意义：权利义务的总清算

（1）已完工程量的结算。

解除施工合同是清理权利义务的重要节点，是已完工程总结算的终点。根据施工合同的特点,解除的效力只向将来消灭,对已完工程量不产生解除效力,这就是说,即使合同解除,对已完工程量,适用折价补偿原则,应该结算工程款,不必返还财产,这是由施工合同的特殊性决定的。

施工合同解除是对已完工程进行总结算的前提条件,也可能是违约金和违约损失的分界点。对工程技术人员和财务人员来说,工程结算就是算账,但是对法律人来说,工程结算是对合同权利义务的总清算。施工合同解除后,承、发包双方要解决的主要法律问题包括工程索赔、工程结算、承包人在合同解除后退场前对建筑工程的保管责任,对已完工程的质量保证责任等。

关于合同解除后的工程结算必须具备两个条件,一是工程质量合格,二是已完工程量能够确定。

首先,已完工程质量合格是双方办理结算的条件之一。依据《施工合同司法解释》第10条规定,建设工程施工合同解除后,已完成的工程质量合格的,发包人应依照约定支付相应的工程价款。由此确立了工程质量合格方可结算的原则。已完工程经验收后不合格,且承包人修复后仍不合格,则发包人有权拒付工程款,并可要求承包人赔偿因工程质量不合格导致的损失。

其次,已完成工程量能够确定是办理结算的条件之二。合同解除后,承包人在移交工程现场前,应与发包人书面确认已完工程量或已完施工界面。否则,一旦发生诉讼,由于承包人无法举证证明已完工程量,其要求发包人支付已完工程款的诉讼请求很难得到法院支持。在发包人不配合算量的情况下,承包人可以通过已完成工程现场公证和委托第三方工程计量机构鉴定的方式,维护自身的合法权益。

关于承包人的停工保管义务。发包人与承包人建立建设工程施工合同关系后,施工企业即对施工现场享有管理权和占有权。无论因发包人还是承包人原因导致合同解除,在承包人正式退场交接前,承包人仍应承担现场保管责任和维护义务,并应对工程停工期间的安全保障负责。

关于承包人的维修质保义务。承包人退场后,质量保修期内,承包人应承担保修义务。合同解除后,虽然承发包双方之间的合同权利义务关系已终止,但仍应履行法定的保修义务,即承包人在合理的保修期内,仍应对已完工程质量负责,承担保修责任。若拒绝维修,则发包人有权委托第三方维修,并有权从扣留的质保金中支付维修费用。合同解除后的保修义务跟合同正常履行完毕后的保修义务相同,承包人并不因合同的解除,而免除其法定的保修责任。

关于按合同约定扣留质保金问题。因合同已经解除,除已完工程外再扣留未完工程部分的质保金没有依据,不应再扣留。法律规定了保修义务,但是没有规定必须扣留保修金。解除前已经扣留的,仍应按原合同约定的时限返还。

(2)关于工程索赔。

依据《合同法》第97条、第107条规定,当事人一方因合同解除遭受损失的,有权要求过错方赔偿损失。《合同法》第117条规定,因不可抗力解除合同的,各自的损失由各自承担,双方互不承担违约责任。

因发包人原因导致承包人解除合同的,发包人承担自己的损失,并应赔偿承包人损失。依据《合同法》第 283 条、第 284 条,承包人有权要求发包人赔偿停工、窝工、倒运、机械设备调迁、材料和构件积压等损失和实际费用。

因承包人原因导致发包人解除合同的,承包人承担自己的损失,并应赔偿发包人损失。发包人的损失包括由于承包人违约而遭受的任何损失和为完成剩余工程而需额外增加的任何费用。

因不可抗力原因解除合同,各自的损失由各自承担,双方互不承担违约责任。但不可抗力持续期间,任一方有义务避免损失的扩大。施工中遇到不可抗力事件,延误的工期相应顺延。当事人迟延履行后发生不可抗力的,不能免除赔偿责任。如发包人未按照约定时间和要求提供材料、设备、场地、资金和技术资料,在发包人迟延履行期间发生不可抗力事件,此种情况下,则不得免除发包人对承包人的赔偿责任。

已完工程价款,扣除已付进度款,增加或扣减工程索赔款,计算出已完工程剩余结算款。

第二章 实务中常见的解除合同的原因

一、发包人的解除权

【法律规范】

《合同法》第94条

【司法解释】《施工合同司法解释》第8条：承包人具有下列情形之一，发包人请求解除建设工程施工合同的，应予支持：（一）明确表示或者以行为表明不履行合同主要义务的。

【典型案例1】 施工方擅自停工，发包方行使解除权

【案号】（2013）川民提字第590号

【案由】建设工程施工合同纠纷

【基本案情】

2008年8月1日，神鹤药业与邛州公司签订《建设工程施工合同》，双方约定发生争议后，除非出现下列情况的，双方都应继续履行合同，保持施工连续，保护好已完工程：（1）单方违约导致合同确已无法履行，双方协议停止施工；（2）调解要求停止施工，且为双方接受；（3）仲裁机构要求停止施工；（4）法院要求停止施工。2008年9月25日，双方另签订《补充合同》。合同签订后，邛州公司进场施工。后因工程款支付和工程质量问题双方产生纠纷。2009年3月23日，邛州公司向神鹤药业发送暂停施工及拆除外架的报告。双方对主体是否完工以及工程款是否超付发生分歧，邛州公司于2008年12月20日停工。

2010年4月8日，原告神鹤药业起诉至法院，请求：（1）解除双方签订的《建设工程施工合同》及《补充合同》，立即拆除质量不合格工程，移交施工现场；（2）邛州公司支付擅自停工产生的违约金等。法院询问了邛州公司，邛州公司表示同意终止施工合同。

【法院意见】

神鹤药业和邛州公司签订的合同合法有效。根据《合同法》第93条第1款"当事人协商一致，可以解除合同"的规定，神鹤药业与邛州公司均同意解除合同，邛州公司所建工程也在一审法院主持下向神鹤药业进行了交接，应确认双方已解除施工合同及补充合同。

关于邛州公司是否存在擅自停工的行为以及应否向神鹤药业赔偿因擅自停工产生的

违约金问题。法院认为，根据双方合同通用条款第 37.2 条的约定，停止施工只有单方违约导致合同确已无法履行，双方协议停止施工、调解要求停止施工且为双方接受、仲裁机构要求停止施工以及法院要求停止施工等四种情形。本案中，邛州公司未举证证明系调解或仲裁机构以及法院要求的停工。虽然神鹤药业在主体完工时未足额向邛州公司支付合同约定的工程进度款，存在一定的违约行为，但该违约行为并不必然导致合同确已无法履行，邛州公司也未举证证明其停工系与神鹤药业协商一致的结果，故邛州公司 2008 年 12 月 20 日的停工行为不符合双方约定，其应向神鹤药业支付擅自停工产生的违约金。

二审法院认为，关于邛州公司是否应向神鹤药业支付擅自停工的违约金及神鹤药业是否应向邛州公司赔偿停工损失的问题。根据双方《建设工程施工合同》的约定，停止施工只有单方违约导致合同确已无法履行双方协议停止施工、调解要求停止施工且为双方接受、仲裁机构要求停止施工以及法院要求停止施工等四种情形。因此，即使神鹤药业在工程施工过程中存在未足额支付工程进度款的情形，工程停工也需要达到合同确已无法履行的程度，且由双方当事人协议停工，故邛州公司的擅自停工的行为违反了双方合同约定，应向神鹤药业承担违约责任。

【格案致知】

涉案合同约定"发生争议后，除非出现下列情况的，双方都应继续履行合同，保持施工连续，保护好已完工程：（1）单方违约导致合同确已无法履行，双方协议停止施工；（2）调解要求停止施工，且为双方接受；（3）仲裁机构要求停止施工；（4）法院要求停止施工。"从上述约定来看，对施工方很不利，实际是对施工方合法停工权利的限制，剥夺了施工方利用停工进行抗辩的权利。

《施工合同司法解释》第 8 条规定："承包人具有下列情形之一，发包人请求解除建设工程施工合同的，应予支持：（一）明确表示或者以行为表明不履行合同主要义务的……"

本案中，发包方以施工方擅自停工为由请求解除合同，施工方答辩称同意解除合同，是否可以认定符合《合同法》第 93 条第 1 款"当事人协商一致，可以解除合同"的规定？这是一个值得商榷的问题。"协商一致"和"意思表示一致"的含义是完全不同的。协商一致是一种合意，"意思表示一致"不一定形成合意。合同的协商解除在法律属性上系当事人意思自治的范畴，不属法院裁决的范畴。因为原告诉请解除合同，被告在诉讼中表示同意解除，但对于合同解除后的结算和清理事项并未形成一致的意思表示，故双方当事人协商解除合同的合意并未有效成立。

本案实际上可以适用法定解除权要求解除合同。《施工合同司法解释》第 8 条规定，承包人明确表示或者以行为表明不履行合同主要义务的，发包人请求解除建设工程施工合同的，应予支持。

【典型案例 2】施工方停工理由不成立，发包方要求解除合同

【案号】（2015）和中民一初字第 1 号

【案由】建设工程施工合同纠纷

【基本案情】

原、被告签订施工合同一份,合同签订后,被告施工方进场开始施工,被告按约定履行了部分施工义务,原告发包方亦按工程进度履行了付款义务,后因施工方单方停工产生纠纷。发包方起诉至法院,要求解除施工合同。

法院认定涉案合同有效,原、被告双方签订的涉案工程《建设工程施工合同》是否应予解除,成为本案争议焦点。

【法院意见】

在合同履行过程中,被告按约定履行了部分施工义务,原告亦按工程进度履行了付款义务,现因被告单方停工造成工程延期,且被告以停工行为表明不履行合同义务。

对于施工方认为冬休期无法施工,并不能成为其单方面停工的理由;对于其认为在施工过程中因工程量的变更,发包方拒不签证故造成其停工的辩解没有证据加以证明;在蒙城县政府作出会议纪要,要求其于2014年3月15日正式复工前,原告向法院提起诉讼,其只能停工的理由也不成立。综上,被告已构成违约。现原告以此根据合同约定要求解除合同于法有据,应予支持。

被告认为,根据《合同法》第96条的规定,解除合同应当通知对方。依此规定,被告主张解除合同前,原告并未通知被告,在此情形下直接起诉解除合同不符合法律规定。法院认为,因法律并未规定通知的具体方式,因此,原告以起诉方式表达解除权人解除合同的意思表示并不违反法律规定,因此,对被告施工方认为原告要求解除合同不符合法定程序和双方合同约定的主张,本院不予支持。

【格案致知】

《施工合同司法解释》第8条规定:"承包人具有下列情形之一,发包人请求解除建设工程施工合同的,应予支持:(一)明确表示或者以行为表明不履行合同主要义务的;(二)合同约定的期限内没有完工,且在发包人催告的合理期限内仍未完工的……"

本案中,原告与被告签订的《建设工程施工合同》是双方当事人的真实意思表示,未违反法律的规定,为合法有效合同。

本案涉及两个问题,一是施工方停工理由是否符合合同约定或法律规定;二是业主主张解除合同前并未通知被告,在此情形下直接起诉解除合同是否符合法律规定。

施工方辩解的停工理由有三,一是每年冬休期,无法施工;二是在施工过程中因工程量的变更,原告拒不签证故造成其停工;三是在县政府作出会议纪要要求其正式复工前,原告向法院提起诉讼,其只能停工。以上三项理由的成立既涉及合同约定或法律规定问题,也涉及证据问题。经法院审查,三项理由均不成立,构成违约。

《合同法》第96条规定,解除合同的应当通知对方,因该法条并未规定具体的通知方式,实务中,以起诉、仲裁方式或通知方式都视为表达解除权人解除合同的意思表示,这一点,已成为司法共识。

【典型案例3】施工合同是否应当解除,施工方是否应当撤场

【案号】(2015)贺民二终字第394号

【案由】建设工程施工合同纠纷

【法院意见】

本案争议焦点：被告是否存在工期违约行为？合同应否解除？

本案合同约定垫资施工，停工的根本原因是施工方没有足够的资金投入以确保施工正常进行，造成原材料供应商停止供应原材料。虽然原告也没有按合同的约定及时办理工程的审批、许可手续，但并非是导致工程停工的根本原因。因此，被告的行为已经构成根本性违约。由于被告违约，严重延误工期，已无法在合同规定的期限内完工，导致原告难以实现合同目的，并可能造成重大经济损失。因此，原告有权依法解除合同。同时，原、被告签订的《施工总承包合同》的第14.3条也明确约定了"如乙方不能按时竣工，延误工期超过30天，甲方有权解除合同并要求乙方无条件退场"，该条款明确约定了延误工期属于解除合同的条件，而被告由于严重延误工期，客观上已无法在合同规定的期限内完工，其行为已构成了解除合同的条件。因此，原告主张要求解除双方签订的《施工总承包合同》，并要求被告撤出施工场地的诉讼请求具有事实依据和法律依据，该院予以支持。

【格案致知】

本案首先涉及的问题是，一般违约和根本违约的区别。法院认定原告发包方也没有按合同的约定及时办理工程的审批、许可手续，但并非是导致工程停工的根本原因，施工方没有足够的资金投入以确保施工正常进行，造成原材料供应商停止供应原材料，才是导致涉案工程停工的根本原因。一般违约和根本违约，两者搅和在一起的时候，如何区分主次，如何量化各自的责任，双方会各执一词。

本案的争议焦点为：合同是否应当解除？施工方是否应当撤场？

本案发包人向施工方发出《关于解除施工合同的通告》，根据《合同法》第96条第1款："当事人一方依照本法第93条第2款、第94条的规定主张解除合同的，应当通知对方。合同自通知到达对方时解除。对方有异议的，可以请求人民法院或者仲裁机构确认解除合同的效力。"以及《最高人民法院关于适用〈中华人民共和国合同法〉若干问题的解释》第24条"当事人对合同法第96条、第99条规定的合同解除或者债务抵销虽有异议，但在约定的异议期限届满后才提出异议并向人民法院起诉的，人民法院不予支持；当事人没有约定异议期间，在解除合同或者债务抵销通知到达之日起三个月以后才向人民法院起诉的，人民法院不予支持"。施工方对解除合同有异议的，应当在收到通告以后三个月内向人民法院起诉，而施工方没有在规定时间内向法院起诉，所以本案合同已经解除。在合同解除以后，施工方已经没有占据施工现场的合法理由，理应主动撤场，对施工方主张确认合同继续有效，不需撤场的请求未获法院支持。

【典型案例4】多次整改后工程质量仍不合格，是否属于拒绝修复

【案号】（2016）鄂01民终2634号

【案由】建设工程施工合同纠纷

【法院意见】

本案争议焦点，是关于解除合同的条件是否成立的问题。

本案中，湖北美亚达公司虽在合同约定期限内完成了铝板的加工安装任务，但存在铝板拼缝不齐、边角处凹凸不平、整体呈现波浪形状、不平整、边角未打磨等诸多问题，经业主方、监理方验收不合格，且经过第一次整改后仍不合格，被业主方要求进行第二次整改即更换商业中庭顶棚铝板。因湖北美亚达公司自身工艺不足放弃整改，深圳海外公司只能将商业中庭顶棚铝板拆除，并另行联系其他厂家重新加工安装。根据《施工合同司法解释》第8条"承包人具有下列情形之一，发包人请求解除建设工程施工合同的，应予支持……（三）已经完成的建设工程质量不合格，并拒绝修复的"的规定，深圳海外公司有权解除合同。另湖北美亚达公司还辩称其未因自身工艺不足放弃整改，而是对第二次整改的情况并不知情，但深圳海外公司提供了施工日志，施工日志中清楚载明了深圳海外公司于2014年11月9日与其洽谈中庭顶棚铝板整改事宜未果，其联系人吴颖次日在电话中以其技术能力不足为由明确表示放弃施工的事实，且能与业主方、监理方代表签字并盖章的《商业中庭铝板第三次更换事项》陈述的内容相印证，而湖北美亚达公司未提交相反的证据予以反驳，根据《最高人民法院关于适用〈中华人民共和国民事诉讼法〉的解释》第108条的规定，对其辩称意见不予采纳。故对深圳海外公司要求解除其与湖北美亚达公司于2014年6月22日签订的《铝板加工安装合同》的诉讼请求，予以支持。

【格案致知】

《施工合同司法解释》第8条规定，承包人具有下列情形之一，发包人请求解除建设工程施工合同的，应予支持……已经完成的建设工程质量不合格，并拒绝修复的。但是何谓"拒绝修复"，司法解释并无给出说明。

本案涉及的关键问题是，如何界定"拒绝修复"？明确表示不修复，定性为"拒绝修复"，并无争议。如果是消极应对或找理由辩解算不算"拒绝修复"？有修复行为无修复能力，算不算"拒绝修复"？对于当事人来讲，是一个举证责任问题，对于裁判者来讲是一个如何判断问题。

【典型案例5】质量不合格，发包方要求解除合同

【案号】（2014）秀民初字第1068号

【案由】装饰装修合同纠纷

【基本案情】

茗宇公司承接了大饭店停车场改造工程后，将停车场的喷漆工程分包给峰林公司，茗宇公司负责在施工场地周边安装围护设施。

开工后，大饭店分三次向茗宇公司下发告知函，指出停车场装修工程未经验收已出现地面起壳等质量问题，要求茗宇公司尽快进行返工和整改。茗宇公司随后两次向峰林公司发出书面返工通知，通过EMS向峰林公司的法定代表人邮寄告知函，邮件跟踪记录表明告知函由他人签收。随后，茗宇公司的委托代理人申请桂林市公证处对施工现场状况进行公证，公证书载明："该停车场地面有不平整状且有黑色污渍，停车位的蓝色

漆面易脱落，漆面下层有沙泥。茗宇公司的委托代理人当着公证员的面对上述情况进行了拍照，共取得照片23张。公证员对上述情况制作《现场工作记录》一份。兹证明，与本公证书相粘连的《现场工作记录》复印件与原件相符，原件上的签名均属实，所附照片23张均为现场拍摄所得，与实际情况相符。"

2014年8月12日，茗宇公司与李某甲签订大饭店地下停车场地坪漆修补工程合同。茗宇公司表示在李某甲修复施工之后，地下停车场已正常使用，但露天停车场因存在质量问题，尚未使用。

在审理过程中，茗宇公司申请对大饭店露天停车场地坪漆脱落修补、地面打磨、涂刷面漆一遍及标志线的工程造价进行鉴定。法院依法委托工程造价咨询公司进行鉴定。鉴定意见对修补面积和工程造价进行了确认。

峰林公司对部分破损面积的修复费用予以认可，但是不认可涂刷一道面漆的费用，认为已经按照合同约定"一底两中两面"的要求完成了施工，不应再承担一道面漆的施工费用。

【法院意见】

法院认为，原、被告之间的合同没有约定解除合同的条件。《合同法》第94条对合同的法定解除规定了当事人可以解除合同的情形：当事人一方迟延履行主要债务，经催告后在合理期限内仍未履行；当事人一方迟延履行债务或者有其他违约行为致使不能实现合同目的。本案中，峰林公司出现工期延误、工程质量问题，造成该工程不能通过验收，峰林公司的行为严重违约。茗宇公司解除合同的反诉主张符合法律规定，予以支持。

【格案致知】

《施工合同司法解释》第8条规定，承包人具有下列情形之一，发包人请求解除建设工程施工合同的，应予支持：已经完成的建设工程质量不合格，并拒绝修复的。

本案发包方是以工期延误、工程质量存在问题，严重违约，导致合同目的无法实现为由，要求解除合同。拒绝修复是解除合同的法定理由，因存在质量问题不能实现合同目也是解除合同的法定理由。

本案涉及实务中一个值得注意的问题，即如果没有鉴定机构的质量鉴定，公正机关的公证书能否起到证明涉案工程存在质量问题的证据？另外，如果涉案工程已经投入使用，在确实存在工程质量的前提下，能否要求解除合同？有无解除施工合同的必要？

【典型案例6】认定违法分包、非法转包，发包人可以行使解除权

【案号】（2015）浙民申字第2766号

【案由】建设工程施工合同纠纷

【法院意见】

关于争议焦点：被告是否构成非法转包？

关于本案项目部人员与被告是否存在合法的劳动关系问题。

法院认定以下事实：被告施工方曾于2012年3月发出书面批复，调整项目部管理人员，列明了管理人员名单。在合同履行过程中，监理单位多次签发意见，要求被告所有项目部主要管理人员必须是被告单位员工，且需附主要管理人员劳动合同（或社保证明）。对于项目经理到位的问题，原告、监理单位于2012年3月14日在工程例会上曾要求过被告；2012年12月15日，监理单位又发出监理工作联系单，重申上述要求。但是，至2013年1月23日，项目经理仍未到岗。被告签发的批复项目部管理人员中项目负责人甲，项目副经理徐某，丁，技术负责人戊，施工负责人陈某，质检负责人辛，安全负责人壬，材料员杨某均非由被告代为缴纳基本养老保险。被告虽然在诉讼中提供了证据如下：（1）项目施工班组人员签订的《劳动合同》，落款时间在2008—2012年之间，经原告或者监理单位催告被告应当提供拒不提供，且该批劳动合同未经过相关第三方备案，仅由被告与相关人员签署，原告认为存在补签的可能性，本院认为原告的上述异议成立。（2）管理人员工资表。首先上述表格仅有部分人员几个月的发放情况，结合工资按月发放的特性，上述工资表不完整，且通过现金领取的形式进行，同样存在后续补签的可能性。（3）中国平安财产保险股份有限公司意外伤害保险和健康保险投保单（团体）、保险单，系属商业保险，不属于工伤保险的范畴；杭州市建设工程项目工伤保险参保人员增减花名册，未提供工伤保险经办机构签章或者出具证明确认，本院对于该花名册的真实性无法确定。因此，从被告的举证来看，无法证实被告成立的项目管理机构中的项目负责人、技术负责人、项目核算负责人、质量管理人员、安全管理人员等已经与被告存在合法的劳动关系。

同时，被告施工行为中存在的问题：（1）图纸会审2012年2月23日完成，因总包各项准备工作进度严重滞后，至今仅完成优展区一桩一柱方案论证，导致优展区无法按原计划开展，如按原方案建设优展区，桩基完成后土方开挖时间至少延后60天，将对总控计划影响巨大，优展区取消。（2）2012年12月11日，被告向监理单位报审深基坑土方开挖与内支撑工程专项施工方案；监理单位审查后认为，该方案总体上对施工中的难点和重点问题，缺乏有针对性的措施，要求被告进行修改后重新报审。（3）被告在监理单位和质监站签发停工意见后仍继续施工。监理单位整改监理工程师通知单，通知被告必须于2013年1月16日12时起，对本工程的塔基基坑和降水井部位实施暂停施工。某建筑工程质量安全监督站发出暂停施工单，责令该项目停止施工。被告仍在对危险性较大的分部分项工程继续强行施工。上述问题印证了被告由于未能在施工现场派驻被告本单位人员，疏于对本案工程的施工活动进行有效的组织管理。本院依据法律规定认定被告的上述行为，构成转包行为。

关于合同解除程序问题。案涉建设工程施工合同约定："一方依据44.2、44.3、44.4款约定要求解除合同的，应当以书面形式向对方发出解除合同的通知，并在发出通知前7天告知对方。"即当事人行使约定解除权的，应当在发出解除通知前先行通知对方，而本案发包方系主张法定解除权，故不受上述约定的限制。况且，根据法律规定，解除合同的通知到达对方时生效，解除合同一方无需重复通知对方。故关于发包人行使合同解除权的程序不当之主张，缺乏依据，难以成立。

综上，被告存在非法转包的行为，原告有权依法解除本案的建设工程施工合同。原告于 2013 年 2 月 4 日向被告发出《关于终止某地块施工承包合同的通知》，被告于 2013 年 2 月 6 日收到该通知，应当认定涉案合同自 2013 年 2 月 6 日即解除。

【格案致知】

关于对违法分包、非法转包的行为的认定标准，长期以来一直存在争议，相关部门一直没有给出一个具体的可操作的标准。直到《建筑工程施工转包违法分包等违法行为认定查处管理办法（试行）》（已失效）实施后，这个问题才得以明确。本案是认定违法分包、非法转包的行为的典型案例。

关于违法分包、非法转包的认定，从发包方角度讲，其实不难找到承包人转包、非法转包的证据，工程发包给了谁，现场实际谁在干活儿不会比地下党更隐蔽，往往是利益互相勾连，成为了按份利益共同体。各自都有钱赚，各守江湖本分，质量不出大问题，很多人都是带着成功的喜悦进入梦乡的。

二、承包人的解除权

【典型案例 7】 未按约定支付工程价款，可否直接认定合同目的无法实现

【案号】（2015）胶民初字第 5973 号

【案由】建设工程施工合同纠纷

【法院意见】

关于原告与被告签订的两份《协议书》是否应予解除的问题。

（略去认定合同有效的内容）。

原告依照合同约定开始施工，被告按照合同约定陆续向原告支付工程款，但根据原告提交的施工履行情况，被告并未依照双方工程进度付款，导致原告无法完全实现合同目的。同时在被告未足额支付工程款的情况下，原告公司已经明确表示不再继续施工，以其实际行动表明不愿继续履行双方签订的两份协议书，因此原告解除合同的请求符合《合同法》第 94 条第 1 款第（二）、（四）项关于"在履行期限届满之前，当事人一方明确表示或者以自己的行为表示不履行主要债务，以及当事人一方迟延履行债务或者由其他违约行为致使不能实现合同目的，当事人可以解除合同"的规定，因此，对原告解除合同的请求应予以支持。

【格案致知】

实务中，发包方不按约支付工程款，是否可以解除施工合同？可以从两个角度做出判断，一是《合同法》第 94 条"（三）当事人一方迟延履行主要债务，经催告后在合理期限内仍未履行"之规定；二是《施工合同司法解释》第 9 条"发包人具有下列情形之一，致使承包人无法施工，且在催告的合理期限内仍未履行相应义务，承包人请求解除建设工程施工合同的，应予支持：（一）未按约定支付工程价款的"之规定。

违约支付工程款是否必然导致合同目的不能实现？是否可以此为由解除合同？实务

中,有着完全相反的案例。有的认为不按约支付工程款必然导致无法施工,并因此认为具备解除合同的条件;有的认为不按约支付工程款并不必然导致无法施工,如果施工方认为不按约支付工程款导致无法施工,尚需举证证明。

"未按约定支付工程价款,可以解除合同",是《合同法》第94条第(三)项"当事人一方迟延履行主要债务,经催告后在合理期限内仍未履行"之规定的具体化,此处应指阶段性工程款支付违约,如进度款、工程款构成中的任何一项如预付款、文明施工费等。

"未按约定支付工程价款,可以解除合同"是一个有弹性的条款,即未支付数额的大小,涉及判断违约程度是否构成根本违约,是否影响合同目的实现问题。在适用该条款行使解除权时,首先要履行催告义务并给出对方合理期限,这是承包人的容忍义务。

【典型案例8】停工后不复工,导致合同目的不能实现

【案号】(2014)海南二中民三初字第3号

【案由】建设工程施工合同纠纷

【法院意见】

关于本案施工合同、补充合同及补充协议是否可以解除的问题。

签订合同后,原告组织人员进场施工。后由于被告原因通知原告停工,停工后一直不通知复工,也不按合同约定支付工程进度款,致使原告不能实现合同目的,原告依法向被告发出解除合同通知,被告收到解除合同通知后,对解除合同没有异议,故可以认定双方的《建设工程施工合同》《总包补充合同》及《总包合同补充协议》已经解除。

【格案致知】

本案被告发包方存在两项违约行为,一是未履行复工的通知义务;二是不按合同约定支付工程进度款。这两项违约行为均有可能导致原告不能实现合同目的。原告依据《合同法》的规定发出了解除通知,并向法院提起诉讼,要求法院确认解除通知的法律效力。法院认定双方的《建设工程施工合同》《总包补充合同》及《总包合同补充协议》已经解除。

【典型案例9】确认解除纠纷,一审判令解除,二审发回重审

【案由】建设工程合同纠纷

【案号】(2016)琼民终120号

【法院意见】

一审法院认为,由于被告不依约支付工程进度款,原告已依法通知被告解除双方所签合同,被告收到解除合同通知后,未在期限内提出诉讼或仲裁,本院依法确认双方签订的合同已经解除。

关于原告要求被告支付解除合同赔偿金能否支持的问题。《合同法》第113条第1款规定:"当事人一方不履行合同义务或者履行合同义务不符合约定,给对方造成损失的,损失赔偿额应当相当于因违约所造成的损失,包括合同履行后可以获得的利益,但

不得超过违反合同一方订立合同时预见到或者应当预见到的因违反合同可能造成的损失。"首先，本案原告未能举证因被告违约导致解除合同造成损失是多少。其次，在原告已主张违约金的情况下，其再主张按工程总价的30%计算损害赔偿金过高。最后，涉案工程已基本完工，只是小部分工程未完工，即合同已大部分履行，原告的可得利益损失较小。故本案原告主张按已完工工程总价款的30%，计取损害赔偿过高，应以工程总价款的1%计算为宜。

二审法院认为，原判认定基本事实不清。一是本案是否存在挂靠事实未能查清。本案为建设工程施工合同纠纷案，学校主张本案合同名义上虽为原告与被告所签，但实际系案外人借用原告名义签订并进行工程施工。该事实的成立与否直接影响到本案施工合同的效力，一审法院未能查清。二是就本案已付工程款的数额未能查清。三是就原告所主张的本案工程款能否享有优先受偿权的有关事实未能查清。除此，查明案外人是否借用原告名义签订本案建设工程施工合同并进行工程施工的事实，须通知案外人参加本案诉讼，一审未予通知应属程序不当，故发回重审。

【格案致知】

一审原告认为合同有效，请求法院确认解除。二审认为存在挂靠问题，没有查清，要求发回重审。按照《施工合同司法解释》第1条规定，没有资质的实际施工人借用有资质的建筑施工企业名义的，施工合同无效。

关于挂靠，一旦查实，案情会有逆转。实务当中，此类案件并不少见，按照有效合同打了好长时间的官司，最后被法院认定合同无效。施工现场被搁置了好几年，双方损失相当惨重。这是挂靠风险之一。

【典型案例10】 发包人不履行合同约定的协助义务，致使承包人无法施工，要求解除合同

【案号】（2015）绍柯民初字第2285号

【案由】建设工程施工合同纠纷

【法院意见】

原、被告曾签订工程承包合同，合同约定：原告承担被告处的水处理工程气浮的改造和调试，工程内容为二台气浮设备改造及调试，工程工期为20天（自2015年3月16日开始计算，雨天顺延）并且合同中约定被告应配合原告的施工工作。

原告与被告签订合同后，原告进场施工，已完成500m^3/d的污水处理能力工程改造，尚余2500m^3/d的污水处理能力工程改造未完成。原告认为被告配合不力，导致进度缓慢。2015年5月22日，原告向被告发送律师函一份，要求被告在收到律师函七日内积极配合原告的施工工作，以便继续履行案涉合同，若未在上述期限内继续履行合同，则视为被告单方解除合同，并且被告对给原告造成的损失，承担赔偿责任。被告收到该律师函后于2015年6月20日向原告发函要求原告整改施工工程存在的质量问题，如无法完成整改，将解除2015年3月11日前签订的合同。原告主张由于被告不配合导致合同无法继续履行，要求解除合同，被告辩称双方应当继续履行合同。双方争执不

下，原告起诉要求解除合同。

【法院认为】

本案所涉工程系对水处理气浮的改造与调试，故在调试、改造过程中气浮应当处于停止运行状态，且根据双方合同约定，被告负责气浮进水、出水排水管，但在2015年3月至4月，被告仍正常排污，气浮并未处于停止运行状态，该行为的确致使原告无法施工。本案所涉工程工期仅为20天，而至2015年4月底被告仍未配合施工，显然已经超出了合理的停工期限，经原告催告仍未同意履行配合义务。发包人不履行合同约定的协助义务，致使承包人无法施工，且在催告的合理期限内仍未履行相应义务，承包人请求解除建设工程施工合同的，应予支持。故原告要求解除合同的诉请，本院予以支持。被告要求继续履行的辩称，本院不予采信，并确认本案所涉合同自本判决生效之日起解除。被告辩称原告在改造污水处理能力工程时存在质量问题，无法达到自动控制及联动，并提出鉴定申请。本院认为大、小气浮的改造属于整体工程，需要整体调试运行，污水处理能力工程，即小气浮改造工程完毕并不等同于整体工程的改造完毕，其污水处理能力并不能达到合同约定的改造标准，且双方在合同中约定的工程标准亦为改造完成后气浮设备运转需基本达到自动化控制及联动，故在工程尚未完成的情况下，被告单独就已施工部分提出质量鉴定，本院不予准许。关于原告要求支付剩余工程款的诉请，本院认为，当事人对自己提出的主张，有责任提供证据。原告在施工过程中虽已对污水处理能力进行改造，亦已购置了相应设备，但工程尚未施工完毕，所购置设备尚未全部投入使用，原告提供的证据并不足以证明案涉工程实际产生的工程款金额，且原告主张的窝工费等属于停工损失，并非施工所产生的工程款，故对原告主张剩余工程款，本院不予支持。

【格案致知】

本案涉及三个问题，一是发包方的协助义务问题；二是所涉合同解除之日的确定；三是工程质量鉴定问题。

本案中，发包方必须停工，施工方才能进行施工，停工是发包方为施工提供的协助义务，如果不停止施工，施工方便无法施工，这既是一个技术问题，也是一个法律问题。

实务中，认定合同解除日，有几种情形，一是在有通知且要求确认通知有效的情形下，以通知到达对方之日为合同解除日。二是在没有通知而直接提起诉讼或仲裁的情况下，一般会以民事起诉状副本或仲裁申请书副本送达日期为合同解除日，也有以判决生效之日认定为合同解除日的，但很少见。

关于工程质量鉴定未获准许问题。考虑到涉案工程属于整体改造工程的一部分，质量是否达标需要整体调试运行状况的综合考量。污水处理工程，即涉案二台气浮设备工程改造及调试完毕并不等同于整体工程的改造完毕，其污水处理能力并不能达到合同约定的改造标准，且双方在合同中约定的工程标准亦为改造完成后气浮设备运转需基本达到自动化控制及联动，故在工程尚未完成的情况下，被告单独就已施工部分提出质量鉴定，因不具备鉴定条件，法院未准许。

三、施工合同双方协商一致解除

【典型案例 11】当事人协商一致，可以解除合同

【案号】（2010）浙金民终字第 1403 号

【案由】建设工程施工合同纠纷

【法院认为】

2007 年 4 月 1 日，建设公司与房产公司签订《建设工程施工合同》一份。2008 年 8 月 15 日，双方签订《工程施工合同解除协议》一份，协议解除双方于 2007 年 4 月 1 日签订的《建设工程施工合同》，并对建设公司已施工完成的工程款结算等事宜达成初步协议。2008 年 9 月 25 日，房产公司与建设公司签订《工程项目工程款结算协议》。

法院认为，当事人协商一致，可以解除合同。本案建设公司、房产公司签订的《工程施工合同解除协议》与《工程项目工程款结算协议》系双方的真实意思表示，也不存在法律规定无效的情形，协议自签订时生效，双方应当按照约定严格履行合同义务。根据双方的结算协议，房产公司尚欠建设公司工程款的事实清楚，房产公司理应按照约定的付款期限及时支付，逾期则应当按照约定承担违约责任。建设公司的诉讼请求，合理合法，予以支持。房产公司经法院合法传唤无正当理由拒不到庭，视为放弃质证和抗辩的权利，依法可缺席判决。

【格案致知】

所谓合同解除，实际上是对合同权利义务的总清算。本案原、被告签订的《工程施工合同解除协议》与《工程项目工程款结算协议》，既涉及合同解除，又关照工程款结算，属于《合同法》第 93 条第 1 款规定的典型情形，从本案有限的资料来看，双方产生纠纷并非因对协议效力的争议，而是因被告反悔。

【典型案例 12】施工合同解除协议的效力认定

【案号】（2012）新审一民再终字第 7 号

【案由】建设工程施工合同纠纷

【法院意见】

关于 2006 年 9 月 29 日签订的《终止合同协议书》与 2006 年 10 月 2 日签订的《会谈纪要》的效力认定问题。

经审查，亨达公司在其 2007 年 1 月 22 日向一审法院递交的答辩状中及本院 2007 年 9 月 7 日庭审笔录中明确认可了《终止合同协议书》《会谈纪要》的真实性、关联性，认可协议和纪要系双方协商一致后签订。此后，亨达公司又提交 2005 年 1 月 6 日的《授权书》，认为马某未经公司授权而否认 2006 年 9 月 29 日签订的《终止合同协议书》与 2006 年 10 月 2 日签订的《会谈纪要》的效力。根据县公安局治安警察大队于 2011 年 3 月 8 日出具的《证明》可以证实 2005 年 1 月 6 日的《授权书》中所加盖的亨达公司的公章是 2006 年 3 月 3 日以后加盖的，该证据存在伪造的可能，被告认为不能作为认定案件事实的依据观点，本院不予采信。因此，亨达公司诉讼之初已认可《终止合同协议书》和《会谈纪要》是双方协商一致签订，此后其作出的否认及提交的证据均不能对此前的行为作出合理解释。故可以认定《终止合同协议书》和《会谈纪要》是亨达公司的真实意思表示，对其具有约束力。

再审期间，亨达公司又提交了2005年1月8日的《授权委托书》以证明其提交的2005年1月6日《授权书》并非伪造，而是在新的印章刻制后对原授权书延续性的确认。本院认为，首先，原告对于亨达公司提交的该证据不予认可。其次，该委托书内容只是表明委托李某以其公司名义参加招标谈判等，并不能反映是针对涉案工程建设事宜作出的。2005年1月8日的《授权委托书》与2005年1月6日《授权书》之间亦不存在所谓延续性的关系。故，2005年1月8日的《授权委托书》与本案不具有关联性。本院二审判决以《授权书》为依据，认定李某为项目业主及有权代理人，马某无代理权，继而认定2006年9月29日《终止合同协议书》与2006年10月2日《会谈纪要》对亨达公司不具有约束力缺乏事实依据。

【格案致知】

最高人民法院《关于民事诉讼证据的若干规定》（2002年，已失效）第74条规定，诉讼过程中，当事人在起诉状、答辩状、陈述及其委托代理人的代理词中承认的对己方不利的事实和认可的证据，人民法院应当予以确认，但当事人反悔并有相反证据足以推翻的除外。

本案起诉之初，只有《施工合同》《终止合同协议书》《会谈纪要》《协议书》等证据，在庭审中，起诉状、答辩状、庭审笔录也成为了证据，作为当事人或代理人，对诉中风险，必须有清醒的认识。

另外，本案涉及禁止反言原则的适用。亨达公司诉讼之初已认可《终止合同协议书》和《会谈纪要》是双方协商一致签订，此后其作出的否认及提交的证据均不能对此前的行为作出合理解释。故，可以认定《终止合同协议书》和《会谈纪要》是亨达公司的真实意思表示。

四、双方意思表示一致，解除施工合同

【典型案例13】本案是否构成协商一致

【案号】（2016）最高法民终251号

【案由】建设工程施工合同纠纷

【法院意见】

关于涉案《建设工程施工合同》是否应当解除。法院认为，《建设工程施工合同》的签订经过了法定招投标程序，出于双方真实意思表示，不违反法律、行政法规的强制性规定，涉案建设工程施工合同合法有效。

签订合同后，原告按照施工范围进行了施工，后因房地产公司不能及时支付工程

款,导致工程于2013年12月停工至今(2016年)。本案《建设工程施工合同》通用条款第44.2条规定:"发生本通用条款第26.4款情况,停止施工超过56天,发包人仍不支付工程款(进度款),承包人有权解除合同。"故依据合同约定原告有权解除合同。事实上,双方在2015年2月12日签订的《工程建设补充协议》对原告不再对剩余工程进行施工已经达成一致意见,现原告起诉请求解除涉案《建设工程施工合同》,房地产公司也明确表示同意解除施工合同,根据《合同法》第93条规定:"当事人协商一致,可以解除合同。当事人可以约定一方解除合同的条件,解除合同的条件成就时,解除权人可以解除合同。"因此,涉案《建设工程施工合同》应当予以解除。

【格案致知】

合同的协商解除是指双方当事人通过协商一致将原合同加以解除,即通过双方当事人重新订立的合同消灭基于原合同形成的债权债务关系。解除合同协议的有效成立,也必须满足合同成立的一般要件。一是在合同的订立方式上,要通过要约和承诺的方式订立;二是在合同的内容上要具体确定,合同中不仅要有消灭既存合同关系的内容,也要包括已经履行部分是否返还、责任如何分担等结算和清理内容。

本案中,因被告未按约定支付工程款,原告依据合同约定有权解除合同。原被告双方在2015年2月12日签订的《工程建设补充协议》对原告不再对剩余工程进行施工已经达成一致意见,实际上是原被告达成了解除合同的协议。《工程建设补充协议》的生效,是对《建设工程施工合同》权利义务的清算。《合同法》第93条第1款规定:"当事人协商一致,可以解除合同"。依此规定,可以判定《建设工程施工合同》已经解除。

【典型案例14】本案是否构成双方协商一致解除合同

【案号】(2016)最高法民申213号

【案由】房屋买卖合同纠纷

【法院意见】

1. 原判决,在原告主张诉请解除事由不成立的情况下以双方均主张解除的意思表示判决解除合同,以及认定原告未构成违约是否错误。

原告以被告严重违约导致合同目的不能实现为由诉请法院判决解除双方签订的《房屋合作开发协议书》,正常情况下原判决应依据《合同法》第94条的规定审理上述原告主张解除协议的法定条件是否成立,如被告未构成违约,原告诉请解除协议的主张不成立,则应判决驳回原告关于解除《房屋合作开发协议书》的诉讼请求,双方仍应继续履行上述协议。但原判决在原告主张诉请解除事由不成立的情况下以双方均主张解除的意思表示判决解除合同,系对合同协商解除制度的错误适用。合同的协商解除是指双方当事人通过协商一致将原合同加以解除,即通过双方当事人重新订立的合同消灭基于原合同形成的债权债务关系。解除合同协议的有效成立,也必须满足合同成立的一般要件。一是在合同的订立方式上,要通过要约和承诺的方式订立;二是在合同的内容上要具体确定,合同中不仅要有消灭既存合同关系的内容,也要包括已经履行部分是否返还、责任如何分担等结算和清理内容。本案中,虽然原告诉请解除《房屋合作开发协议书》,被告在诉讼中表示同意解除,但对于合同解除后的结算和清理事项双方并未形成一致的意思表示,故双方当事人协商解除合同的合意并未有效成立。合同的协商解除在法律属性上系当事人意思自治的范畴,不属于人民法院裁决的范畴。在双方当事人未能自行协议解除合同的情况下,原合同应当继续履行。原判决超越原告的诉请范畴,判令解除《房屋合作开发协议书》,适用法律确有不当。但双方当事人在再审审查阶段均对原判决解除合同这一判项无异议,特别是全兴公司在再审审查询问中明确表示双方互信合作的基础已丧失,合同事实上已不可能继续履行,希望通过司法途径清算权利义务,考虑到解除合同在结果上符合双方意愿与项目现状,且有利于案结事了,故本院对此项不再予以纠正。

2. 原判决在双方当事人均同意解除合同但又未就合同解除后的清结问题达成协议的情况下对双方权利义务的安排是否错误。

如上所述,合同基于协商解除的本应由双方当事人自行协商如何返还、是否赔偿等事项,但在被告和原告未对此达成合意的情况下,原判决对合同解除后的结算和清理事项作出判决虽有不当,但对彻底化解当事人争端有其积极意义。合同解除后双方当事人应相互返还财产,取得土地使用权和项目的被告应返还占用原告购房资金本金及利息。

【格案致知】

本案的重要意义,在于揭示了合同解除的本质含义,即权利义务的清算。签订合同是通过邀约和承诺确立合同双方的权利和义务的过程,解除合同是终止双方的权利和义务,通过双方当事人重新订立的合同消灭基于原合同形成的债权债务关系,也是邀约和承诺的过程。

五、不可抗力下的施工合同解除权

【典型案例15】不可抗力下,解除施工合同的权利归属及损失承担

【法律规范】

《合同法》第94条:"有下列情形之一的,当事人可以解除合同:(一)因不可抗力致使不能实现合同目的。

《合同法》第117条:"因不可抗力不能履行合同的,根据不可抗力的影响,部分或者全部免除责任,但法律另有规定的除外。当事人迟延履行后发生不可抗力的,不能免除责任。本法所称不可抗力,是指不能预见、不能避免并不能克服的客观情况。

第118条:"当事人一方因不可抗力不能履行合同的,应当及时通知对方,以减轻可能给对方造成的损失,并应当在合理期限内提供证明。"

【格案致知】

发承包双方在不可抗力下,谁有解除权?

司法共识:《四川省高级人民法院关于审理合同解除纠纷案件若干问题的指导意

见》中指出,因不可抗力致使不能实现合同目的的,双方当事人均享有合同解除权。

参考《施工合同范本》中关于不可抗力下损失应该如何承担的规定:

17. 不可抗力(一方遇到不可抗力;双方共同遭遇不可抗力(工地遭遇台风)

17.1 不可抗力的确认(取证:事实证据,损失证据)

不可抗力发生后,发包人和承包人应收集证明不可抗力发生及不可抗力造成损失的证据,并及时认真统计所造成的损失。合同当事人对是否属于不可抗力或其损失的意见不一致的,由监理人按第4.4款〔商定或确定〕的约定处理。发生争议时,按第20条〔争议解决〕的约定处理。

17.2 不可抗力的通知【立即通知】

合同一方当事人遇到不可抗力事件,使其履行合同义务受到阻碍时,应立即通知合同另一方当事人和监理人,书面说明不可抗力和受阻碍的详细情况,并提供必要的证明。

不可抗力持续发生的,合同一方当事人应及时向合同另一方当事人和监理人提交中间报告,说明不可抗力和履行合同受阻的情况,并于不可抗力事件结束后28天内提交最终报告及有关资料。

17.4 因不可抗力解除合同

因不可抗力导致合同无法履行连续超过84天或累计超过140天的,发包人和承包人均有权解除合同。合同解除后,由双方当事人按照第4.4款〔商定或确定〕商定或确定发包人应支付的款项,该款项包括:

(1)合同解除前承包人已完成工作的价款;

(2)承包人为工程订购的并已交付给承包人,或承包人有责任接受交付的材料、工程设备和其他物品的价款;

(3)发包人要求承包人退货或解除订货合同而产生的费用,或因不能退货或解除合同而产生的损失;

(4)承包人撤离施工现场以及遣散承包人人员的费用;

(5)按照合同约定在合同解除前应支付给承包人的其他款项;

(6)扣减承包人按照合同约定应向发包人支付的款项;

(7)双方商定或确定的其他款项。

除专用合同条款另有约定外,合同解除后,发包人应在商定或确定上述款项28天内完成上述款项的支付。

不可抗力系《合同法》第117条规定的不能履行合同一方的免责事由,但根据该条规定,认定特定事件为不可抗力须同时满足如下条件:合同订立时尚未发生且不能预见、合同履行中不能避免且不能克服,主张不可抗力一方还需证明该事件与其不能履行合同之间存在因果关系。

不可抗力在法律实践中的表现形式较为丰富,并不局限于火山爆发、地震、海啸等此类教科书中经常列举的情形。但从案例筛选的情况来看,在审判实践中,不可抗力的免责主张较难获得法院支持。

六、不安抗辩权下的解除权

【典型案例16】 不安抗辩权下的解除权及行使程序

【案号】（2009）浙民终字第132号

【案由】 建设工程施工合同纠纷

争议焦点：原告停工是否符合《合同法》第68条关于行使不安抗辩权的规定。

【法院意见】

注册资本是公司具有民事权利能力和民事行为能力取得法人资格的必备要件，是公司法人对外承担法律责任的最低保障，与当事人履行债务的能力息息相关。原告于2008年8月21日以被告未按期缴足注册资本，可能被吊销营业执照，并有可能丧失履行债务能力为由主张不安抗辩权，并履行了举证和通知的义务，符合《合同法》第68条第1款第（四）项之规定，应认定原告在本案中主张不安抗辩权成立。

法院认为，如前所述，原告于2008年8月21日发出停止施工通知主张不安抗辩权，符合《合同法》第68条第1款第（四）项之规定精神，并不构成违约。在被告未消除不安事由或者提供相应担保之前，原告有权中止履行合同，被告以原告违约停工为由，于2008年9月17日诉至县法院要求解除双方签订的施工合同，其不愿意继续履行合同的意思表示明确，根据《合同法》第94条第1款第（二）项的规定，被告要求解除合同的行为应认定为根本违约。原告于2008年10月15日发出解除建设工程施工合同的通知，以不安抗辩权成立后被告未消除不安事由或者提供相应担保和被告根本违约为由行使法定解除权，符合《合同法》第69条、第94条第1款第（二）项之规定。

【格案致知】

按照《合同法》的规定，不安抗辩权下解除权的行使程序为：先中止履行，通知对方，后可考虑解除合同。

根本违约或导致合同目的不能实现是解除合同最本质的事由。如果仅符合《合同法》第68条第2款第（四）项"有丧失或者可能丧失履行债务能力的其他情形"之情形，停工后是否具备行使解除权的条件？恐怕会有争议。如果再加上因此导致合同目的不能实现或根本违约，可能行使解除权的理由就会更加充分。本案中，法院认为原告以被告违约停工为由，于2008年9月17日诉至县人民法院要求解除双方间签订的施工合同的行为，系其不愿意继续履行合同的明确意思表示，根据《合同法》第94条第1款第（二）项的规定，被告要求解除合同的行为应认定为根本违约。

《合同法》第69条规定："当事人依照本法第68条的规定中止履行的，应当及时通知对方。对方提供适当担保时，应当恢复履行。中止履行后，对方在合理期限内未恢复履行能力并且未提供适当担保的，中止履行的一方可以解除合同。"

应当先履行合同债务的当事人依据《合同法》第68条、第69条的规定，行使不安抗辩权要求解除合同的，属于《合同法》第94条第（五）项的情形，即"法律规定的其他情形"。

【典型案例 17】 发包方资金链断裂濒临破产，承包方请求解除合同

【案号】（2014）常鼎民初字第 01717 号

【案由】 建设工程施工合同纠纷

【基本案情】

被告开发的小区资金链断裂，引发购房户、承建商、民间借贷债权人、设备材料供应商集中向被告主张债权，房产及被告其他财产被多家法院查封、冻结，工程一度停滞，被告濒临破产。为此，原告于 2013 年 9 月暂停施工。鉴于被告陷入债务危机，经营状况严重恶化濒临破产，2014 年 3 月 3 日，原告向被告发出中止履行《电力建设工程施工合同》的通知，通知被告在一个月内提供相应担保，原告再恢复履行合同，否则，原告将依法解除合同并追偿未付工程款，追究被告的违约责任，但被告未按时提供相应担保。原告向法院起诉，请求判令：解除原、被告签订的《电力建设工程施工合同》。

为支持其诉讼主张，原告向法院递交了如下主要证据：

（1）常德市鼎城区人民政府《关于协调常德市兴广龙房地产开发有限公司破产案管辖权的请示》。（2）常德市中级人民法院《关于涉及常德兴广龙房地产开发有限公司宏泽家园项目所涉案件相关事宜的通知》及《兴广龙系列案情况表》。（3）原告发出的《中止履行〈电力建设工程施工合同〉的通知》及邮寄单。

拟证实：2013 年 1 月，项目资金链断裂，引发购房户、承建商、民间借贷债权人及设备材料供应商集中向被告主张债权，其财务状况恶化，濒临破产；2014 年 3 月 3 日，原告向被告发出中止履行合同的通知，要求被告提供履行合同担保方继续履行合同。

【法院意见】

原告与被告签订的《电力建工程施工合同》是双方当事人的真实意思表示，不违反法律的强制性规定，不损害他人利益，为有效合同。双方应当按照合同履行自己的义务，但依据《合同法》第 68 条、第 69 条之规定，应当先履行债务的当事人，有确切证据证明对方经营状况严重恶化的，可以中止履行合同。中止履行后，应当及时通知对方，对方提供适当担保时，应当恢复履行。中止履行后，对方在合理期限内未恢复履行能力并且未提供适当担保的，中止履行的一方可以解除合同。

本案中，原告因被告经营状况恶化，中止履行合同义务并通知被告，在被告未恢复履行能力并提供适当担保的情况下，请求解除双方签订的《电力建设工程施工合同》，有事实及法律依据，故本院予以支持。

【格案致知】

关于不安抗辩权的适用及操作要考虑以下几个问题：

（1）适用不安抗辩权解除合同的法律规范。

依据《合同法》第 68 条、第 69 条的规定行使不安抗辩权要求解除合同的，属于

《合同法》第 94 条第（五）项的情形。《合同法》第 68 条、第 69 条规定，应当先履行债务的当事人，有确切证据证明对方经营状况严重恶化的，可以中止履行合同。中止履行后，应当及时通知对方，对方提供适当担保时，应当恢复履行。中止履行后，对方在合理期限内未恢复履行能力并且未提供适当担保的，中止履行的一方可以解除合同。

（2）适用不安抗辩权解除合同的程序规定。

①通知义务；②举证义务；③对方提供适当担保的，应当恢复履行债务，否则构成违约；④当事人行使不安抗辩权中止履行后，另一方在合理期限内未恢复履行能力，也未提出适当担保的，中止履行的一方当事人可以解除合同。

按法律规定，应当先行使不安抗辩权，后解除合同。实务中，可参考合同范本规定的程序，即催告、中止、要求担保、停工、解除。

（3）行使不安抗辩权的原因。

行使不安抗辩权的原因：企业破产、项目转让、被查封、严重失信等。

（4）不安抗辩权的适用证据来源。

获取不安抗辩权的适用证据来源途径：最高人民法院执行规定公布的黑名单；各地法院成立破产审判庭，可依法查询当事人涉案信息；诚信系统的建立，信息可查。

本案原告为证明自己的主张，提供了以下主要证据：

①区政府《关于协调房地产公司破产案管辖权的请示》；②市中级法院《关于涉及房地产公司项目所涉案件相关事宜的通知》及《公司系列案情况表》；③原告发出的《中止履行〈电力建设工程施工合同〉的通知》及邮寄单。

既有实体证据，也有程序证据，以发包方资金链断裂濒临破产的证据，证明被告经营状况严重恶化的事实现状，最终让法官相信解除合同事由充分，认定解除原告与被告签订的《电力建设工程施工合同》的事由成立。

【典型案例 18】 能否以优先受偿权系法定担保为由对抗不安抗辩权

【案号】（2013）安民初字第 0383 号

【案由】建设工程施工合同纠纷

【法院意见】

《合同法》第 68 条规定，应当先履行债务的当事人，有确切证据证明对方有经营状况严重恶化，转移财产、抽逃资金以逃避债务，丧失商业信誉，有丧失或者可能丧失履行债务能力的其他情形之一的，可以中止履行。《合同法》第 69 条规定，应当先履行债务的当事人在对方提供适当担保时，应当恢复履行；中止履行后，对方在合理期限内未恢复履行能力并且未提供适当担保的，中止履行的一方可以解除合同。

经审查，本案原告虽然不符合行使不安抗辩权的条件，但享有优先受偿权。就原告工程款而言，被告尚不存在有对待给付的现实危险。《合同法》第 286 条对于建设工程的价款支付法律规定了承包人的优先权。该优先权属于法定优先权，优先于抵押权及其他债权。也就是说，原告公司享有对建设工程折价或者拍卖价款的优先受偿权。即使处理被告公司的债务，也必须首先满足上述工程款的优先权，余款才可用于支付其他债权。就原告的工程款债权而言,并未造成不利影响,也不存在任何现实危险。

同时,根据《合同法》第69条的规定,后给付义务人提供适当担保时,先给付义务人的债权不会受到损害,故不得行使不安抗辩权。而建设工程优先权,是一种对物的支配权,属于物权范畴。此外,它是为担保承包人的建设工程价款而生,具有一般担保物权的属性,是一种担保物权,依法律规定而成立,效力优先于一般债权和其他担保物权。《合同法》第69条所规定的担保,就是为了保证后履行一方履行期限到来时,有履行能力。而《合同法》第286条正是规定了发包人不按约定支付工程款的,承包人享有优先权。因而,原告的建设工程价款享有效力极高的担保,不得行使不安抗辩权。

此外,原告所谓"被告存在丧失或者可能丧失履行债务能力"的事由发生于2013年4月,而此时距离原告最后一次承诺完成厂房、办公楼施工而仍未实现承诺的2012年1月,已经过去一年多,对于屡次爽约、远远超过自己承诺期限而仍未实现承诺的原告而言,如此时还享有不安抗辩权,既不符合公平原则,于情于理也说不通。

综上所述,原告不符合行使不安抗辩权的条件,其要求判决解除施工合同的诉讼请求,本院不予支持。

案涉工程没有竣工,原告要求被告支付工程款的条件尚未成就,原告应当继续履行施工合同义务,待条件成就时依法主张权利。故原告要求被告支付工程款及利息的请求,本院不予支持。关于原告要求确认对案涉工程享有优先权的请求,该主张合法有据,本院依法予以支持。

【格案致知】

法院认为,建设工程价款优先受偿权属于效力极高的担保,在此担保下,施工方不得行使不安抗辩权。这是一个颇具新意的思路,是否符合法理?值得商榷。主要考虑如下问题:

(1)本案原告尚未行使优先受偿权,就以此排除不安抗辩权,是否合法?即使申请了优先受偿权,就丧失不安抗辩权吗?恐怕未必。

(2)优先受偿权和担保是一种什么样的关系?即使优先受偿权是一种担保,但我国法律并未禁止重复担保。

(3)最高人民法院《关于建设工程价款优先受偿权问题的批复》中规定"三、建筑工程价款包括承包人为建设工程应当支付的工作人员报酬、材料款等实际支出的费用,不包括承包人因发包人违约所造成的损失"。优先受偿权是为了保障收回农民工工资和材料款支出。也就是优先受偿权的设立是为平衡第三方利益设计的。《合同法》对优先受偿权规定了一些限制条件,其中包括覆盖面。《最高人民法院关于审理建设工程施工合同纠纷案件适用法律问题的解释(二)》(2018年,以下简称《施工合同司法解释(二)》,全书同)第21条规定:"承包人建设工程价款优先受偿的范围依照国务院有关行政主管部门关于建设工程价款范围的规定确定。承包人就逾期支付建设工程价款的利息、违约金、损害赔偿金等主张优先受偿的,人民法院不予支持。"用覆盖面受到限制的优先受偿权排除不安抗辩权,显然会侵犯原告的利益。

(4)以此思路,优先受偿权是法定权利,凡是享有该权利的施工合同纠纷中就没有了不安抗辩权，显然没有法律依据。

【典型案例 19】 丧失商业信誉，不安抗辩权成立，解除权成立

【案号】（2015）黔高民终字第 98 号

【案由】建设工程施工合同纠纷

【法院意见】

原、被告存在两个工程合作关系，分别签订了《废水循环利用工程合同书》以及《终端水处理工程合同书》。针对《废水循环利用工程合同书》，原告全面履行己方义务——废水循环利用工程通过验收（2009 年 4 月）起，被告即负有履行支付工程款的义务。而直至产生纠纷的《终端水处理工程合同书》所涉终端水处理工程土建部分完成（2010 年 1 月），在长达九个月的期间内，被告仍未按照《废水循环利用工程合同书》的约定向原告支付工程款。同时，被告至该案判决时（2015 年），尚未履行已生效的安顺市中级人民法院确定的给付废水循环工程剩余工程款及投标保证金的义务。

关于被告未支付废水循环利用工程余款 130 万余元的行为是否构成《合同法》第 68 条第 1 款第三项、第四项规定的"丧失商业信誉""有丧失或者可能丧失履行债务能力的其他情形"问题。

根据查明的事实，原告于 2008 年 4 月完成施工并投入运行。2009 年 4 月贵州省环保专项行动领导小组下发黔环专（2009）4 号文表示《废水循环利用工程合同书》所涉工程通过验收。但从废水循环利用工程通过验收（2009 年 4 月）至本案所涉终端水处理工程土建部分完成（2010 年 1 月）期间，被告未按照《废水循环利用工程合同书》的约定向原告支付工程款，其失信行为足以证明并使原告认为被告已丧失商业信誉或者可能丧失履行债务能力而中止《终端水处理工程合同书》及其技术协议的履行。同时，被告至今也未履行已生效的安顺市中级人民法院（2013）安市民商初字第 27 号民事判决确定的给付废水循环工程剩余工程款及投标保证金的义务，也能够佐证其存在丧失商业信誉的情形。故对于原告关于因被告长期欠付工程款已严重丧失商业信誉，其有权中止履行合同的上诉主张，本院予以采信。综上，依据《合同法》第 6 条"当事人行使权利、履行义务应当遵循诚实信用原则"之规定，对于一审判决中关于解除原告与反诉被告于 2009 年 10 月 16 日签订的《终端水处理工程合同书》予以解除的判项，本院予以维持，对判决理由予以部分纠正（原审法院认为，双方在履行合同过程中，均主张对方违约而要求解除合同，双方对解除合同达成合意，本院依法予以解除）。

【格案致知】

在同一案件中，合同一方当事人的行为既构成合同他方行使不安抗辩权的条件，又构成合同解除权的条件，此种情况下，当事人应如何行使权利，在学理上存在不同观点：

（1）吸收说。该说认为，同一行为既构成合同他方行使合同的不安抗辩权，又构成合同解除权的情况下，由合同解除权吸收不安抗辩权，权利人行使合同解除权。其理由是，不安抗辩权的效力仅限于中止履行义务，而解除权的效力表现为消灭履行义务。

(2) 顺序说。该说认为，同一行为既构成合同他方行使合同的不安抗辩权，又构成合同解除权的情况下，首先由权利人行使不安抗辩权，只有在不安抗辩权的行使不能得到救济的情况下，才可行使合同解除权。其理由是，这样能最大可能地使合同得到履行。

(3) 竞合说。该说认为，同一行为既构成合同他方行使合同的不安抗辩权，又构成合同解除权的情况下，权利人既可以行使不安抗辩权，又可以行使合同解除权，该两种权利由权利人择一行使。

(4) 并存说。该说认为，同一行为既构成合同他方行使合同的不安抗辩权，又构成合同解除权的情况下，权利人既可以行使不安抗辩权，又可以行使合同解除权。其理由是，不安抗辩权是一种防御性权利，目的是使权利人不使自己遭受损失，合同解除权是一种进攻性的权利，其目的在于消灭履行合同义务。这两种权利的功能不同、目的不同、效果不同，因此，不存在先后顺序问题，也不存在吸收问题，更不存在选择问题，因为，选择权只能在同一性质的权利中进行，如果属于两种不同性质的权利，则不存在选择问题。

《合同法》第69条规定，当事人依照规定中止履行的，应当及时通知对方。对方提供适当担保时，应当恢复履行。中止履行后，对方在合理期限内未恢复履行能力并且未提供适当担保的，中止履行的一方可以解除合同，该条规定采用了并存说。

本案涉及解除事由的选择问题。长期欠付工程款是否能证明已严重丧失商业信誉？

二审法院贵州省高级人民法院援引了《合同法》第60条第1款，认为被告负有按照约定全面履行支付工程款的义务而长期不履行，是一种失信行为，足以证明并使原告认为被告已丧失商业信誉，进而行使不安抗辩权中止《终端水处理工程合同书》履行。此类案件中，双方当事人均是基于信任或长期合作关系而签订多个合同。一方当事人在实际合作过程中出现了不履行、不按时履行或不完全履行合同义务的行为，因此可以认为对方已丧失了商业信誉。在这种情形下，先履行方只需证明，双方的交易历史中后履行方存在违约行为，即可证明后履行方丧失商业信誉。

【典型案例20】工程基本完工，行使不安抗辩权解除合同有无意义

【案由】 建设工程施工合同纠纷

【基本案情】

2013年4月12日，原告与被告签订了一份《协议书》，约定化工公司的生活区、厂房、仓库土建工程发包给该建筑公司自筹资金承建。2013年年底，所有合同内的工程已基本完工。此时，建筑公司发现，被告未缴纳土地出让预付款、未付清之前的工资及材料款、未支付所欠的土石方及桩基础工程款。原告认为，被告已经丧失了商业信誉，很有可能付不了他们的工程款。2014年1月6日，原告向被告下达"中止合同通知书"，要求被告七天内提供担保。被告收到"通知书"之后，认为原告滥用"不安抗辩权"不同意中止合同，要求原告继续履行合同约定，且认为原告没有证据证明自己丧失了商业信誉，遂诉至法院，要求确认"中止合同通知书"无效。

原告辩称：首先，自己享有"不安抗辩权"，被告对厂区的土地出让预付款未缴纳，土石方及桩基础工程款至今分文未付，其经营状况已经让自己感到十分"不安"，有理由解除合同。其次，"中止合同通知书"要求提供担保，但被告未提供。故此，原告要求解除合同符合法律规定。

法院认为，原告行使"不安抗辩权"要求解除合同，虽被告至今未缴纳土地出让预付款，未按约支付工程款，但按照相关法律规定，如果双方当事人的合同中的主要内容已经基本履行完毕，不宜再解除合同。在本案中，原告所作的工程已经快要竣工，要求解除合同已无实际意义。故法院支持了被告的诉求，要求双方本着诚信原则全面履行合同义务。

【格案致知】

本案特别有意思的是，法院认为原告所作的工程已经快要竣工，要求解除合同已无实际意义，言称为原告考虑，却支持了被告要求继续履行合同的诉讼请求。

所作的工程已经快要竣工，施工方要求解除合同有无实际意义？这要从解除合同的法律后果说起。解除合同，不用再投入，对施工方来说，是一项止损措施，避免损失进一步扩大；解除合同，可以对已完工程款进行结算，如果不解除合同，只能要求支付进度款或按约定程序结算；合同解除，可以开始计算优先受偿权。所以，解除是有实际意义的，绝对不是法院所说的没有实际意义。

而且，在符合不安抗辩权适用条件的情况下，法院有无权力拒绝或限制适用不安抗辩权，以什么理由拒绝或限制？法院认为"按照相关法律规定如果双方当事人的合同中的主要内容已经基本履行完毕，那么不宜再解除合同"，法院的法律依据是什么？

七、情势变更下的解除权

【典型案例 21】 政府环保政策导致合同不能履行，是否属于情势变更

【案号】（2015）民提字第 39 号

【案由】建设工程施工合同纠纷

【法院意见】

本案情形是否属于情势变更？合同签订后，常州市政府办公室转发市环保局《常州市 2012 年底主要大气污染减排工作方案》，要求新东公司在 6 月底拆除燃气锅炉。文件发出后，双方达成解除合同的协议。原两审判决均认定正通公司、新东公司双方达成会议纪要明确了涉案合同解除等相关事项，应视为双方协商一致解除了涉案合同，该认定是正确的，本院予以确认。

《最高人民法院关于适用〈中华人民共和国合同法〉若干问题的解释（二）》（2009 年，以下简称《合同法司法解释（二）》，全书同）第 26 条规定："合同成立以后客观情况发生了当事人在订立合同时无法预见的、非不可抗力造成的不属于商业风险的重大变化，继续履行合同对于一方当事人明显不公平或者不能实现合同目的，当事人请求人

民法院变更或者解除合同的，人民法院应当根据公平原则，并结合案件的实际情况确定是否变更或者解除。"本案涉案合同在履行过程中，常州市政府根据省政府《关于进一步加强污染物减排工作的意见》的要求，调整了节能减排的政策，明确要求新东公司自备电厂在2012年6月底前拆除燃煤锅炉。客观情况发生了重大变化，导致新东公司原定的对燃煤锅炉进行脱硫工程改造项目继续进行已经没有意义，无法实现合同目的，该变化是当事人无法预见的，这种合同风险显然也不属于普通的商业风险。虽然《合同法》及有关司法解释并未明确规定政府政策调整属于情势变更情形，但是如果确实因政府政策的调整，导致不能继续履行合同或者不能实现合同目的，当然属于合同当事人意志之外的客观情况发生重大变化的情形。因此，应该认定本案的情形属于《合同法司法解释（二）》第26条规定的情势变更情形。

备注：一审、二审法院认定本案不属于情势变更，并且认为在双方达成一致解除协议的情况下，再认定情势变更已无必要。

【格案致知】

在建设工程领域，由于工期长，在履行过程中经常会发生材料价格的异常波动、天气地质状况、政策调整等的特殊变化而引起的纠纷，这些特殊变化是否适用情势变更原则？首先要考察何为情势变更。

《合同法》并未对情势变更原则作出具体规定，仅在《合同法司法解释（二）》第26条做了概括性规定。《合同法司法解释（二）》第26条规定："合同成立以后客观情况发生了当事人在订立合同时无法预见的、非不可抗力造成的不属于商业风险的重大变化，继续履行合同对于一方当事人明显不公平或者不能实现合同目的，当事人请求人民法院变更或者解除合同的，人民法院应当根据公平原则，并结合案件的实际情况确定是否变更或者解除。"这是最高人民法院对司法实践做出的原则性意见。

但是在《合同法司法解释（二）》出台后不久，最高人民法院又连续发布了两个通知，要求各级法院慎重适用情势变更原则，其中法［2009］165号规定："如果根据案件的特殊情况，确需在个案中适用的，应当由高级人民法院审核。必要时应报请最高人民法院审核。"可见，我国法院对于情势变更原则的适用持慎重态度。

从最高人民法院《关于正确适用〈中华人民共和国合同法〉若干问题的解释（二）服务党和国家的工作大局的通知》（2009年）来看，不仅要求"各级人民法院务必正确理解、慎重适用。如果根据案件的特殊情况，确需在个案中适用的，应当由高级人民法院审核。必要时应提请最高人民法院审"。更是把情势变更原则的适用上升到了党和国家工作大局的高度。

《民法典（草案）》第533条规定："合同成立后，合同的基础条件发生了当事人在订立合同时无法预见的、不属于商业风险的重大变化，继续履行合同对于当事人一方明显不公平的，受不利影响的当事人可以请求与对方重新协商；在合理期限内协商不成的，当事人可以请求人民法院或者仲裁机构变更或者解除合同。人民法院或者仲裁机构应当结合案件的实际情况，根据公平原则确定变更或者解除合同。"《民法典（草案）》基本吸收了《合同法司法解释（二）》第26条规定的内容。

八、意外事件导致合同不能履行后的解除

【典型案例 22】 火灾事故导致工程毁损，业主要求解除施工合同

【案号】（2017）苏 06 民终 623 号

【案由】 建设工程施工合同纠纷

2013 年 9 月 4 日，原告（发包方润思达公司）与被告（承包方顺达公司）就润思达公司的冷库施工签订聚氨酯保温工程承包合同一份。合同签订后，顺达公司于 2014 年 4 月 2 日进场施工，并已完成了大部分工程，但案涉工程尚未竣工验收。

2014 年 6 月 4 日，案涉工程发生火灾。海安县公安消防大队对该事故进行调查后，于 2014 年 7 月 3 日作出《海公消火字〔2014〕第 0010 号火灾事故认定书》，认定起火部位位于润思达公司生鲜冷链加工配送中心走道北侧从东向西第 3 个房间内，起火原因可以排除电气线路故障和用火不慎引起火灾的可能，不能排除高温灯具引燃周边可燃物引起火灾的可能。

上述火灾致顺达公司已完成的工程全部毁损。火灾后，顺达公司的施工人员全部撤离施工现场，未再继续施工。润思达公司称其曾多次电话通知顺达公司继续施工，顺达公司不予理睬；顺达公司否认润思达公司通知过其继续施工。庭审中，顺达公司表示案涉合同按工程量已结算，顺达公司完成的施工已全部毁损，已不具备继续履行的条件，案涉合同不可能再履行，除非润思达公司另行支付工程款并重新签订合同。

润思达公司诉讼请求：判令解除润思达公司与顺达公司 2013 年 9 月 4 日签订的聚氨酯保温工程承包合同，顺达公司返还已付工程款。

【法院意见】

本案中，就顺达公司与润思达公司之间的聚氨酯保温工程承包合同，顺达公司称其完成的工作成果已经大部分交付给了润思达公司，但未能提供证据证明，本院无法确认。后火灾导致顺达公司工作成果灭失，润思达公司已将相同工作交由他人施工并已完成，故润思达公司与顺达公司的案涉合同已无履行的必要和可能，本院确认合同已解除。《合同法》第 94 条规定："合同解除后尚未履行的，终止履行；已经履行的，根据履行情况和合同性质，当事人可以要求恢复原状、采取其他补救措施，并有权要求赔偿损失。"《合同法》第 265 条规定："承揽人应当妥善保管定作人提供的材料以及完成的工作成果，因保管不善造成毁损、灭失的，承揽人应当承担损害赔偿责任。"根据以上规定，本案合同解除，未履行的部分不再履行，已经履行的部分因火灾灭失，无法返还，定作人对工作成果灭失有过错的或具有可归责的责任的，应当根据其过错及责任承担成果灭失的全部或部分后果，承揽人在其保管不善范围内承担损害赔偿责任。本案中，顺达公司的工作成果在交付前灭失，合同解除但已经履行的部分无法返还，双方应当根据各自过错承担责任。

关于本案中导致顺达公司工作成果灭失的火灾原因，根据消防部门对火灾发生时现场人员的调查、现场勘验记录及对火灾事故的调查报告、双方庭审陈述，虽消防部门的报告未直接认定火灾发生的原因，但在本案审理中，根据民事证据证明力应达到高度盖然性的要求，现有证据足以证明本案火灾事故发生的直接原因是毛某雇佣的工人打开并移动施工现场北3房间太阳灯、高温引燃周围易燃物且火灾初起时没有采取有效措施控制火情，其行为后果应由毛某承担责任。一审法院认为不能认定火灾发生的原因、不能认定毛某对火灾的责任，系对证据认定不当，毛某一方应当承担火灾发生及其后果的主要责任。

关于本案合同双方过错及在本案中的责任承担。

首先，毛某应承担的火灾事故主要责任，相对于顺达公司，应由润思达公司承担。毛某是代表润思达公司与顺达公司签订本案合同的代理人，毛某在案涉合同履行中的过错应视为润思达公司的过错，毛某的交叉施工行为直接干扰了顺达公司对案涉合同的履行，其行为后果应由润思达公司承担。同时，毛某又是经润思达公司允许进入施工场地的第三方，顺达公司没有权利阻止毛某及其雇员进入施工现场，也无权指挥和控制毛某及其雇员的活动。对顺达公司而言，毛某及其雇员的过错不能与润思达公司的责任割裂，不能将毛某的过错独立地视为与润思达公司及顺达公司均无关的第三方。

其次，润思达公司自身对于火灾发生亦有违约及过错。润思达公司允许其他工序分包人进入施工现场，其与毛某的无效分包行为直接导致没有施工资质的个人及其雇佣人员随意进出施工现场、无序施工，违反了合同中其应当为顺达公司创造良好的工作环境、保证顺达公司不受外界干扰的约定，存在违约。同时，润思达公司本身并不从事建筑行业，其兴建冷库，但没有将工程总包给具有建筑工程施工资质的主体，而是自身作为发包人将全部工程分割后分别发包给多个施工人交叉施工，其作为业主及总发包方，应当对整个工程的施工承担施工协调和管理责任。顺达公司仅是一部分保温工程的施工人，没有义务对交叉施工中的安全承担超出其自身施工范围的安全责任、没有权利亦没有义务管理润思达公司另行发包工程的施工人员。润思达公司将冷库施工中的若干工序分包，包括违法分包，又疏于交叉施工中的协调及安全管理，其过错是导致火灾事故发生的重要原因。

最后，顺达公司亦有过错。火灾事故发生时虽然顺达公司已经完成了绝大部分的工作，但尚未交付给润思达公司，其对已完成部分有成果保护义务，对尚在施工的部分有安全防护责任。虽然其无权阻止毛某的施工人员进出施工场所，也无权对其进行教育管理，但其在明知有无相关施工经验的人员进出施工场所的情况下应当对自己的施工成果及施工现场更加谨慎，比如将太阳灯或其他有一定危险性的设备保管在自己可控的范围内、多派驻施工人员巡视各个施工点、及时发现并处置安全隐患等。此外，虽然消防部门在调查时施工人员称现场设有灭火器，但火灾后的现场勘验中并没有记录现场发现有灭火器；火灾发生时有顺达公司的施工人员在场，其也未能及时发现火情并采取措施对初起火灾进行有效扑救。故顺达公司称其对火灾发生及其后果没有任何过错的上诉理由不能成立。

综上,对于火灾事故导致顺达公司工作成果灭失、不能按合同约定交付,在本案合同双方当事人之间应由润思达公司承担70%的责任,顺达公司承担30%的责任;就毛某一方的责任,润思达公司可依法另行主张。

润思达公司请求解除合同,根据查明的事实,双方合同在润思达公司就相同工程交由其他施工人施工后实质已经解除。

【格案致知】

本案涉及意外事件和不可抗力的区分以及免责问题。

关于意外事件,《中华人民共和国民法通则》(2009年,简称《民法通则》,全书同)《中华人民共和国侵权责任法》《合同法》都没有引用这个概念,施工合同范本也没有涉及。但是《最高人民法院关于适用〈中华人民共和国担保法〉若干问题的解释》(2000年,简称《担保法解释》,全书同)第122条引入了这个概念,而且是针对合同使用了这个概念,与不可抗力并列使用,属于不可抗力、情势变更、商业风险之外的情形。

我国有些学者主张意外事件与不可抗力没有本质区别,因而赞成在《侵权责任法》中以不可抗力代替意外事件。

关于意外事件,张新宝教授在《侵权责任法原理》(中国人民大学出版社,2005年版)中是这样表述的:"意外事件作为一种抗辩事由,得到了我国民法学和司法实践的普遍承认。"

王利明教授认为,不可抗力是构成侵权法免责事由的外来原因,并认为两者的区别主要体现在:"第一,从主观上看意外事件的不可预见性是指特定的当事人尽到合理地注意和谨慎也不可预见。可见,不可抗力具有更强的难预见性。第二,从客观上讲,意外事件虽然具有不可预见性,但是它是能够避免和克服的,而对于不可抗力来说,即使预见到也不能避免和克服的。"

不可抗力和意外事件两者的法律性质不同,不可抗力是为国际惯例和各国合同法所明确的法定免责事由,而意外事件不是。

《民法通则》第107条规定:"因不可抗力不能履行合同或者造成他人损害的,不承担民事责任,法律另有规定的除外。"

《合同法》第117条第1款规定:"因不可抗力不能履行合同的,根据不可抗力的影响,部分或全部免除责任,但法律另有规定的除外。"

可见,不可抗力是法定的免责事由。但是,不可抗力并不是意味着当事人可以推脱一切义务和责任,相反,当事人应当要在法律规定的条件下,履行告知等义务。根据《合同法》的规定,首先,如果"当事人迟延履行后发生不可抗力的,不能免除责任"(《合同法》第117条第1款);此外,根据《合同法》第118条规定:"当事人一方因不可抗力不能履行合同的,应当及时通知对方,以减轻可能给对方造成的损失,并应当在合理期限内提供证明。"

《担保法解释》第122条规定:"因不可抗力、意外事件致使主合同不能履行的,不适用定金罚则。因合同关系以外第三人的过错，致使主合同不能履行的，适用定金罚则。受定金处罚的一方当事人，可以依法向第三人追偿。"可见，最高人民法院的司法解释将意外事件也作为定金责任的免责事由。

九、特殊情况下，违约方的解除权

【典型案例 23】新宇公司诉冯玉梅商铺买卖合同纠纷案
【来源】最高人民法院公报 [2006] 第 6 期
【案由】商铺买卖合同纠纷
【法院意见】

二审概括争议焦点：（1）一审判决解除合同是否正确？（2）在权利人没有提出请求的情况下，一审在解除合同的判决中一并判决义务人给权利人赔偿，是否符合程序？

上诉人冯玉梅与被上诉人新宇公司签订的商铺买卖合同合法有效。新宇公司在合同约定的期限内未办理产权过户手续，已构成违约，又在合同未依法解除的情况下，将 2B050 商铺的玻璃幕墙及部分管线设施拆除，亦属不当。《合同法》第 107 条规定："当事人一方不履行合同义务或者履行合同义务不符合约定的，应当承担继续履行、采取补救措施或者赔偿损失等违约责任。"从这条规定看，当违约情况发生时，继续履行是令违约方承担责任的首选方式。法律之所以这样规定，是由于继续履行比采取补救措施、赔偿损失或者支付违约金，更有利于实现合同目的。但是，当继续履行也不能实现合同目的时，就不应再将其作为判令违约方承担责任的方式。《合同法》第 110 条规定："当事人一方不履行非金钱债务或者履行非金钱债务不符合约定的，对方可以要求履行，但有下列情形之一的除外：（一）法律上或者事实上不能履行；（二）债务的标的不适于强制履行或者履行费用过高；（三）债权人在合理期限内未要求履行。"此条规定了不适用继续履行的几种情形，其中第（二）项规定的"履行费用过高"，可以根据履约成本是否超过各方所获利益来进行判断。当违约方继续履约所需的财力、物力超过合同双方基于合同履行所能获得的利益时，应该允许违约方解除合同，用赔偿损失来代替继续履行。在本案中，如果让新宇公司继续履行合同，则新宇公司必须以其 6 万余平方米的建筑面积来为冯玉梅的 22.50 平方米商铺提供服务，支付的履行费用过高；而在 6 万余平方米已失去经商环境和氛围的建筑中经营 22.50 平方米的商铺，事实上也达不到冯玉梅要求继续履行合同的目的。一审平衡双方当事人利益，判决解除商铺买卖合同，符合法律规定，是正确的。冯玉梅关于继续履行合同的上诉理由，不能成立。考虑到上诉人冯玉梅在商铺买卖合同的履行过程中没有任何违约行为，一审在判决解除商铺买卖合同后，一并判决被上诉人新宇公司向冯玉梅返还商铺价款、赔偿商铺增值款，并向冯玉梅给付违约金及赔偿其他经济损失。这虽然不是应冯玉梅请求作出的判决，但此举有利于公平合理地解决纠纷，也使当事人避免了讼累，并无不当。在二审中，新宇公司表示其愿给冯玉梅增加 20 万元赔偿款，应当允许。

十、任意解除权（随时解除权）

【典型案例 24】 施工合同生效后发包人是否可以随时解除合同

【案由】 建设工程施工合同纠纷

【基本案情】

2003 年 8 月 28 日，某县采血站与中标单位某建筑工程公司（下称建筑公司）签订了一份《建设工程合同》，约定将其投资建设的业务综合楼发包给建筑公司承建。合同签订后，建筑公司进行了人工挖孔桩分部工程的施工，但由于建筑公司自身原因，未能在合同约定的期限内完成人工挖孔桩分部工程的施工。2003 年 12 月 5 日，采血站向建筑公司发出《解除合同通知书》，并于同日以建筑公司严重违约致使合同无法履行为由向某县人民法院提起诉讼，请求解除双方签订的《建设工程施工合同》。

某县人民法院经审理后认为，建筑公司未能按合同约定的施工进度完成人工挖孔桩施工任务，已构成违约，但该违约属一般性违约，亦不属法定的合同解除事由，并不必然导致工程不能按时竣工，故采血站以建筑公司在履行合同中存在严重进度违约为由请求解除合同，其理由不能成立；但根据《合同法》第 287 条的规定，《合同法》对建设工程合同没有规定的，可以适用承揽合同的有关规定，而《合同法》第 268 条赋予了定作人随时解除合同的权利，因此采血站可能随时解除合同，对其诉讼请求应予支持，但采血站应对解除合同给建筑公司造成的合理损失给予赔偿。2004 年 8 月 9 日，该县人民法院作出判决，解除上述《建设工程施工合同》，同时判决采血站向建筑公司支付已施工部分工程价款及赔偿招投标费用、留守人员工资、退场费。

【典型案例 25】 总承包合同解除必然导致分包合同解除

【案号】（2016）最高法民再 53 号

【案由】 建设工程施工合同纠纷

最高人民法院再审判决及其理由：最高人民法院认为本案争议焦点，为福建土木不撤离涉案施工场地是否具有合法依据。围绕该争议焦点，最高人民法院作出如下认定：

（1）关于总包合同与分包合同的关系，最高人民法院认为，分包合同虽然独立于总包合同，但总包合同是签订、履行分包合同的前提和基础。沙伯公司（发包方）解除与三星公司（总包方）之间的总包合同后，三星公司便丧失了总包承包人的法律地位，分包合同亦由此丧失了继续履行的必要性和可能性，使分包合同陷于履行不能。总包合同解除必然导致分包合同解除。分包合同应随总包合同的解除而解除。

（2）关于三星公司是否有权解除分包合同，最高人民法院认为，三星公司有权解除分包合同，理由概括如下：第一，由于总包合同是分包合同履行的前提与基础，在总包合同解除之后，分包合同便处于履行不能的状态，在此情况下，分包合同应予以解除，即使三星公司可能因此向福建土木（分包方）承担相应的违约责任，但这不能作为阻止解除分包合同的事由。第二，根据《合同法》第 268 条关于定作人"任意解除权"的规定，三星公司有权随时解除分包合同。

参考案例：沙伯基础创新塑料（中国）有限公司、三星工程株式会社与福建省土木建设实业有限公司深圳分公司、福建省土木建设实业有限公司侵权纠纷一案［（2016）最高法民再53号］。

【格案致知】

任意解除权来源于承揽合同，施工合同并未直接规定，是由施工合同的性质属于承揽合同推定来的。

《合同法》第268条规定，定作人可以随时解除承揽合同，造成承揽人损失的，应当赔偿损失。这是定作人的随时解除权的出处。《合同法》将建设工程合同单列一章进行规定，但该章第287条又规定"本章没有规定的，适用承揽合同的有关规定"。

梁慧星教授对《合同法》赋予定作人任意解约权提出了批评："最后看第268条，即承揽合同的最后一条。该条规定：'定作人可以随时解除承揽合同，造成承揽人损失的，应当赔偿损失。'这一条是法工委的同志借鉴《日本民法典》写进去的。该法典第641条的规定，'在承揽人未完成工作期间，定作人，无论何时，均得赔偿损害而解除合同。'《日本民法典》为什么这样规定，我们认为是基于当时的社会背景：经济生活比较简单，在承揽方面，没有像现在经济生活中经常需要的承建高速公路、巨型航空器、船舶、建筑物等大规模的承揽活动。但社会发展到今天，在我们的《合同法》中写这一条太特殊了，它赋予了一方无条件的解除权，与整个合同法中规定的解除问题都无法协调……这一条很让人费解。我们前面说本法要贯彻公平的原则，当事人双方要公平，协商的时候可以约定解除，可以设定解除条件，约定解除权，都是可以的，为什么这里偏偏要单方面、片面的、任意的、没有任何条件解除合同，非常解释不通。这一条严重破坏了整个法律公正、公平、社会正义。"（梁慧星《合同法的成功与不足》，载《中外法学》1999第6期）

虽然在理论上，对任意解除权有争议，但实务没有争议，极少看到施工合同适用任意解除权解除的案例。任意解除权也不利于维护交易的稳定性。

有些地方法院明确对施工合同任意解除权持否定态度。广东省高级人民法院印发《广东省高级人民法院关于审理建设工程合同纠纷案件疑难问题的解答》的通知（粤高法〔2017〕151号），其中第4条规定，发包人或承包人能否按照承揽合同的规定解除建设工程合同？发包人或承包人行使建设工程合同的解除权应符合《施工合同司法解释》第8条和第9条的规定，其以《合同法》第268条和第287条规定为依据主张随时解除施工合同的，不予支持，合同另有约定的除外。这是地方地方法院的指导意见。

十一、自动解除（当然解除）

【典型案例26】何谓自动解除

【案号】（2014）怀中民一终字第316号

【案由】建设工程施工合同纠纷

【法院意见】

2010年4月19日,房地产开发公司与建筑公司签订施工合同协议书一份,该合同约定:"本工程进场工程预付款,承包方需保证金壹百伍拾万元,承包方与发包方合同签订六天内,承包方将保证金打进公司账户,合同即生效,如规定时间内承包方未能履行约定,合同即失效。"即该合同实际上约定了自动解除合同的附属条件。后因建筑公司未依合同约定条件按时、按指定方式交纳合同保证金,故该合同实际上已于2010年4月26日自动解除,双方关于合同约定的权利义务同时归于消灭。

【格案致知】

自动解除,也叫当然解除,是指当法律规定的条件出现时,合同自动解除,无须当事人为解除之意思表示。关于当然解除的立法例非常少见。《日本国商法》第525条规定:"根据买卖性质或当事人的意思表示,除非在一定日期或一定期间内履行,否则就不能达到契约目的的情况下,如果当事人一方不予履行、并已超过规定的时间时,如相对人不立即请求履行,则视为解除契约。"当然解除在日本法上被适用于定期买卖。

关于附解除权的合同与附解除条件的合同异同及实际意义。

《合同法》第93条第2款规定:"当事人可以约定一方解除合同的条件,解除合同的条件成就时,解除权人可以解除合同。"这是关于附解除权的法律规定。依此规定,解除合同的条件成就时,合同并不自动解除。解除权人可以选择解除或保留合同,若欲解除须通知对方,即需再实施一个单方法律行为。自动解除并非来源于这条法律规定。

我们进一步考察《合同法》第45条第1款之规定:"当事人对合同的效力可以约定附条件。附生效条件的合同,自条件成就时生效。附解除条件的合同,自条件成就时失效。"可以看出,附解除条件的合同在条件成就时自动失去效力。这就不同于附解除权的合同,这个法律条款属于附解除条件的规定。

区分附解除权的合同与附解除条件合同的实际意义是,帮助我们正确行使解除权。附解除权的合同,在约定的条件成就后,给一方当事人以再次选择的机会;附解除条件的合同,在条件成立后双方当事人都没有再次选择的机会。可以看出,《合同法》第45条规定的解除条件与《合同法》第93条规定的约定解除合同的条件不同。当约定解除合同的情况出现时,享有解除权的当事人尚须通过单方意思表示解除合同;而解除条件成就时,合同自动失效,无需当事人为任何积极行为,法律关系即发生改变。

附解除条件的合同当条件成就时合同当然且自动地消灭,无需当事人再作出意思表示;在约定解除权的合同的情况下仅仅具有解除的条件还不能使合同消灭,必须有解除行为才能使合同实际解除。

当事人在订立合同的时候,可以约定合同解除的条件,当约定解除合同的条件成就时,合同自动解除。附条件的解除,条件成就时即解除。

如,建设工程施工合同双方合同约定:签订合同三日内乙方向甲方交纳履约保证金800万元,否则合同自动解除。又如,收到开工令后十日内不进场,合同自动解除。再如,本协议签订后,其他协议自动解除。

自动解除必须以双方在合同里约定了解除的条件为前提，约定的解除条件成就时才成立。

比较解除权与解除条件之区别的实际意义，在于客户设计合同时发挥作用。

十二、实际解除权

【典型案例27】施工企业已撤场，可以视为合同实际解除

【案号】（2017）最高法民终25号

【案由】建设工程施工合同纠纷

【法院意见】

新贝发公司于2012年11月27日提出解除合同，浙江昆仑公司于2012年12月13日撤场，双方实际解除了合同。浙江昆仑公司撤场时视为新贝发公司已接收涉案工程。

由于新贝发公司要求解除合同，且2012年12月13日浙江昆仑公司已经撤离施工现场，新贝发公司应自合同实际解除时支付浙江昆仑公司已完工程的全部工程款及利息。

【典型案例28】新协议取代旧协议，旧协议实际解除

【案号】（2014）民二终字第236号

【案由】建设工程施工合同纠纷

【法院意见】

本案的《建筑工程结算书》是双方对《合作开采协议书》合同目的的变更，即双方合同目的由利润分成转化为工程价款结算。虽然《建筑工程结算书》中并未书写解除《合作开采协议书》的字样，但《建筑工程结算书》的产生与内容，意味着双方已经实质上解除了《合作开采协议书》，意味着《合作开采协议书》不再继续履行，《建筑工程结算书》产生解除《合作开采协议书》之效力。飞宇达公司称《建筑工程结算书》系华通瑞盛公司因违约行为造成飞宇达公司停、窝工损失而给予的先期补偿，但其没有提供工程款系补偿款字样的证据，属于证据不足。且结算书中已经明确款项内容是工程结算，并非先期补偿。其在2010年10月退场，陆续签订结算书，也证明双方已经不再执行协议书，实际解除了协议书。华通瑞盛公司关于确认双方《合作开采协议书》已经解除的诉讼请求成立。

【典型案例29】从合同的实际履行内容考量，推定合同实际解除

【案号】（2012）民一终字第31号

【案由】建设工程施工合同纠纷

【法院意见】

根据2005年7月23日、7月26日《协议书》、9月26日的交接单，双方已完成讼争工程移交工作，包括已完工程量界定，讼争结算资料移交及施工现场的交接，后续扫尾工程实际上由金山房地产公司另行交由其他施工单位施工。因此，双方实际上已经解除所签订的施工合同及系列补充协议。

【格案致知】

（2017）最高法民终 25 号、（2014）民二终字第 236 号、（2012）民一终字第 31 号三案均提到"实际解除"问题。关于实际解除，《合同法》里并没有这个概念，没有相应的法律规范，这是出现在判决书里的概念，是在实务中，根据实际情况，系法官的推定。如施工企业已撤场；新协议取代旧协议，旧协议实际解除等。系从合同的实际履行情况考量推定的结果。

关于实际解除的认定是否符合法理，不作深入研究，但从处理实际问题角度看，却有其合理和存在的必要。

十三、第三人违约导致施工合同解除

【典型案例 30】 发包方和案外人合作协议解除，导致合同不能履行，施工合同解除

【案号】（2014）渝四中法民初字第 00109 号

【案由】建设工程施工合同纠纷

【法院意见】

丰绿公司与县政府签订投资协议，丰绿公司出资建设辣椒市场项目。随后丰绿公司又与远海公司订立《建设工程施工合同》。2014 年 12 月 1 日县政府和丰绿公司订立《解除、履行有关投资协议的协议》，解除其与丰绿公司签订的投资协议。丰绿公司以"拟同意县政府的解除要求，退出辣椒市场项目的开发和建设"为由通知远海公司解除合同。远海公司不同意解除施工合同，提起诉讼，要求确认通知函无效并要求丰绿公司承担违约责任。

关于丰绿公司致函解除合同行为的性质及效力问题。法院认为，远海公司与丰绿公司订立的《建设工程施工合同》，意思表示真实，不违反法律、行政法规的强制性规定，合法有效。丰绿公司于 2014 年 7 月 28 日向远海公司送达《关于解除石柱县辣椒批发市场一标段平场工程合同的函》，该函件的内容具体确定，明确表示解除双方的《建设工程施工合同》，其在合同解除上未留有商量余地，仅表示在"合同解除所致损失"方面可"择日洽商"，这可解释为丰绿公司致函远海公司解除合同，而非致函征求其同意。由此来看，丰绿公司函告远海公司解除合同这一意思表示，不是表明需受要约人承诺的要约，而是单方法律行为，即丰绿公司意欲通过单方作出意思表示解除合同。《合同法》及相关司法解释规定，只有符合约定解除或者法定解除条件，当事人才可以通过单方法律行为即单方作出意思表示解除合同。《合同法》第 93 条第 2 款规定了约定解除条件，即"当事人可以约定一方解除合同的条件。解除合同的条件成就时，解除权人可以解除合同"。该法第 94 条规定了一般法定解除条件，即"（一）因不可抗力致使不能实现合同目的；（二）在履行期限届满之前，当事人一方明确表示或者以自己的行为表明不履行主要债务；（三）当事人一方迟延履行主要债务，经催告后在合理期限内仍未

履行；（四）当事人一方迟延履行债务或者有其他违约行为致使不能实现合同目的；（五）法律规定的其他情形"。该法第 69 条规定了不安抗辩权人解除合同的条件，即"当事人依照本法第六十八条的规定中止履行的，应当及时通知对方。对方提供适当担保时，应当恢复履行。中止履行后，对方在合理期限内未恢复履行能力并且未提供适当担保的，中止履行的一方可以解除合同"。《施工合同司法解释》第 8 条规定了建设工程发包人解除合同的条件，即"承包人具有下列情形之一，发包人请求解除建设工程施工合同的，应予支持：（一）明确表示或者以行为表明不履行合同主要义务的；（二）合同约定的期限内没有完工，且在发包人催告的合理期限内仍未完工的；（三）已经完成的建设工程质量不合格，并拒绝修复的；（四）将承包的建设工程非法转包、违法分包的"。本案中，丰绿公司以"拟同意石柱县政府的解除要求，退出辣椒市场项目的开发和建设"为由通知远海公司解除合同，该解除事由显然与法律及司法解释规定的单方解除合同的事由不相符合。《合同法》第 96 条第 1 款规定："当事人一方依照本法第九十三条第二款、第九十四条的规定主张解除合同的，应当通知对方。合同自通知到达对方时解除。对方有异议的，可以请求人民法院或者仲裁机构确认解除合同的效力。"《合同法司法解释（二）》第 24 条规定："当事人对合同法第九十六条、第九十九条规定的合同解除或者债务抵销虽有异议，但在约定的异议期限届满后才提出异议并向人民法院起诉的，人民法院不予支持；当事人没有约定异议期间，在解除合同或者债务抵销通知到达之日起三个月以后才向人民法院起诉的，人民法院不予支持。"鉴于此，由于双方未约定异议期间，远海公司可在法定期限内对丰绿公司的单方解除行为提出异议。丰绿公司致函解除合同的意思表示不是要约，远海公司的回函也就不是承诺，而是对丰绿公司单方解除合同所提出的异议。远海公司回函表示丰绿公司致函解除合同系违约单方解除行为，要求其承担支付工程款及赔偿损失等违约解除合同的民事责任，即远海公司的异议内容是要求丰绿公司承担违约解除合同的民事责任，而不是要求其承担继续履行合同的民事责任。丰绿公司根据该异议表示建立起不再继续履行合同而仅承担违约解除责任的预期，现在远海公司向本院起诉，请求确认丰绿公司的解除合同行为无效，如若确认其不产生解除合同的效力，远海公司便可主张继续履行合同，从而改变丰绿公司已经建立起来的不再继续履行合同的预期，进而使得双方的权利义务关系处于不稳定状态。《合同法》第 110 条规定："当事人一方不履行非金钱债务或者履行非金钱债务不符合约定，对方可以要求继续履行，但有下列情形之一的除外：（一）法律上或者事实上不能履行；（二）债务的标的不适于强制履行或者履行费用过高；（三）债权人在合理期限内未要求履行。"石柱县政府与丰绿公司、商投公司于 2014 年 12 月 1 日订立《解除、履行有关投资协议的协议》后，远海公司与丰绿公司的《建设工程施工合同》，事实上不能履行；同时，该合同的标的物建设工程系公共产品，事关公共利益，不适于强制履行。因此，即使丰绿公司单方解除合同的行为违约，也应依法认定其产生解除合同的效力。故对远海公司要求确认丰绿公司单方解除合同行为无效的请求，本院不予支持。

综上所述，依照《合同法》第 44 条第 1 款、第 93 条第 2 款、第 94 条、第 110 条、

《施工合同司法解释》第8条,《民事诉讼法》第64条第1款之规定,判决如下:驳回远海公司要求确认市场有限公司致函解除合同行为无效的诉讼请求。

【格案致知】

《合同法》第121条规定:"当事人一方因第三人的原因造成违约的,应当向对方承担违约责任。当事人一方和第三人之间的纠纷,依照法律规定或者按照约定解决。"

《建设工程施工合同(示范文本)》[(GF—2013—0201)16.3]规定了第三人造成的违约:在履行合同过程中,一方当事人因第三人的原因造成违约的,应当向对方当事人承担违约责任。一方当事人和第三人之间的纠纷,依照法律规定或者按照约定解决。

其实,本案原告行使解除权的理由并不成立,虽有理,但不合法。按照《合同法》的规定,丰绿公司的行为已构成违约,按照《合同法》的相对性原则,丰绿公司应当向对方当事人远海公司承担违约责任。其和第三人县政府之间的纠纷,依照法律规定或者按照约定解决。

本案因第三人县政府在投资合作协议中违约导致丰绿公司与远海公司订立的《建设工程施工合同》不能履行,依照上述规定,远海公司有充足的证据和法律依据要求解除施工合同并要求丰绿公司承担违约责任。本案的特殊点在于,守约方并不要求解除合同,而是要求继续履行合同,违约方没有权利要求解除合同,法院不能依职权解除合同,此案陷入尴尬的境地,在此情形下,该如何处理?其实,法院可以行使释明权,告知原告施工合同已经不可能履行的客观事实,建议变更诉讼请求,诉请解除施工合同,要求对方承担违约责任。如承包人不愿变更诉讼请求,可以依照《合同法》第110条"当事人一方不履行非金钱债务或者履行非金钱债务不符合约定,对方可以要求继续履行,但有下列情形之一的除外:(一)法律上或者事实上不能履行;(二)债务的标的不适于强制履行或者履行费用过高;(三)债权人在合理期限内未要求履行"。之规定,驳回诉讼请求。

本案法院,在明知发包方没有解除权的情况下,认定丰绿公司要求确认市场有限公司致函解除合同行为有效,没有法律依据。

十四、双方约定的其他解除合同的条件

【典型案例31】 实务中约定解除合同的条件

2013施工合同范本

16.1.1 发包人违约的情形

在合同履行过程中发生的下列情形,属于发包人违约:

(1) 因发包人原因未能在计划开工日期前7天内下达开工通知的;

(2) 因发包人原因未能按合同约定支付合同价款的;

（3）发包人违反第 10.1 款〔变更的范围〕第（2）项约定，自行实施被取消的工作或转由他人实施的；

（4）发包人提供的材料、工程设备的规格、数量或质量不符合合同约定，或因发包人原因导致交货日期延误或交货地点变更等情况的；

（5）因发包人违反合同约定造成暂停施工的；

（6）发包人无正当理由没有在约定期限内发出复工指示，导致承包人无法复工的；

（7）发包人明确表示或者以其行为表明不履行合同主要义务的；

（8）发包人未能按照合同约定履行其他义务的。

发包人发生除本项第（7）目以外的违约情况时，承包人可向发包人发出通知，要求发包人采取有效措施纠正违约行为。发包人收到承包人通知后 28 天内仍不纠正违约行为的，承包人有权暂停相应部位工程施工，并通知监理人。

16.1.3　因发包人违约解除合同

除专用合同条款另有约定外，承包人按第 16.1.1 项〔发包人违约的情形〕约定暂停施工满 28 天后，发包人仍不纠正其违约行为并致使合同目的不能实现的，或出现第 16.1.1 项〔发包人违约的情形〕第（7）目约定的违约情况，承包人有权解除合同，发包人应承担由此增加的费用，并支付承包人合理的利润。

16.2.1　承包人违约的情形

在合同履行过程中发生的下列情形，属于承包人违约：

（1）承包人违反合同约定进行转包或违法分包的；

（2）承包人违反合同约定采购和使用不合格的材料和工程设备的；

（3）因承包人原因导致工程质量不符合合同要求的；

（4）承包人违反第 8.9 款〔材料与设备专用要求〕的约定，未经批准，私自将已按照合同约定进入施工现场的材料或设备撤离施工现场的；

（5）承包人未能按施工进度计划及时完成合同约定的工作，造成工期延误的；

（6）承包人在缺陷责任期及保修期内，未能在合理期限对工程缺陷进行修复，或拒绝按发包人要求进行修复的；

（7）承包人明确表示或者以其行为表明不履行合同主要义务的；

（8）承包人未能按照合同约定履行其他义务的。

承包人发生除本项第（7）目约定以外的其他违约情况时，监理人可向承包人发出整改通知，要求其在指定的期限内改正。

16.2.3　因承包人违约解除合同

除专用合同条款另有约定外，出现第 16.2.1 项〔承包人违约的情形〕第（7）目约定的违约情况时，或监理人发出整改通知后，承包人在指定的合理期限内仍不纠正违约行为并致使合同目的不能实现的，发包人有权解除合同。合同解除后，因继续完成工程的需要，发包人有权使用承包人在施工现场的材料、设备、临时工程、承包人文件和由承包人或以其名义编制的其他文件，合同当事人应在专用合同条款约定相应费用的承担方式。发包人继续使用的行为不免除或减轻承包人应承担的违约责任。

【格案致知】

约定解除条件时应注意，要有针对性地约定解除合同的情形，不能只是笼统的约定，否则，可能被认定为约定不明。

实务中，约定解除的范围很宽，尤其是业主利用优势地位强加给施工方一些苛刻条件。业主利用优势地位，签订一些不平等条款。其他轻微违约行为，即使不影响实现合同目的，也可以约定为解除事由。

十五、不开工或开工后擅自停工超过合理期限，可以解除合同

【典型案例32】 不开工或开工后擅自停工

【案号】（2011）温平水民初字第168号

【案由】建设工程施工合同纠纷

【法院意见】

合同当事人应当按照约定全面履行自己的义务，本案所涉工程工期为120日，工期要求比较紧，被告自2010年11月9日按照双方协调结果运送槽钢等进场施工，于2011年1月1日开始浇注混凝土，两日后未继续施工，至原告起诉前仍未动工，可见被告的行为表明不能履行施工行为，现原告诉讼要求解除合同，于法有据，应予支持。

【格案致知】

对合理期限的把握，其实是判断是否影响合同目的实现的重要因素。

《建设工程施工合同（示范文本）》〔（GF—2013—0201）7.8.6〕暂停施工持续84天以上不复工的，且不属于第7.8.2项〔承包人原因引起的暂停施工〕及第17条〔不可抗力〕约定的情形，并影响到整个工程以及合同目的实现的，承包人有权提出价格调整要求，或者解除合同。解除合同的，按照第16.1.3项〔因发包人违约解除合同〕执行。

16.1.3　因发包人违约解除合同

除专用合同条款另有约定外，承包人按第16.1.1项〔发包人违约的情形〕约定暂停施工满28天后，发包人仍不纠正其违约行为并致使合同目的不能实现的，或出现第16.1.1项〔发包人违约的情形〕第（7）目约定的违约情况，承包人有权解除合同，发包人应承担由此增加的费用，并支付承包人合理的利润。

上述合同条款是对预期违约即明确表示或者以其行为表明不履行合同主要义务的具体操作规范，时间点"暂停施工满28天后"作为考察发包人仍不纠正其违约行为并致使合同目的不能实现的标准，有很强的实践意义。

十六、项目取消导致合同不能履行，合同解除

【典型案例33】 项目取消导致合同解除

【案号】（2015）渝一中法民终字第04551号

【案由】建设工程施工合同纠纷

【法院意见】

关于合同相对方、合同效力及是否应解除合同的问题。

华星学院和川建公司签订的《协议书》及《重庆市华星外国语专修学院潼南新校区建设项目场平土石方及挡土墙工程合同文件》系双方真实意思表示，合同内容不违反法律、行政法规的禁止性规定，故为有效合同，双方均应依照合同全面履行各自义务。根据华星学院于 2014 年 10 月 29 日向川建公司发出《通知函》，华星学院潼南新校区建设项目已被上级主管部门取消，故川建公司以无法实现合同目的，要求解除与川建公司签订的《协议书》及《建设工程施工合同》，符合法律规定，本院予以支持。

【格案致知】

《合同法》第 94 条规定了一般法定解除条件，即当事人一方迟延履行债务或者有其他违约行为致使不能实现合同目的。

实务中，因业主原因、不可抗力、情势变更等原因导致合同不能履行，要求解除合同的情形并不少见。本案中，因被告的上级主管部门取消了涉案项目，导致合同履行不能，施工方有理由解除施工合同。

十七、不符合约定的质量要求，发包方可以解除合同

【典型案例 34】工程质量不符合合同约定的质量要求，发包方可以解除合同

【案号】（2016）鄂 01 民终 2634 号

【案由】建设工程施工合同纠纷

【法院意见】

本案中，湖北美亚达公司虽在合同约定期限内完成了铝板的加工安装任务，但存在铝板拼缝不齐、边角处凹凸不平、整体呈现波浪形状，不平整、边角未打磨等诸多问题，经业主方、监理方验收不合格，且经过第一次整改后仍不合格，被业主方要求进行第二次整改即更换商业中庭顶棚铝板，因湖北美亚达公司自身工艺不足放弃整改，深圳海外公司只能将商业中庭顶棚铝板拆除，并另行联系其他厂家重新加工安装。根据《施工合同司法解释》第 8 条："承包人具有下列情形之一，发包人请求解除建设工程施工合同的，应予支持……（三）已经完成的建设工程质量不合格，并拒绝修复的。"的规定，深圳海外公司有权解除合同。湖北美亚达公司辩称其完成的工程合格，但未提交证据予以证实，且与法院调查查明的事实不符，故对其辩称意见，不予采纳。另湖北美亚达公司还辩称其未因自身工艺不足放弃整改，其对第二次整改的情况并不知情，但深圳海外公司提供了施工日志，施工日志中清楚载明了深圳海外公司于 2014 年 11 月 9 日与其洽谈中庭顶棚铝板整改事宜未果，其联系人吴颖次日在电话中以其技术能力不足明确表示放弃施工的事实，且能与业主方、监理方代表签字并盖章的《商业中庭铝板第三次更换事项》陈述的内容相印证，而湖北美亚达公司未提交相反的证据予以反驳，根据

《最高人民法院关于适用〈中华人民共和国民事诉讼法〉的解释》（2015年）第108条的规定，对其该节辩称意见不予采纳。故对深圳海外公司要求解除其与湖北美亚达公司于2014年6月22日签订的《铝板加工安装合同》的诉讼请求，予以支持。

【格案致知】

《合同法》第281条规定，因施工人的原因致使建设工程质量不符合约定的，发包人有权要求施工人在合理期限内无偿修理或者返工、改建。经过修理或者返工、改建后，造成逾期交付的，施工人应当承担违约责任。《施工合同司法解释》第八条规定，已经完成的建设工程质量不合格，并拒绝修复的，发包方可以解除合同。

《最高人民法院关于适用〈中华人民共和国民事诉讼法〉的解释》（2015年）第108条第1款的规定："对负有举证证明责任的当事人提供的证据，人民法院经审查并结合相关事实，确信待证事实的存在具有高度可能性的，应当认定该事实存在。"

实务中，发包方应该举证证明工程存在质量问题并拒绝修复，拒绝修复即视为导致合同目的不能实现。工程存在质量问题，一般不能直接解除合同，能修复的，先修复；不能修复的，再行使解除权。

十八、能否以合同附随义务的违反为由提请合同解除

【典型案例35】 不下达开工令、不能进场或进场后不能开工，承包方的合同解除权

【案号】（2014）玉中民二终字第46号

【案由】建设工程施工合同纠纷

【法院意见】

华亿建工与兴椿公司签订的《建设工程施工合同》，形式完备，内容合法、真实，是各方当事人的真实意思表示，对合同的效力应予以确认。根据《合同法》第60条"当事人应当依照约定全面履行自己的义务"之规定，兴椿公司未依照合同约定履行义务，其行为已构成了违约。因兴椿公司至今未通知华亿建工开工，其违约行为导致华亿建工无法施工，双方事实上无法继续履行合同，华亿建工请求解除双方签订的《建设工程施工合同》符合法律规定，予以支持。

【格案致知】

《合同法》第60条第2款规定："当事人应当遵循诚实信用原则，根据合同的性质、目的和交易习惯履行通知、协助、保密等义务。"第92条规定："合同的权利义务终止后，当事人应当遵循诚实信用原则，根据交易习惯履行通知、协助、保密等义务。"这两条就是对合同附随义务的规定。

《合同法》第259条规定："承揽工作需要定作人协助的，定作人有协助的义务。定作人不履行协助义务致使承揽工作不能完成的，承揽人可以催告定作人在合理期限内履行义务，并可以顺延履行期限；定作人逾期不履行的，承揽人可以解除合同。"

关于合同附随义务的违反是否能够导致合同的解除？《北京三中院合同解除制度若

干疑难法律问题探讨》第 10 条规定中认为，附随义务并非合同当事人明确约定的义务，系基于诚实信用原则产生的，并且随着合同关系的发展而不断变化的一种合同义务。附随义务对合同当事人利益以及订约目的的影响在不同情况下的表现也存在很大不同，法院对于违反附随义务而解除合同的认定应当慎重，在足以影响合同义务履行效果的情况下，也可以判决解除合同。

《施工合同司法解释》第 9 条规定，发包人不履行合同约定的协助义务的，致使承包人无法施工，且在催告的合理期限内仍未履行相应义务，承包人请求解除建设工程施工合同的，应予支持。该条强调必须是合同约定的协助义务。

实务中的协助义务，如土地征用和拆迁、赔偿以及清除施工场地各种障碍等工作关系的义务；落实图纸、场地、水电等其他协助义务；下达开工令等。

如《施工合同范本》7.3.2 规定的开工通知：发包人应按照法律规定获得工程施工所需的许可。经发包人同意后，监理人发出的开工通知应符合法律规定。监理人应在计划开工日期 7 天前向承包人发出开工通知，工期自开工通知中载明的开工日期起算。

除专用合同条款另有约定外，因发包人原因造成监理人未能在计划开工日期之日起 90 天内发出开工通知的，承包人有权提出价格调整要求或者解除合同。发包人应当承担由此增加的费用和（或）延误的工期，并向承包人支付合理利润。

《施工合同范本》规定 90 天的意义：（1）赋予解除权；（2）具备解除条件后，没有行使解除权，损失和扩大的损失的参考分界点。

十九、不能实现或者能否实现合同目的处于不确定状态

【典型案例 36】 如何认定施工合同目的无法实现

【案号】（2014）浙杭民终字第 3047 号

【案由】 建设工程施工合同纠纷

【法院意见】

2013 年 2 月 4 日，恒兴公司向广厦集团发函，认为广厦集团在合同履行过程中，项目经理迟迟不能到岗，造成现场管理混乱、质量问题频发、工程进度缓慢，在恒兴公司多次协调及要求下，项目经理仍不能到岗，前述问题得不到根本性改善，最终导致优展区工程取消，并被相关职能部门勒令停工整改，对广厦集团的履约能力失去信心，施工合同目的无法实现。广厦集团于 2 月 6 日收到该函。从以上解除事由可以看出，解除的理由主要是管理问题、质量问题及工程进度问题。

关于项目经理不到岗问题，对于函中载明的广厦集团项目经理不到岗的情况，恒兴公司曾多次催促广厦集团，要求项目经理到岗，但根据证据表明，直至 2013 年 1 月 21 日广厦集团项目经理仍存在不到岗的情况。

关于质量问题和工程管理问题，2013 年 1 月 16 日，监理公司以广厦集团对于塔基基坑危险性分部工程未完成施工方案、降水井施工未完成相关报审手续等，向广厦集团

发出工程暂停令；次日，杭州市滨江区建筑工程质量安全监督站以施工单位的施工程序不符合相关文件要求为由，责令项目停止施工。然广厦集团在此情况下，仍然强行施工。广厦集团疏于安全管理，违规操作，施工方案未经审批即进行施工，工程质量存在一定隐患，在被勒令停工后，仍强行施工，违规情节较为严重。对此恒兴公司提出的对广厦集团履约能力表示怀疑，合同目的不能实现的理由具有合理性，符合《合同法》第94条相关规定，恒兴公司出具的解除函也已于2013年2月6日到达广厦集团。虽然在2013年3月27日，在杭州市滨江区建筑工程质量监督站的召集下，恒兴公司、广厦集团、监理单位三家相关人员就涉案工程复工事宜进行了协商，但恒兴公司与广厦集团当场并未达成复工协议。之后广厦集团虽提出复工申请，但监理单位、恒兴公司未予确认。故在恒兴公司出具了解除函后，恒兴公司与广厦集团并未就复工最终达成一致意见。广厦集团在二审中主张的恒兴公司在出具解除函后又同意复工的观点缺乏依据，本院不予采信。恒兴公司要求判决确认双方签订的《建设工程施工合同》及相关补充协议于2013年2月6日解除的诉讼请求成立，本院予以支持。

【格案致知】

本案施工方所存在的一系列问题，都是发生在施工过程中，原告提出解除合同的理由是被告原因导致合同目的不能实现。导致合同目的不能实现的理由是被告存在一系列诸如管理混乱不到位、质量缺陷以及工程进度缓慢等一系列问题，进而怀疑其履约能力，不相信其有能力在约定工期内顺利做完涉案项目，便以无法实现合同目的为由要求解除施工合同。

对原告来说，举证会存在一定困难，先要证明管理混乱不到位、质量缺陷以及工程进度缓慢等属于基本事实，还要证明管理混乱不到位、质量缺陷以及工程进度缓慢等会导致合同目的不能实现，即两者存在因果关系。另外还有一个问题就是对合同目的能否实现的判断标准。

但本案原告以合同履行过程中，多次协调发函的证据，相关职能部门勒令停工整改的证据，监理公司发出的工程暂停令；建筑工程质量安全监督站责令项目停止施工的证据，最终导致优展区工程取消的证据；被相关职能部门勒令停工整改等一系列实时证据让主审法官相信承包人的行为已经导致合同目的不能实现或处于不确定状态，进而确认解除事由成立。

【典型案例37】因被告原因致使原告能否实现合同目的具有不确定性，原告要求解除合同

【案号】（2016）沪02民终2881号

【案由】建设工程施工合同纠纷

【法院意见】

中城公司（承包方）和晋通公司（发包方）签订《建设工程施工合同》及附件，系双方真实意思的表示，对双方均具有约束力。

法院查明，本案合同虽然未明确约定具体的开工时间，但双方订立合同后，共同办理了施工许可证，在施工许可证的有效期限内，由于晋通公司的原因，致中城建公司迟迟未能进场施工，本案审理中，晋通公司表示因其项目的产品设计、市场推广还存在问题，故仍不能明确开工时间。

法院认为，因晋通公司之原因导致中城建公司迟迟未能施工，显然与双方原签订合同之初衷相悖，致使中城建公司能否实现合同目的具有不确定性，中城建公司要求解除合同于法有据，法院予以支持。

【格案致知】

本案判决书只认定"因晋通公司之原因导致中城建公司迟迟未能施工，显然与双方原签订合同之初衷相悖，致使中城建公司能否实现合同目的具有不确定性，中城建公司要求解除合同于法有据"，并没有给出认定解除事由成立的具体法律条款。

《合同法》第94条规定："有下列情形之一的，当事人可以解除合同：（一）因不可抗力致使不能实现合同目的；（二）在履行期限届满之前，当事人一方明确表示或者以自己的行为表明不履行主要债务；（三）当事人一方迟延履行主要债务，经催告后在合理期限内仍未履行；（四）当事人一方迟延履行债务或者有其他违约行为致使不能实现合同目的；（五）法律规定的其他情形。"《施工合同司法解释》第9条规定："发包人具有下列情形之一，致使承包人无法施工，且在催告的合理期限内仍未履行相应义务，承包人请求解除建设工程施工合同的，应予支持：（一）未按约定支付工程价款的；（二）提供的主要建筑材料、建筑构配件和设备不符合强制性标准的；（三）不履行合同约定的协助义务的。"

上述条款中，提到合同目的的只有《合同法》第94条第（四）项，即当事人一方迟延履行债务或者有其他违约行为致使不能实现合同目的。从"不能实现合同目的"和"能否实现合同目的具有不确定性"的区别来看，适用这一项并不准确。从本案涉及的内容来看，如果适用"不履行合同约定的协助义务的"更为贴切，当然，要对"合同约定"做广义的解释。

二十、总包合同无效，分包合同的效力认定

【典型案例38】总包合同无效，劳务分包和专业分包合同的效力认定

一家建筑公司，总承包了一个项目的施工，然后分别和两家分包企业签订了一份劳务分包合同和一份专业分包合同，正常履行中获悉该建筑公司与业主签订的建筑工程总承包合同因违反国家强制性规定而无效，该总包合同如果真被认定为无效的话，请问建筑公司的劳务分包和专业分包合同是否有效？

【格案致知】

分包包括专业分包和劳务分包两种。

（1）总包合同无效，劳务分包是否有效？

根据《施工合同司法解释》第7条规定，具有劳务作业法定资质的承包人与总承

人、分包人签订的劳务分包合同，当事人以转包建设工程违反法律规定为请求确认无效的，不予支持。可见，建筑公司和劳务公司签订的劳务分包合同是否有效与建筑公司与业主签订的建筑工程总承包合同是否有效无关。即使建筑公司与业主签订的建筑工程总承包合同无效，建筑公司与劳务公司之间签订的劳务分包合同仍然有效。

（2）总包合同无效，专业分包是否有效？

《合同法》第272条规定："发包人可以与总承包人订立建设工程合同，也可以分别与勘察人、设计人、施工人订立勘察、设计、施工承包合同。发包人不得将应当由一个承包人完成的建设工程肢解成若干部分发包给几个承包人。总承包人或者勘察、设计、施工承包人经发包人同意，可以将自己承包的部分工作交由第三人完成。第三人就其完成的工作成果与总承包人或者勘察、设计、施工承包人向发包人承担连带责任。承包人不得将其承包的全部建设工程转包给第三人或者将其承包的全部建设工程肢解以后以分包的名义分别转包给第三人。禁止承包人将工程分包给不具备相应资质条件的单位。禁止分包单位将其承包的工程再分包。建设工程主体结构的施工必须由承包人自行完成。"《中华人民共和国建筑法》（简称《建筑法》，全书同）第28条规定："禁止承包单位将其承包的全部建筑工程转包给他人，禁止承包单位将其承包的全部建筑工程肢解以后以分包的名义分别转包给他人。"上述法律都对分包做了严格的限定，如果是禁止分包情形下签订了分包合同，那么合同无效。

专业分包合同是否为总承包合同的从合同？对专业分包合同效力的认定是否应依据总承包合同的效力？从《合同法》和《建筑法》规定来看，似乎并无关联，但实务中会有争议，提供两个案例参考：

第一，湖南财信节能环保科技有限公司与湖南宏志建筑工程有限公司、湖南省日晶照明科技有限责任公司、安仁县经济和科技商务局建设工程合同纠纷案。

一审法院裁判观点：《中华人民共和国招标投法》第3条规定：在中华人民共和国境内进行大型基础设施项目进行勘察、设计、施工、监理等事项时均依法进行招投标。本案的"点亮安仁"路灯节能扩建项目是安仁县人民政府的基础设施项目，应当进行招投标。因此财信公司与安仁县人民政府所签订的合作协议属无效合同。该份合同虽不是本案审理的范畴，但因在此合同后，财信公司又与宏志公司签订建设合同，主合同无效，其从合同显然无效。宏志公司就与财信公司签订合同部分项目分包给日晶公司施工，因此日晶公司与宏志公司签订的《项目分包协议》亦应认定无效。

二审法院裁判观点：主合同是指不以他种合同的存在为前提，不受其制约而能独立存在的合同。反之，就是从合同。本案的财信公司与安仁县人民政府签订的《安仁县"点亮安仁"路灯节能扩改工程A区投资建合作协议书》、财信公司与宏志公司签订的《"点亮安仁"路灯节能扩改工程A区》、宏志公司与日晶公司签订的《项目分包协议》。第一份协议书是建设工程总承包合同，后两份合同是建设工程分包合同。分包合同的标的虽是总承包合同的标的一部分，但分包合同并非依赖总承包合同，其具有独立性，其效力的认定不依赖于总承包合同，故分包合同不是总承包合同的从合同，一审认定上述的《项目分包协议书》与《合作协议书》是主从合同关系错误，本院予以纠正。

由于财信公司与安仁县人民政府签订的《合作协议书》不是本案的审理范围，亦非《项目分包协议书》的主合同，故一审法院审查该合作协议书的效力于法无据，本院予以纠正。宏志公司与日晶公司签订的《项目分包合同》系双方当事人的真实意思表示，不违反法律规定，应为合法有效。

案例来源：郴州市中级人民法院（2017）湘10民终1303号。

第二，武汉地质勘察基础工程有限公司与福建中森建设有限公司湖北分公司、福建中森建设有限公司建设工程施工合同纠纷案。

法院裁判观点：至于福建中森公司与武汉中森华公司以及湖北徐东公司之间的总承包合同关系是否有效，因不属于本案的审理范围，在本案中不予审理。总包与分包合同并不属于主从合同关系，总包合同关系的效力并不影响分包合同关系的效力。

案例来源：湖北省高级人民法院（2014）鄂民一初字第00015号。

各地法院对总包合同无效是否导致分包合同无效的裁判观点：

（1）云南省高级人民法院（2010）云高民一终字第139号。

中十冶重庆分公司提交的资质证书证明总公司中十冶集团有限公司具有矿山工程施工总承包壹级资质；百炼公司提交了营业执照和探矿权证，但营业执照载明的经营范围为：矿产技术咨询服务；矿山机械设备租赁；矿产品、代表性材料、建筑材料、装饰材料、普通机械及配件、电器机械及器材、五金交电、日用百货的销售。并不包括矿山工程施工。作为施工总承包人的百炼公司并不具备相应的施工资质，依据《施工合同司法解释》第1条"建设工程施工合同具有下列情形之一的，应当根据合同法第五十二条第（五）项的规定，认定无效：（一）承包人未取得建筑施工企业资质或者超越资质等级的"的规定，百炼公司与东升矿业公司签订的总承包合同是无效的，总承包合同无效，故百炼公司与中十冶重庆分公司签订的分包合同也应无效。

（2）四川省高级人民法院（2013）川民终字第596号。

因沈矿分公司没有相应的土建施工资质导致本案工程总承包合同无效，因此沈矿分公司与化建公司的分包合同无效。

（3）浙江省衢州市中级人民法院（2015）浙衢民终字第55号。

根据《施工合同司法解释》第1条的规定，没有资质的实际施工人借用有资质的建筑施工企业的名义订立的建设工程施工合同应认定无效。本案中，原审被告夏培林系没有施工资质的自然人，但其借用被上诉人培华公司名义与鸿璋公司订立建设工程施工合同原审法院据此认定培华公司与鸿璋公司之间的建设工程施工合同无效，并无不当。因总承包合同本身无效，原审认定建立在该总承包合同基础上的分包合同即上诉人华安公司与被上诉人培华公司签订的分包合同无效，亦无不当。

（4）安徽省芜湖市中级人民法院（2018）皖02民终1723号。

本案中，万驰公司与鑫然公司签订的《建筑工程施工合同》，庭审中，陈宗挺自认其借用万驰公司资质签订合同，且万驰公司《工程项目部管理机构落实名单》中载明陈宗挺为项目承包负责人，该《建筑工程施工合同》应认定为无效。陈宗挺以万驰公司安徽美佳汽车有限公司厂房、鑫然公司厂房项目管理部名义，与徐昌宝签订的《建筑工程劳务施工承包合同》，实质上为劳务分包合同，该合同是基于总承包合同即《建筑工程施工合同》产生的，因总承包合同无效，故该劳务分包合同亦属无效。

（5）江苏省高级人民法院（2017）苏民申4359号。

本院经审查认为，根据本案查明的事实，经贸公司将未取得土地使用权证、建设工程规划许可证、未办理报建手续的新王庄、城北安置房工程发包给大辰建设集团施工，直至本案一审结束，经贸公司仍未取得涉案工程土地使用权证、建设工程规划许可证等，故双方签订的建设工程施工合同无效。大辰建设集团又将依据该无效合同取得的建设工程的部分施工内容分包给大辰安装公司，大辰建设集团与大辰安装公司签订的分包合同来源于前述无效建设工程施工合同，且该分包合同所属工程系无土地使用权证、无建设工程规划许可证、无办理报建手续的"三无工程"，一、二审判决认定该分包合同无效，并无不当。

（6）山西省晋中市中级人民法院（2014）晋中中法民初字第51号。

庆城村委会作为涉案工程建设方（发包方），在未取得建设用地批准手续情况下，即与华升公司签订《晋中市榆次区长凝镇庆城村河东村民住房建设施工合同》，将涉案工程发包，违反了法律关于建设工程施工土地利用需经批准的强制性规定，该两方之间订立的《晋中市榆次区长凝镇庆城村河东村民住房建设施工合同》属无效合同。华升公司在承包涉案建筑工程后，将涉案建筑工程肢解，与曾勇签订《晋中市榆次区长凝镇庆城村村民住宅建设工程承包合同》，把其中一部分工程转包与曾勇，该两方之间签订的《晋中市榆次区长凝镇庆城村村民住宅建设工程承包合同》为分包合同。由于该次分包违反了《建筑法》第28条"禁止承包单位将其承包的全部建筑工程肢解以后以分包的名义分别转包给他人"的禁止性规定，及总承包合同无效，且曾勇也不具备建筑施工资质，故该分包合同也属无效。

（7）湖北省荆州市中级人民法院（2016）鄂10民终790号。

本案三份《脚手架劳务分包合同》系2014年12月签订，应参照原建设部《关于印发〈建筑业企业资质等级标准〉的通知》（建建（2001）82号）关于脚手架搭设作业分包企业资质标准的规定，脚手架搭设作业需具备相应企业资质，本案中被上诉人顺新租赁站为个体工商户，经营范围是钢管扣件租赁服务，不具备脚手架搭设作业资质。根据《施工合同司法解释》第1条第（一）项的规定，上诉人顺新租赁站未取得脚手架搭设作业资质，《脚手架劳务分包合同》应认定为无效。本案中上诉人王恩波借用上诉人仁富公司建筑公司资质承建武汉雪花秀产业园工程，不是武汉雪花秀产业园工程的合法承包人，其对该工程的分包亦不是合法分包人，签订的分包合同应认定为无效合同。综上，本案中三份《脚手架劳务分包合同》为无效合同。

（8）重庆市高级人民法院（2014）渝高法民终字第00012号。

重庆市第一中级人民法院于2012年12月25日作出（2011）渝一中法民初字第00790号民事判决，认定双湖机电公司与咸阳一建公司之间于2009年12月12日签订的《建设工程施工合同》因工程承包范围明显超越咸阳一建公司资质等级许可的业务范围应属无效，双方之间基于无效合同关系而签订的其他施工合同均应属无效。有益劳务公司与咸阳一建公司签订的《劳务分包合同》无效。主要事实及理由：虽然有益劳务公司主项资质等级为砌筑作业劳务分包一级资质，可承担各类工程作业分包业务，其取得的《建筑业企业资质证书》承包工程范围也载明其共有砌筑作业劳务分包、油漆劳务分包等 10 个资质，但均注明单项业务合同金额不超过企业注册资本金的 5 倍。而其注册资本金在签订合同时仅为 50 万元，起诉后于 2013 年 9 月 10 日才变更登记为 100 万元。本案《劳务分包合同》系一个合同，约定的合同总价暂定 3200 万元，因其未区分明确该合同中含有多少单项工程、每一项的具体金额。故即使按照有益劳务公司拥有的 10 项资质，其在签订合同时把本案工程拆分成 10 个单项业务合同，在签订合同和起诉前该 10 个单项业务合同的总额最多只能达到 2500 万元。因此，本案《劳务分包合同》超越了有益劳务公司的资质等级许可承接的工程范围。故有益劳务公司与咸阳一建公司西南分公司签订的《劳务分包合同》无效。

（9）广东省茂名市中级人民法院（2017）粤 09 民终 264 号。

安居乐公司发包的上品花园的建筑工程（包括阳台栏杆）是卢某挂靠化州四建承建的工程，卢某是实际施工人。卢某将上品花园的阳台栏杆的采购与安装工程分包给美坚公司，属违法分包，签订了《阳台栏杆采购与安装工程合同》，依照《施工合同司法解释》第 4 条"承包人非法转包、违法分包建设工程或者没有资质的实际施工人借用有资质的建筑施工企业名义与他人签订建设工程施工合同的行为无效……"之规定和《合同法》第 272 条的规定，美坚公司与卢某签订《阳台栏杆采购与安装工程合同》属无效合同。

（10）北京市第二中级人民法院（2017）京 02 民终 1863 号。

没有资质的实际施工人借用有资质的建筑施工企业名义的，应属无效合同，谭某挂靠中标集团（施工单位，乙方）与东方文华公司（建设单位，甲方）签订《北京东方文化艺术中心北楼商业改造施工承包合同》无效。根据查明的事实，谭某与中标集团系挂靠关系，谭某借用中标集团名义承包北京东方文化艺术中心北楼商业改造工程后，与博海擎天公司签订《北京东方文化艺术中心（北）办公楼结构改造分包合同》，将涉诉工程分包给博海擎天公司施工。因谭某作为个人没有建筑施工资格和企业资质，故上述合同应属无效。

（11）江苏省盐城市中级人民法院（2016）苏 09 民终 4571 号。

根据《施工合同司法解释》第 1 条的规定，没有资质的实际施工人借用有资质的建筑施工企业名义所签订的建设工程施工合同无效。结合本案事实，黄某借用天一路桥公司名义与顺达公司签订施工合同书，该合同书应为无效合同。

（12）河北省沧州市中级人民法院（2016）冀 09 民终 1068 号。

荣盛国际购物广场工程系沧州荣盛房地产开发有限公司开发项目，原审判决认定与沧州荣盛房地产开发有限公司沧州分公司共同开发，证据不足。沧州荣盛房地产开发有限公司在开发建设该工程项目中，与江苏盐城二建集团有限公司签订施工协议，却又转归自己总承包，违反了相关法律规定。荣盛国际购物广场项目部由江苏盐城二建集团有限公司设立，实际由沧州荣盛房地产开发有限公司掌控。该项目部与廊坊百荣建筑劳务有限公司签订劳务合同,廊坊百荣建筑劳务有限公司又与冯某、李某签订固定总价的劳务分包合同。廊坊百荣建筑劳务有限公司与冯某、李某签订的劳务分包合同,系双方自愿达成协议,不违反相关法律规定,应认定有效。原审判决以沧州荣盛房地产开发有限公司与江苏盐城二建集团有限公司签订施工协议违法无效,继而认定本案所涉及所有合同无效,违反了合同相对性原则。

(13) 贵州省高级人民法院(2017)黔民终 327 号。

其一,关于《框架协议》的性质。本院认为,《框架协议》约定的合作方式为华新国际六盘水分公司将总承包合同中隧道工程部分交给嘉盛公司施工,并约定了施工单价、工程款支付方式、保证金的缴纳及退还等内容,符合《合同法》第 269 条"建设工程合同是承包人进行工程建设,发包人支付价款的合同"关于建设工程合同定义的规定。又因为华新国际六盘水分公司是将其从双巢公司承接的总包工程中的隧道工程分包给嘉盛公司施工。因此,2014 年 6 月 3 日签订的《框架协议》名为《联营承包合作框架协议》,但实为建设工程分包合同。其二,关于《框架协议》的效力。嘉盛公司认为因华新国际六盘水分公司与双巢公司签订的《建设工程施工合同》无效,所以《框架协议》无效。本院认为,以上两份合同相对独立,签订主体不一致,约定的内容也不尽相同,《建设工程施工合同》是否无效并不影响《框架协议》的效力,因此对嘉盛公司上诉认为《建设工程施工合同》无效,《框架协议》无效的理由,不予采纳。

二十一、没有施工许可证,是否可以成为承包方解除合同的理由

【典型案例 39】没有施工许可证,承包方直接解除合同

【案号】(2014)昆民一初字第 205 号

【案由】建设工程施工合同纠纷

【法院意见】

虽然原、被告双方合同中载明已具备施工条件,但经本院查明经典公司和富民分公司至今未到富民县住房和城乡规划建设局办理质量监测、安全备案及建筑工程施工许可证,富民县住房和城乡规划建设局已向经典公司和富民分公司下发了《建设行政执法责令停止施工通知书》,富民县建设工程质量监督站、富民县建筑安全生产监督管理站也共同下发了《执法检查通知书》《建设工程安全检查通知书》《建设工程质量安全检查通知书》《专项检查执法检查通知书》《富民县建筑工程质量安全生产检查停工整改通知书》,导致涉案的四期项目工程于 2014 年 4 月 10 日停工至今,至今仍无法复工,现双方已丧失继续合作的信任基础,亦无法实现合同目的,故永盛公司诉请要求解除其与富民分公司签订的《建安工程施工总承包合同》有事实和法律依据,本院依法予以支持。

【格案致知】

没有施工许可证,是否可以成为承包方直接解除合同的理由?显然不能。因为,有

没有施工许可证并不影响施工合同的效力,这一点可以在《建筑法》第 8 条中找到依据。

办理施工许可证是否属于发包方的协助义务?办理施工许可证是否属于合同约定的协助义务?如果属于合同约定的协助义务,便是解除合同的事由之一,由于办理施工许可证是法定义务,一般不会约定成合同协助义务。因此,未办理施工许可证,不是合同解除的理由,至少不能成为合同解除的直接理由。但是没有施工许可证,可以拒绝开工,或者开工后依此为由停工。拒绝开工或者开工后停工,超过一定时限,便可以不能实现合同目的为由要求解除合同。

二十二、合同未解除,发包方将涉案工程发包给第三方,施工方的解除权

【典型案例 40】
【案号】(2017)鄂 08 民终 50 号
【案由】建设工程施工合同纠纷
【基本案情】

2016 年 3 月,天隆公司因扩建厂房发出招标,福兴公司参与竞标并中标。4 月 28 日,双方签订《湖北省建设工程施工合同》。其中第(四)项违约责任:如乙方(福兴公司)发现甲方(天隆公司)将此项目同时承包给第三方,视为甲方违约,承担由此造成的一切损失。

5 月 20 日,天隆公司又将该工程另行发包给了第三方南通卓强公司,并与之签订了《工程合同书》。福兴公司发现天隆公司违约后,多次找天隆公司,要求解除合同,并赔偿福兴公司的经济损失。6 月 21 日,双方代表对赔偿数额、付款时间达成协议,并签字确认。

另查明:2016 年 4 月 28 日,双方签订的《湖北省建设工程施工合同》第 10 条第(五)项约定:"如乙方(福兴公司)发现甲方(天隆公司)将此项目同时承包给第三方,视为甲方违约,承担由此造成的一切损失,甲方无条件在同一时间退还乙方保证金,并赔偿乙方保证金金额的三倍损失。"原告(施工方)提起诉讼,要求解除施工合同。

【法院意见】

关于福兴公司是否有权解除合同的问题。

天隆公司与福兴公司于 2016 年 4 月 28 日签订的《湖北省建设工程施工合同》,是双方真实意思表示,且不违反法律、行政法规的强制性规定,合法有效。《合同法》第 60 条规定:"当事人应当按照约定全面履行自己的义务。当事人应当遵循诚实信用原则,根据合同的性质、目的和交易习惯履行通知、协助、保密等义务。"《合同法》第 94 条规定:"有下列情形之一的,当事人可以解除合同:(一)因不可抗力致使不能实

现合同目的；（二）在履行期限届满之前，当事人一方明确表示或者以自己的行为表明不履行主要债务；（三）当事人一方迟延主要债务，经催告后在合理期限内仍未履行；（四）当事人一方迟延履行债务或者有其他违约行为致使不能实现合同目的；（五）法律规定的其他情形。"

本案中，合同签订后，福兴公司依约向天隆公司交纳了保证金，天隆公司应按约定时间通知福兴公司开工。后天隆公司又将此工程项目另行发包给第三方，天隆公司的行为违反了涉案合同第10条第（五）项关于违约责任的约定，构成违约，应承担违约责任。因天隆公司长时间不履行通知开工的义务，且存在同一工程先后发包给两家施工单位的违约行为，以自己的行为表明不履行主要义务，导致福兴公司不能进场施工，涉案合同不能继续履行，福兴公司不能实现合同目的，天隆公司构成根本违约，福兴公司有权解除合同并要求返还财产、赔偿损失。

【格案致知】

实务中，施工合同签订后，发包方基于各种目的又将涉案工程全部或部分发包给第三方的案例并不少见，按照《合同法》规定，发包方的行为应属于根本违约，施工方因此而享有解除权。

《合同法》第112条规定："当事人一方不履行合同义务或者履行合同义务不符合约定的，在履行义务或者采取补救措施后，对方还有其他损失的，应当赔偿损失。"《合同法》第113条第1款规定："当事人一方不履行合同义务或者履行合同义务不符合约定，给对方造成损失的，损失赔偿额应当相当于因违约所造成的损失，包括合同履行后可以获得的利益，但不得超过违反合同一方订立合同时预见到或者应当预见到的因违反合同可能造成的损失。"在施工合同中，发包方违约，承包方是否可以获得预期利益，在实务中存在争议，但本案发包方将涉案工程发包给第三方的情形是最容易获得预期利益赔偿的情形。

二十三、《破产法》中视为解除合同的情形

【典型案例41】

【案号】（2017）鲁1103民初381号

【案由】建设工程施工合同纠纷

【基本案情】

关于被告应付工程价款数额。法院认为，根据《中华人民共和国企业破产法》（以下简称《企业破产法》，全书同）第46条第1款"未到期的债权，在破产申请受理时视为到期"之规定，涉案工程虽未竣工验收，且未达到合同约定的全部付款条件，因本院已受理被告的破产重整申请，因此，被告应支付尚欠原告的全部工程欠款及材料款。

关于被告欠付工程价款的利息及违约金。根据《企业破产法》第46条第2款"附利息的债权自破产申请受理时停止计息"之规定，涉案原告的工程款债权违约金应计算

至本院受理被告破产重整申请之日即 2016 年 5 月 25 日。

关于工程价款的优先受偿权的问题。根据《合同法》第 286 条规定："发包人未按照约定支付价款的，承包人可以催告发包人在合理期限内支付价款。发包人逾期不支付的，除按照建设工程的性质不宜折价、拍卖的以外，承包人可以与发包人协议将该工程折价，也可以申请人民法院将该工程依法拍卖。建设工程的价款就该工程折价或者拍卖的价款优先受偿。"参照《最高人民法院关于建设工程价款优先受偿权问题的批复》第 4 条 "建设工程承包人行使优先权的期限为 6 个月，自建设工程竣工之日或者建设工程合同约定的竣工之日起计算"之规定，本案中，涉案工程尚未竣工验收，合同约定的竣工日期为 2014 年 6 月 13 日，但涉案工程在此时间仍在继续施工。其后，因被告的资金原因，涉案工程停工，导致涉案工程无法正常施工及竣工，即涉案工程非因原告的原因，建设工程未能在约定期间内竣工。因此，原告依法享有的工程价款优先受偿权应不受影响。本案中现无证据证明在工程停工后至本院受理被告破产重整申请前，双方签订的建设工程施工合同已经解除或终止履行。而根据《企业破产法》第 18 条 "人民法院受理破产申请后，管理人对破产申请受理前成立而债务人和对方当事人均未履行完毕的合同有权决定解除或继续履行，并通知对方当事人。管理人自破产申请受理之日起两个月内未通知对方当事人，或者自收到对方当事人催告之日起 30 日内未答复的，视为解除合同"之规定，在本院裁定受理被告的破产重整申请后，被告的破产管理人未就与原告之间的涉案建设工程施工合同债务是否解除或继续履行作出决定，涉案建设工程施工合同在本院受理被告的破产重整申请后满两个月即视为解除。参照最高人民法院《第八次全国民事审判工作会议纪要精神》，因发包人的原因，合同解除或终止履行时已超出合同约定的竣工日期的，承包人行使优先受偿权的期限自合同解除或终止履行之日起计算，即原告行使优先受偿权应自 2016 年 7 月 25 日起算，原告于 2016 年 8 月 26 日向被告的指定破产管理人申报工程款债权并主张优先受偿权，未超出法定 6 个月的权利行使期间，故对原告关于确认优先受偿权的诉讼请求，法院予以支持。

说明：上述案例是《施工合同司法解释（二）》出台前的案例，如果按照第 22 条的规定，本案承包人行使建设工程价款优先受偿权的期限为 6 个月，自发包人应当给付建设工程价款之日起算。

【典型案例 42】解除合同后，破产申请被驳回，该合同是否解除

【基本案情】

A 公司将其厂房出租给 B 公司，合同期限自 2011 年 5 月 1 日至 2019 年 4 月 30 日。2015 年 3 月 10 日黄浦区人民法院受理了第三人对 A 公司进行破产清算的申请。同年 4 月 2 日法院出具决定书，指定会计师事务所担任 A 公司的破产管理人。2015 年 8 月 11 日 A 公司第一次债权人会议时通知了 B 公司，称租赁合同已于 2015 年 5 月 10 日依法解除。B 公司不同意解除并一直占用至今。A 公司起诉至人民法院，诉请 B 公司返还房屋，法院于 2017 年 2 月 2 日依法作出一审判决，支持 A 公司诉请，判令 B 公司十日之内腾房。在上诉期内，法院依法作出了驳回第三人对 A 公司进行破产清算的申请。后 B

公司不服提起上诉。

争议焦点：企业破产清算申请被法院驳回后，本案是否还能适用《企业破产法》第 18 条的规定来解除合同？

【格案致知】

解除权是否成立，是判断解除行为是否违约的依据。

本案涉及作为解除条件的"受理破产申请"是实质性条件还是程序性条件问题。如果是程序性条件，只要受理破产申请，即视为解除条件成就。如果是实质性条件，就要审查是否进入清算程序，如果进入，解除权就成立，否则，就不成立。成立与否，对双方的利益影响巨大，往往会成为双方争辩的死点。

《企业破产法》第 18 条规定："人民法院受理破产申请后，管理人对破产申请受理前成立而债务人和对方当事人均未履行完毕的合同有权决定解除或者继续履行，并通知对方当事人。管理人自破产申请受理之日起两个月内未通知对方当事人，或者自收到对方当事人催告之日起 30 日内未答复的，视为解除合同。"

从上述规定看，"受理破产申请后"当属程序问题，但是从合同法规定的解除权的本质意义以及和解除权相关的重大利益来看，行使解除权，必须具备实质性条件。

因此，可以认为如果破产清算的申请被驳回，涉案合同不应解除。

二十四、未完工程优先受偿权的行使和合同解除权

【典型案例 43】针对进度款行使优先受偿权以及优先受偿权和施工合同解除的关系

【案号】（2015）苏民初字第 00017 号

【案由】建设工程施工合同纠纷

【基本案情】

2011 年 2 月 24 日，安泰公司（甲方）与沪武公司（乙方）签订《建设工程施工合同》。2014 年年底沪武公司以安泰公司未按约付款为由停工。关于涉案工程目前的施工进度，各方当事人一致确认工程主体结构尚未封顶。施工方提起诉讼，要求支付进度款并要求继续履行合同，并就进度款主张优先受偿权。

关于沪武公司就欠付的工程进度款主张建设工程价款优先受偿权问题，法院认为，《最高人民法院关于建设工程价款优先受偿权问题的批复》第 4 条规定，建设工程承包人行使优先权的期限为 6 个月，自建设工程竣工之日或者建设工程合同约定的竣工之日起计算。沪武公司诉请的工程进度款系以施工合同继续履行为前提，不符合建设工程价款优先受偿权的法定行使条件，本院不能支持。但不影响合同解除后沪武公司就工程结算款另行主张建设工程价款优先受偿权。

上述案例是《施工合同司法解释（二）》出台前的案例，如果按照第 22 条的规定，本案承包人行使建设工程价款优先受偿权的期限为 6 个月，自发包人应当给付建设工程价款之日起算。

【格案致知】

本案涉及能否就工程进度款主张优先受偿权问题，以及就未完工程主张优先受偿权的前提条件。

有人问，承包人行使优先权后还需要继续施工吗？

继续施工的前提是合同关系仍然存在。案例43告诉我们对未完工程行使优先受偿权的前提条件是结算工程款，结算工程款的前提是解除合同。

换一个角度来看，行使工程价款优先受偿权后，承包人和买受人都不能向发包人主张继续施工未完工程。理由是，拍卖的仅是在建工程，而不是施工合同的权利义务。建设工程被行使工程价款优先受偿权拍卖后，原施工合同虽仍然有效存在，但因发包人事后履行不能且原施工合同中发包人的权利义务未概括转移给买受人，承包人不能向发包人或者买受人主张继续施工未完工程。

二十五、法律规定的其他情形

【典型案例44】现场已不存在，继续履行合同不符合本案实际

【案号】（2015）召民二初字第75号

【案由】建设工程施工合同纠纷

【基本案情】

2011年9月16日，恒盛公司与中达公司书面签订了《建设工程施工合同》。2012年6月4日，恒盛公司以中达公司施工的工程质量存在严重问题、需要返工、对方没有履行合同的诚意为由，提起诉讼，要求解除合同，并提出鉴定申请，申请鉴定的主要内容为：（1）所建楼房大梁断裂处是否合格；（2）大梁变形（下拱）处是否符合质量要求；（3）现浇层面修补处是否达到原设计要求；（4）东半部现浇层面密实度是否达到质量要求；（5）墙壁柱因钢筋变形是否达到质量要求；（6）外部结构改变后是否达到结构质量要求；（7）其他工程部位的质量标准。

法院委托鉴定，司法鉴定意见为：（1）所鉴定部分构件质量不符合验收规范及设计要求；（2）建议：①对影响承载能力或使用功能的构件加固、整修；②现况下无法对二层已绑扎钢筋彻底除锈，拆除重绑较为适宜（若拆除，柱体竖筋留存长度参照《混凝土结构工程施工规范》），当然，如果有更适宜的方法在此现况下彻底除锈，并且相关方也认可除锈后钢筋质量，则另当别论。

【法院意见】

争议的焦点：双方签订的建设工程施工合同是否应该解除？

在施工过程中，由于施工方所使用的原材料经司法鉴定机构鉴定，存在工程质量部分不符合标准的情况，且争议的车间现场已不存在，继续履行该合同不符合本案实际，根据《合同法》第94条规定"有下列情形之一的，当事人可以解除合同……（五）法律规定的其他情形。"恒盛公司请求解除双方签订的建设工程施工合同，符合法律规定。

【典型案例 45】 双方互有违约行为时，谁有解除权？

【案号】（2012）玉中民一初字第 38 号

【案由】 建设工程施工合同纠纷

【基本案情】

原告施工方认为，被告已不能按约定履行支付工程款的付款义务；被告对原告完成的变更增加量不予签证或变相不予签证，综上，依据《合同法》第 94 条，《施工合同》通用条款 26.4、44.2，专用条款 35.1 及《施工合同司法解释》第 9 条的规定，要求解除双方所签《建设工程施工合同》及补充协议。原告请求：解除原被告双方签订的《建设工程施工合同》及《补充协议》。

被告反诉请求依法判令反诉被告继续履行双方签订的《建设工程施工合同》及《补充协议》。

诉讼中，因双方对涉案工程已完成部分的造价以及工程是否存在质量问题等存在争议，经双方当事人申请，法院委托云南省高级人民法院司法技术处对以下内容进行鉴定：（1）对白邑公司已完成的工程量及工程造价进行鉴定。（2）对白邑公司已完成的工程是否存在质量问题进行鉴定，如存在质量问题，应明确因质量问题需进行的整改措施和方案，并对实施措施和方案产生的所有费用进行评估。（3）对于未完成的具体工程量，如另行发包、建设，对增加的招投标、监理、人工、材料等费用进行评估。（4）对室外附属工程自 2012 年 1 月（合同完工期）至鉴定日增加建设费用进行评估。

鉴定意见为：（1）根据工程相关方提供的相关技术资料，该房屋建筑的建设过程具备勘察、设计、施工和监理等完备建设程序，勘察、设计、监理方面技术资料图纸等满足施工验收要求。（2）委托范围内的房屋普遍存在混凝土强度不足、混凝土孔洞或空洞、纵筋及箍筋外漏、框架柱吊脚错位等工程质量问题。施工控制不严格是造成房屋出现工程质量问题的直接因素。（3）由于云南省目前尚无与工程加固相关的专业定额，因此根据整改措施及方案，按照《建设工程工程量清单计价规范》（GB50500）的相关规定，参照其他省抗震加固工程计价表，结合相关材料和人工等的市场价格，考虑房屋整改措施及方案的可行性等，整改措施及方案实施造价鉴定结果为总计 7268307.51 元。（4）由于委托鉴定房屋整改措施及方案实施的造价接近甚至超出新建房屋的造价，适修性差，建议可以多方综合考虑拆除重建等方案。

【法院意见】

关于合同的履行及解除，《合同法》第 94 条规定："有下列情形之一的，当事人可以解除合同……（五）法律规定的其他情形。"第 110 条规定："当事人一方不履行非金钱债务或者履行非金钱债务不符合约定的，对方可以要求履行，但有下列情形之一的除外：（一）法律上或者事实上不能履行……"

经审查，景泰公司发出的招标文件中，载明中标单位与发包方签订《施工承包合同》、交纳了履约保证金后，工程正式开工前，发包方按中标价的 30% 拨付工程预付款，但双方并未将上述合同履行的实质性内容载入双方正式签订的施工合同，且履行合同过程中,景泰公司作为发包方也未按该条款履行,同时,景泰公司未按照《补充协议》约定在白邑公司人员、材料、机械进场时按时按预付款形式退还履约保证金,未对白邑公司在实际施工过程中发生变更的工程量与工程款同期支付,而白邑公司未按合同约定完成主体工程、配套设施等工程,致使工期拖延,且施工过程中出现严重质量问题,导致双方产生纠纷,属双方的违约行为所致。因白邑公司在起诉前已实际撤出工地,结合查明的案件事实及上述规定,双方的合同已不能够继续履行,故应判决解除双方签订的《建设工程施工合同》及《补充协议》。景泰公司要求继续履行合同的理由不能成立,不予支持。

【格案致知】

上述两个案例,案例 44 是场地已经不存在,属于典型的事实上的不能履行。案例 45,原告是以被告不能按约支付工程款为由提出解除合同的诉求,但法院认为双方互有违约行为。法院以白邑公司在起诉前已实际撤出工地,结合查明的案件事实及上述规定,双方的合同已不能够继续履行,故应判决解除双方签订的《建设工程施工合同》及《补充协议》。

《合同法》第 107 条规定:"当事人一方不履行合同义务或者履行合同义务不符合约定的,应当承担继续履行、采取补救措施或者赔偿损失等违约责任。"第 110 条规定:"当事人一方不履行非金钱债务或者履行非金钱债务不符合约定的,对方可以要求履行,但有下列情形之一的除外:(一)法律上或者事实上不能履行……"第 112 条规定:"当事人一方不履行合同义务或者履行合同义务不符合约定的,在履行义务或者采取补救措施后,对方还有其他损失的,应当赔偿损失。"第 94 条规定:"有下列情形之一的,当事人可以解除合同……(五)法律规定的其他情形。"法律上或者事实上不能履行,应属于《合同法》第 94 条规定的"法律规定的其他情形"。

第三章 解除施工合同的具体步骤

一、审查解除合同的利益考量

审查解除合同的利益考量主要包括经济利益和信赖利益：(1) 失去信任，合同利益有可能失去保障；(2) 对方陷入财务困境；(3) 长期停工；(4) 止损。

解除施工合同需要注意的主要事项：(1) 慎用单方解除权；(2) 一般情况下，行使解除权为不得已。

二、审查施工合同的效力

只有有效合同才适用或需要解除；无效合同自始无效，无需解除。

效力有争议的案件以及黑白合同解除问题，比较复杂。合同是否有效是判断是否需要解除的前提条件，实务中，有很多时候，合同是否有效会成为双方争议的焦点。

《施工合同司法解释》第1条规定："建设工程施工合同具有下列情形之一的，应当根据合同法第52条第（五）项的规定，认定无效：

（一）承包人未取得建筑施工企业资质或者超越资质等级的；

（二）没有资质的实际施工人借用有资质的建筑施工企业名义的；

（三）建设工程必须进行招标而未招标或者中标无效的。"

《施工合同司法解释（二）》第2条规定："当事人以发包人未取得建设工程规划许可证等规划审批手续为由，请求确认建设工程施工合同无效的，人民法院应予支持，但发包人在起诉前取得建设工程规划许可证等规划审批手续的除外。发包人能够办理审批手续而未办理，并以未办理审批手续为由请求确认建设工程施工合同无效的，人民法院不予支持。"

上述情形是施工合同中最典型的无效情形，每一种情形都可能会因事实认定问题引出争议的具体情形。

三、审查解除权是否成立

《合同法》的相关规定，主张解除合同的一方，应当通知对方。合同自通知到达对方时解除，但对通知的理由是否正确及通知方式等均未规定。解除权的有效行使拟制为：解除合同的条件成就并通知对方。具体通知的方式并没有规定。故，就通知方式而言，明示、默示皆可。

解除合同的事由成立与否是否影响通知的效力？或者说法院或仲裁庭是否应该对解除事由成立与否进行实质性审查？实务通说认为，法院或仲裁庭必须对解除合同的事由成立与否进行实质性审查，包括四个方面的理由：一是因为合同法规定了解除合同的事由包括法定事由或约定的事由；二是审查解除事由是否成立以区别于任意解除；三是解除理由是否成立涉及申请人是否构成违约问题；四是最高人民法院通过司法解释把形成权（解除权）变换成了请求权，请求权是否成立，需作实质性审查。实务中，必须审查有无法定或约定的解除事由？是否符合约定或法定的解除事由？必须结合具体法条进行举证。

作为实务律师，理顺合同履行情况、收集相关证据、审查解除权是否成立、根据案件事实选择具体的法条，是一项基础工作。

四、解除合同风险评估

1. 解除理由不成立风险。解除合同的理由是否充分，包括法定的理由或约定的理由。举证和锁定基础法律规范。区别轻微违约、根本违约、混合违约等情形。严格按照通知时限发出通知，合同对解除时限和解除方式有约定的，按照合同约定行使权利。

2. 承担违约责任风险。如果解除权不能成立会构成违约，所以必须要考虑解除条件不成立的法律风险。施工合同无效，则施工合同对双方均没有约束力，无效的施工合同无需解除，直接主张施工合同无效即可，申请不受时效限制，无效合同自始无效。

3. 对解除后果认识不清风险。解除施工合同，在没有特别约定的前提下，解除的后果属于权利义务的总清算，行使解除权之前，要充分考虑解除的后果。

4. 经过鉴定，解除理由不成立风险。是否具备解除条件，可能要经过鉴定：如甲方支付工程款是否符合合同约定？乙方工期是否延误？工程质量是否合格？

5. 解除时机把握不适当风险。解除的时机是不是合适？有无权利行使期限的约定？是否需要采取止损措施？是否存在防止损失扩大的义务？等等。

6. 诉讼时间和效率风险。进入诉讼，一般会需要很长时间才会有结果，必须考虑工程结算、工程款支付纠纷的时间风险。

7. 退场时，未进行工程交接，导致举证困难的风险。退场时，是否进行了工程交接，工作界面是否清晰并经双方认可，或有第三方公证，涉及已完工程量的结算问题，这是施工方的举证责任。已完工程量未确认会造成举证困难，面临法律和对方不诚信风险。

8. 工程质量的前后衔接问题，存在质量责任划分的风险。这也是必需考量的问题。还有工程质量的纠纷时间风险，也是必须考虑的问题。

9. 工程鉴定时间长的风险。工程造价鉴定、工程质量鉴定、工期鉴定，都存在时间长的问题,这都是诉讼的时间风险。

10. 已发生和将要发生的损失鉴定和承担的风险。

11. 施工合同解除后,更换施工队伍的时间风险。承包人退场和选择新承包人面临的风险。更换施工队伍会导致损失,确定新施工单位后,要重新办理手续,都会有延误工期风险。

12. 解除后的腾退工地、交接施工资料的风险。关于场地移交,施工方依据合同合法控制着工地,如果拒不撤场,会有时间风险和冲突升级风险。

13. 法院审判或仲裁审理效率低下的风险。没有复杂的案子,只有复杂的人心,江湖凶险,关系复杂多变,不确定的因素很多,最终结果很难预测,结果可能事与愿违。

14. 法官平时不抓紧,年底匆忙结案,导致案件质量不高,影响公平公正,这是法官工作压力和职业操守风险。

15. 未签订书面施工合同的风险。如果没有签订书面施工合同,有可能适用缔约过失责任,不适用违约责任的约定。

16. 工程质量没经过验收合格,已完结算款作为合同对价得不到支持。对方提出工程质量鉴定会导致时间延长。

17. 已为工程定制的设备、材料损失风险。

18. 剩余施工材料损失,已进场的设备材料未清点确认风险;或者进行了清点没有马上交接,过后不认可风险。未进场材料如何处理问题。

19. 施工资料不完备风险,如验收、索赔、签证、设计变更等,一旦解除合同,就没有机会再补。

20. 损失扩大的风险。因发包人原因致使建设工程停工,当事人对停工时间未作约定或未达成协议的,承包人不应盲目等待而放任停工状态的持续以及停工损失的扩大,否则应对放任扩大的损失承担责任。

21. 自身管理不过硬的风险。

俗话说,打官司就是打证据,合同纠纷尤其如此。合同纠纷不相信眼泪,不相信煽情,只相信证据。赢了多少官司,就看你固定了多少有效证据。

诉诸法律后,建设单位往往以施工企业工期逾期、质量缺陷或违约等事由进行抗辩或提起反诉。如果施工企业确实存在工期延误、质量缺陷或违约问题的,则可能面临高额的违约金索赔。因此,作为施工企业在决定解除施工合同前,对自身的履约情况一定要作认真、理性、细致的自查。工期延误如是甲方或第三原因造成的,要及时固定有关证据。对质量问题要按照规范和合同约定的标准事先予以整改、修复,避免质量硬伤。

五、解除合同的时机

1. 考虑解除权行使期限,依据是施工合同约定或者法律的规定;
2. 选择有力的施工节点,保证己方利益最大化,既防止损失的扩大,又利于证据固定。(比如：施工单位已经完成钢筋制作安装，但尚未浇灌混凝土。由于在没有浇灌混凝土的情况下停工，钢筋会发生锈蚀，损失可能很大。)

3. 因发包人原因致使建设工程停工，当事人对停工时间未作约定或未达成协议的，承包人不应盲目等待而放任停工状态的持续以及停工损失的扩大，否则应对放任扩大的损失承担责任。

4. 当承发包双方均违约时，法院一般会根据双方的合同义务、合同履行情况及违约大小、程度来考虑承包商是否有解除权。

5. 只进场未开工，何时解除施工合同合适？按约定。合同工期长短是一个重要的考量因素。

6. 强制性招标工程，比如很长时间后开工或中途停工很长时间，即使双方进行了价格调整，也要预防结算时审计部门会以实质性内容违法变更为由不认可双方形成的调价协议，是接受调整还是解除合同，要有预案。

7. 如果使用合同范本签订施工合同，要遵守合同规定的解除时限。

8. 防止失去合同解除权和损失的进一步扩大，合同法规定了当事人有防止损失扩大的义务。

9. 关注解除后和优先受偿权的关系。

六、行使解除权之前权利义务的确定

列出权利清单，清单包括实体权利和程序权利。程序权利又包括启动诉讼之前的程序权利和诉讼中的程序权利；解除合同一般是对合同权利义务的总清算，诉讼后，一般不能再依据本合同提起诉讼或仲裁，所以要考虑权利的完整性和一次性清算完毕，不要有遗漏。对已完工程量、施工界面是否清晰，如果需要鉴定的话，尽量缩小鉴定范围。

七、考虑合同相对方的抗辩理由

合同相对方的抗辩理由主要包括：解除事由不成立，合同不成立、无效、被撤销、效力抗辩等，黑白合同抗辩，失权抗辩，程序抗辩，等等。

八、诉讼请求的确定

1. 设计诉讼请求应至少明确以下四点：
(1) 合同解除的溯及力和解除的时间点。
(2) 质量必须合格，才可主张工程结算价款；不合格的，必须修复到合格，才可主张工程结算价款。
(3) 从诉讼角度讲，必须要求解除合同才能就已完工程款进行总结算，不解除合同只能要求进度款；如果不解除合同，有的法官会释明。

（4）固定请求权基础，找准法律规范，即最基础的法律规范条文。

2. 实务中，发包方的诉讼请求，包括但不限于：

（1）解除施工合同：解除及解除的时间认定。

（2）要求法院判令被告立即撤场，移交相关工程施工资料，要有明细。

（3）违约金和损失赔偿，损失赔偿包括工期、质量等违约和其他。损失范围包括实际损失和可得利益损失。

（4）退还多支付的工程款。

（5）鉴定费、保全费、律师费、公证费等。

（6）其他。

3. 承包方的诉讼请求，包括但不限于：

（1）解除施工合同：解除及解除的时间认定。

（2）结算已完工程价款并要求支付利息。对欠款利息的请求权，要明确起算点、终止点、基数和利率，明确计算方法和数额。

（3）要求确认优先受偿权及数额。

（4）违约金和损失赔偿，损失范围包括实际损失和可得利益损失。

（5）剩余材料的处理，包括已经进场的、库存的、已经订货的。

（6）管理费、配合费、撤场费等。

（7）索赔款，窝工、停工损失费等。

（8）各种保证金退还请求。

（9）担保责任请求权（如果有担保）。

（10）定金罚则。

（11）鉴定费、保全费、律师费、公证费等。

（12）采购合同权益转让问题。

（13）其他。

在上述基础上，根据不同的案件，可以再进一步细化如：承包人解除合同，可以要求赔偿的损失范围包括实际损失和可得利益损失，具体包括：（1）机械闲置费；（2）停工人工费；（3）剩余建筑材料价款；（4）订购建筑材料的已付订金；（5）进退场费；（6）搬迁费；（7）报价下浮的优惠费用；（8）可得利润；（9）其他。

针对解除合同，因发包人违约解除合同后的付款，承包人按照本款约定解除合同的，发包人应在解除合同后28天内支付下列款项，并解除履约担保：（1）合同解除前所完成工作的价款；（2）承包人为工程施工订购并已付款的材料、工程设备和其他物品的价款；（3）承包人撤离施工现场以及遣散承包人人员的款项；（4）按照合同约定在合同解除前应支付的违约金；（5）按照合同约定应当支付给承包人的其他款项；（6）按照合同约定应退还的质量保证金；（7）因解除合同给承包人造成的损失。承包人可根据合同约定主张权利。

因承包人原因导致合同解除的，则合同当事人应在合同解除后28天内完成估价、付款和清算，并按以下约定执行：

（1）合同解除后，商定或确定承包人实际完成工作对应的合同价款，以及承包人已提供的材料、工程设备、施工设备和临时工程等的价值；（2）合同解除后，承包人应支付的违约金；（3）合同解除后，因解除合同给发包人造成的损失；（4）合同解除后，承包人应按照发包人要求和监理人的指示完成现场的清理和撤离；（5）发包人和承包人应在合同解除后进行清算，出具最终结清付款证书，结清全部款项。发包人可根据合同约定主张权利。

关于合同解除，采购合同权益转让问题，因承包人违约解除合同的，发包人有权要求承包人将其为实施合同而签订的材料和设备的采购合同的权益转让给发包人，承包人应在收到解除合同通知后14天内，协助发包人与采购合同的供应商达成相关的转让协议。

关于诉讼请求中优先受偿权的习惯表述问题，依据《合同法》第286条主张优先受偿权。

请求法院依法确认原告享有优先受偿权，就该工程拍卖价款优先受偿。

施工合同解除，优先受偿权的起算时间和优先受偿权的范围依据：《施工合同司法解释（二）》第22条，已有原则性规定："承包人行使建设工程价款优先受偿权的期限为6个月，自发包人应当给付建设工程价款之日起算。"但是"应当给付建设工程价款"的具体含义不明确，要根据实际情况确定。

九、固定请求权基础，准确锁定法律规范

主要涉及《合同法》及《施工合同司法解释》和《施工合同司法解释（二）》。

十、解除合同的本诉程序和反诉程序

《最高人民法院关于适用〈中华人民共和国合同法〉若干问题的解释》（2009年，简称《合同法解释（二）》，全书同）第24条规定："当事人对合同法第96条、第99条规定的合同解除或者债务抵销虽有异议，但在约定的异议期限届满后才提出异议并向人民法院起诉的，人民法院不予支持；当事人没有约定异议期间，在解除合同或者债务抵销通知到达之日起3个月以后才向人民法院起诉的，人民法院不予支持。"

思考问题如下：

1. 在一方当事人按照《合同法》第96条向合同相对方主张解除合同，如果合同相对方在约定的异议期内或者3个月内未向法院提起诉讼，法院是否可以对双方之间的合同及其履行状况不作实体性审查，而直接判定合同解除？

2. 在一方当事人按照《合同法》第96条向合同相对方主张解除合同，如果合同相对方就该解除行为存在异议，是否只能向法院提起诉讼？采用其他异议方式（如书面回函、继续按照约定履行合同等行为）是否有效？

十一、诉讼或仲裁的前置程序

提请解除合同前,要考虑催告义务,容忍义务,举证义务,时限义务,锁定基础法律规范,精准具体到法条。

关于催告义务和容忍义务,《合同法》第94条规定:"有下列情形之一的,当事人可以解除合同……(三)当事人一方迟延履行主要债务,经催告后在合理期限内仍未履行……"《施工合同司法解释》第8条规定:"承包人具有下列情形之一,发包人请求解除建设工程施工合同的,应予支持……(二)合同约定的期限内没有完工,且在发包人催告的合理期限内仍未完工的……"第9条规定:"发包人具有下列情形之一,致使承包人无法施工,且在催告的合理期限内仍未履行相应义务,承包人请求解除建设工程施工合同的,应予支持:(一)未按约定支付工程价款的;(二)提供的主要建筑材料、建筑构配件和设备不符合强制性标准的;(三)不履行合同约定的协助义务的。"

在一般情况下,当事人一方迟延履行主债务,另一方当事人只有在催告未果的情况下,方可解除合同;但是如果违约严重影响订立合同所期望的经济利益的,可以不经催告而直接通知解除合同。一方主张解除施工合同,但对方提出异议的,可请求人民法院或仲裁结构确认合同解除的效力。

关于解除时限义务,《合同法》第95条规定:"法律规定或者当事人约定解除权行使期限,期限届满当事人不行使的,该权利消灭。"法律没有规定或者当事人没有约定解除权行使期限,经对方催告后在合理期限内不行使的,该权利消灭。"

按照上述规定,合同解除权应当在法律规定或当事人约定的期限内行使,如在该期限内不行使的,其解除合同的权利消灭。如果法律没有规定、当事人也没有约定权利行使期限的,经对方催告后在合理的期限内不行使的,解除权消灭。

关于举证义务,解除权一定要针对具体的违约行为,必须有相应的证据和具体的法条支持。

关于通知义务及方式,《合同法》第96条第1款规定:"当事人一方依照本法第93条第2款、第94条的规定主张解除合同的,应当通知对方。合同自通知到达对方时解除。对方有异议的,可以请求人民法院或者仲裁机构确认解除合同的效力。"《合同法》第96条并没有规定具体的通知方式,如果直接提起诉讼或仲裁,算不算是通知了对方,经常会有争议,但司法共识认为,起诉状或仲裁申请书副本到达被申请人时即视为履行了通知义务。实务中,尽量先选用事先通知的方式,以探虚实,要考虑时限和送达方式。

也可以协商解除,协商解除符合《合同法》第93条的规定。

固定请求权并收集相应证据,依据要确凿。施工企业要确认,建设单位的付款条件按照合同的约定已成就。由于建设单位拖延支付工程款已经影响到工程的施工进度,构成合同约定的违约事由。严格防止施工企业自己违法停工和解除合同。

第四章　施工合同解除的实务操作问题

一、施工合同解除的适用范围

实务中,以下情形适用合同解除:

1. 约定解除。《合同法》第 93 条规定:"当事人协商一致,可以解除合同。当事人可以约定一方解除合同的条件。解除合同的条件成就时,解除权人可以解除合同。"

2. 法定解除。《合同法》第 94 条规定:"有下列情形之一的,当事人可以解除合同:(一)因不可抗力致使不能实现合同目的;(二)在履行期限届满之前,当事人一方明确表示或者以自己的行为表明不履行主要债务;(三)当事人一方迟延履行主要债务,经催告后在合理期限内仍未履行;(四)当事人一方迟延履行债务或者有其他违约行为致使不能实现合同目的;(五)法律规定的其他情形。"

3. 合同解除适用于依法成立尚未全部履行完毕的合同。依法成立尚未生效的合同,可以解除。

4. 可撤销合同、效力待定合同、未成立合同、未生效合同能否解除?可撤销合同属于暂时生效的合同,同时享有撤销权和解除权的一方当事人可以选择行使权利。效力待定合同的法律效力由法律直接规定,要件具备合同有效,有效合同可以解除,未具备有效要件合同属于无效合同,不能解除。未成立合同不能解除。未生效合同(如未经批准前的外商投资合同)双方实际进行了履行,一方违约导致解除事由出现,享有解除权的一方可以行使解除权。

5. 预约合同适用解除。《最高人民法院关于审理买卖合同纠纷案件适用法律问题的解释》(2012 年,简称《买卖合同司法解释》,全书同)中第 2 条规定:"当事人签订认购书、订购书、预订书、意向书、备忘录等预约合同,约定在将来一定期限内订立买卖合同,一方不履行订立买卖合同的义务,对方请求其承担预约合同违约责任或者要求解除预约合同并主张损害赔偿的,人民法院应予支持。"

【典型案例 46】双方未签订施工合同,是否适用解除

【案号】(2015)武民二初字第 351 号

【案由】缔约过失责任纠纷

原告诉求判令:解除原告与维科特公司之间以《投标书》《中标通知书》等为载体签订的建设工程施工合同。

【法院意见】

原告收到中标通知书时,其与维科特公司之间的施工合同尚未成立,维科特公司拒绝签订施工合同,违背了诚实信用原则,应属于违反先合同义务而造成对方信赖利益损失的缔约过失责任。依据《合同法》第42条规定:"当事人在订立合同过程中有下列情形之一,给对方造成损失的,应当承担损害赔偿责任……(三)有其他违背诚实信用原则的行为。"维科特公司应当向原告承担损害赔偿责任。原告主张施工合同已经成立,维科特公司已构成违约,应承担违约责任,请求解除原告与维科特公司之间以《投标书》《中标通知书》等为载体签订的《建设工程施工合同》缺乏理据。

【格案致知】

本案主要涉及并解答了以下主要问题:

(1) 法律规定必须签订书面合同的前提下,双方未签订书面合同,是否适用合同解除的规定?

(2) 法律规定必须签订书面合同的前提下,双方未签订书面合同,应该承担的法律责任。适用违约责任,还是缔约过失责任?

(3) 法律规定必须签订书面合同的前提下,双方未签订书面合同,履行合同可得利润应否支持?

本案适用法条:《合同法》第42条规定:"当事人在订立合同过程中有下列情形之一,给对方造成损失的,应当承担损害赔偿责任……(三)有其他违背诚实信用原则的行为。"《中华人民共和国招标投标法》(2017年修订,简称《招标投标法》,全书同)第45条规定:"中标人确定后,招标人应当向中标人发出中标通知书,并同时将中标结果通知所有未中标的投标人。中标通知书对招标人和中标人具有法律效力。中标通知书发出后,招标人改变中标结果的,或者中标人放弃中标项目的,应当依法承担法律责任。"

二、施工合同解除纠纷管辖问题

相关法律法规定的规定:

1. 最高人民法院《关于适用〈中华人民共和国民事诉讼法〉的解释》第28条第2款规定:"农村土地承包经营合同纠纷、房屋租赁合同纠纷、建设工程施工合同纠纷、政策性房屋买卖合同纠纷,按照不动产纠纷确定管辖。"

2. 最高人民法院《关于调整高级人民法院和中级人民法院管辖第一审民商事案件标准的通知》(2015年修订版)规定,当事人住所地均在受理法院所处省级行政辖区的第一审民商事案件;当事人一方住所地不在受理法院所处省级行政辖区的第一审民商事案件。

3. 最高人民法院《关于执行级别管辖规定几个问题的批复》第1条的相关规定,如当事人在诉讼请求中要求解除合同的,应以其具体的诉讼请求数额来确定诉讼标的额,并据以确定级别管辖。

三、解除合同通知的具体形式

《合同法》第 96 条第 1 款规定："当事人一方依照本法第 93 条第 2 款、第 94 条的规定主张解除合同的，应当通知对方。合同自通知到达对方时解除。对方有异议的，可以请求人民法院或者仲裁机构确认解除合同的效力。"《合同法》第 96 条并没有规定具体的通知方式，如果直接提起诉讼或仲裁，算不算是通知了对方，经常会有争议。但司法共识认为，起诉状或仲裁申请书副本到达被申请人时即视为履行了通知义务。也有部分案例，以判决生效日为合同解除日的，在工程合同纠纷中很少见。

笔者认为，以判决生效日为合同解除日，如果诉讼时间很长，再加上鉴定期间，当事人的权利会受影响，损失也会扩大。并且违约金和损失的界限时点也会后延，对双方的利益会有不同影响。解除日的确定应该综合考虑合同双方当事人利益。

四、合同解除、质量合格是施工方请求已完工程结算支付的前提条件

【典型案例 47】 施工合同解除，工程质量不合格，不支持给付工程款的请求

【案号】（2015）民一终字第 129 号

【案由】建设工程施工合同纠纷

【法院意见】

根据甘肃省建筑科学研究院作出的《鉴定报告》以及案涉工程设计单位青海省化工设计研究院作出的《关于在建甲醇汽（柴）油项目工程已完工程中存在质量问题的整改意见》，天字公司已施工部分，存在着办公楼、宿舍楼地基基础工程质量均不满足设计要求、厂区道路工程质量不满足设计要求、厂区围墙工程质量不满足设计要求等较为严重的质量问题。由于案涉工程尚未施工完毕，寰珉公司即以质量不合格和天字公司违法分包解除了案涉合同，案涉工程尚未完成且存在较为严重的质量问题，因此，一审法院根据《施工合同司法解释》第 12 条和第 3 条的规定，驳回天字公司主张给付工程款的请求，并无不当。

另外，由于案涉工程质量问题是不支持天字公司给付工程款请求的原因，在本案审理过程中，案涉工程是否可能因工程质量无法修复应被拆除、是否能够被修复以满足竣工验收合格的要求等问题都未有最终结论。双方当事人可依上述问题最终确定后，另循诉讼或者其他途径解决天字公司已施工部分的工程款应否给付以及数额多少的问题。就本案诉讼过程中已经确定的事实而言，一审判决适用法律正确，本院予以维持。

【格案致知】

合同解除、质量合格是施工方请求已完工程结算并支付的前提条件。关于质量不合格的处理方式，按照《施工合同司法解释》第 3 条规定处理。

《合同法》第 97 条规定："合同解除后，尚未履行的，终止履行；已经履行的，根据履行情况和合同性质，当事人可以要求恢复原状、采取其他补救措施，并有权要求赔

偿损失。"第98条规定："合同的权利义务终止，不影响合同中结算和清理条款的效力。"《施工合同司法解释》第10条第1款规定："建设工程施工合同解除后，已经完成的建设工程质量合格的，发包人应当按照约定支付相应的工程价款；已经完成的建设工程质量不合格的，参照本解释第3条规定处理。"《施工合同司法解释》第3条规定："建设工程施工合同无效，且建设工程经竣工验收不合格的，按照以下情形分别处理：（一）修复后的建设工程经竣工验收合格，发包人请求承包人承担修复费用的，应予支持；（二）修复后的建设工程经竣工验收不合格，承包人请求支付工程价款的，不予支持。因建设工程不合格造成的损失，发包人有过错的，也应承担相应的民事责任。"

施工期间的工程质量合格是工程价款的对价，也是发包方的先履行抗辩权，验收合格才算完成了对价义务，也就失去了整体上的抗辩权，验收合格后再出现的质量问题，不能从整体上对抗工程款的结算和支付，即发包方不能以验收合格后的维修义务对抗整个工程结算和支付，只可以要求履行维修义务或减少工程价款。

五、确认合同解除与请求裁判合同解除以及解除时间的确定

根据实际操作需要，我们把合同解除之日的意义概括为：（1）合同权利义务终止日；（2）违约金计算终止日；（3）违约责任诉讼时效起算日。

合同解除是《合同法》规定的"合同的权利义务终止"的情形之一，关于合同解除，历来存在很多的争议，我们着重分析通过"诉讼"解除合同的情况下合同解除起算时间的问题，主张根据各种不同的情况，合同解除起算时间可能是当事人通知到达对方的时间，也可能是起诉状副本送达被告的时间。

1. 合同解除权人可否通过诉讼解决解除合同的争议？

答：解除权为形成权，但最高人民法院通过司法解释将形成权变成了请求权，从这个角度讲，合同解除权人可通过诉讼解决解除合同的争议。

2. 原告自行（针对诉讼或仲裁而言）向对方发出"解除合同"通知的情况下合同解除时间如何起算？

答：按照《合同法》第96条之规定，符合合同法第93条第2款、第94条规定的，合同自解除通知到达相对方时解除。

3. 原告自始至终未自行（针对诉讼或仲裁而言）向对方发出"解除合同"通知的情况下合同解除时间如何起算？

答：通常情况下：（1）以起诉状副本、法院传票送达时间或仲裁申请书副本送达之日；（2）如果诉讼中协商一致，可征求双方意见确定解除日期；（3）鲜有以判决生效之日确定合同解除日的情形。

4. 发通知后的诉讼适用请求确认解除，不发通知直接起诉适用请求裁判解除；也可以发出通知后，请求裁判解除。两种情况下的请求，确认的解除时间会不同。

5. 当事人向人民法院起诉要求解除合同并得到支持的，合同自原告起诉状副本送达给对方之日起解除。起诉状副本送达对方当事人时合同解除发生效力，与法院判决解

除合同并不矛盾。

6. 当事人协商解除合同的,合同自双方协商一致时解除。

参照四川省高级人民法院《关于审理合同解除纠纷案件若干问题的指导意见》川高法〔2016〕(149号):

当事人协商解除合同的,合同自双方协商一致时解除。

当事人通知解除合同,仅起诉请求确认解除合同行为已发生法律效力的,人民法院经审查确认解除合同行为符合《合同法》第93条第2款、第94条规定的,合同自解除通知到达相对方时解除。

当事人通知解除合同后又向人民法院提起诉讼,请求判令解除合同的,人民法院经审查认为合同应当解除的,合同自解除通知到达对方时解除。

【典型案例48】未发出解除合同通知,直接起诉要求判令解除

【案号】(2013)胶民初字第629号

【案由】建设工程施工合同纠纷

【法院意见】

原、被告双方签订的《建设工程施工合同》,系双方当事人真实意思表示,且并不违反法律、法规的规定,属有效合同,本院予以确认。根据原告提交的证据,能够证明原告为被告施工建造了仓库工程,且涉案工程二层已经施工完毕。因被告未按合同约定支付工程价款,属被告违约,原告要求解除双方于2007年5月17日签订的《建设工程施工合同》,符合双方约定,于法有据,本院予以支持,确认自本案原告诉状送达被告之日即2013年3月30日为双方合同解除之日。

【格案致知】

本案即是确认原告诉状送达被告之日为双方施工合同解除之日的案例。

关于法院判决解除合同后如何起算解除日期问题,在另一案中,最高人民法院认为,根据《合同法》第96条的规定:"当事人一方依照本法第93条第2款、第94条的规定主张解除合同的,应当通知对方。合同自通知到达对方时解除。对方有异议的,可以请求人民法院或者仲裁机构确认解除合同的效力。法律、行政法规规定解除合同应当办理批准、登记等手续的,依照其规定。"合同双方当事人均有权请求人民法院或者仲裁机构确认解除合同的效力。根据当事人诉讼请求的不同,解除合同效力的起算时间点也不同。如果一方当事人请求确认解除合同通知效力的,法院经审查认为对方的异议不成立,则合同自通知到达对方时解除;如果一方当事人起诉请求判令解除合同,法院经审查认为符合约定解除或法定解除条件的,则合同自法院判决生效之日起解除。[①] 索引:

【典型案例49】解除合同的时间应以《会议纪要》确定,还是以解除通知确定

【案号】(2013)川民终字第437号

【案由】建设工程施工合同纠纷

---

① 《民事审判指导与参考》(第35辑),第142~145页。

【法院意见】

根据本案查明的事实，2010年12月13日，双方当事人在北川经济开发区管委会主持下形成了《会议纪要》，根据《会议纪要》内容，宏昌公司同意欣祥瑞公司在工程未竣工前退出施工，进行工程清算，并就相关程序及内容达成一致。《会议纪要》明确了工程清算程序、内容及时限，故宏昌公司和欣祥瑞公司在《会议纪要》上签字后，双方已就解除合同关系达成一致意见，实际解除了合同。

原审据此认定双方合同解除并无不当，应予维持，宏昌公司虽于2011年4月、5月陆续向欣祥瑞公司发出解除合同的通知，但该通知发出时间晚于2010年12月13日，宏昌公司上诉认为合同解除时间应当在其发出合同解除通知之时，无法律依据不予支持。

【格案致知】

本案的《会议纪要》既有双方解除施工合同的明确意思表示，又对合同权利义务的清算作出了明确的安排，应是针对原合同达成新的协议，内容不违反我国法律、行政法规强制性规定，应为合法有效。故双方在《会议纪要》上签字后，双方已就解除合同关系达成一致意见，实际解除了合同。如果双方在《会议纪要》中没有约定具体的解除，那么本案合同解除的时间应为2010年12月13日。

六、诉讼中，当事人不主张解除合同，法院可否依职权解除合同

【典型案例50】 当事人未主张解除合同，法院不能依职权解除合同

【案号】（2012）琼民一终字第33号

【案由】合同解除纠纷

【法院意见】

当事人只能以请求法院确认解除合同效力为诉讼请求，而法院只能依确认之诉进行审理，一审法院依职权解除合同，明显适用法律错误。

二审法院纠正一审判决：依据解除权的形成权性质，该解除的通知到达对方时起即生效。且上诉人在原审未请求人民法院确认解除上述合同的效力，故原审判决将已实际解除的《商品房买卖合同》《车位及储藏室使用协议书》再次判决解除不当，本院予以纠正。对原审法院超出当事人诉讼请求解除双方合同的裁判行为本院依法予以纠正。

【格案致知】

关于解除权的归属，《合同法》赋予当事人以解除权，行使解除权的主体只能是当事人，只有合同当事人才能行使解除权，法官、法院或仲裁庭、仲裁委员会没有解除权，法律没有赋予法官、法院或仲裁庭、仲裁委员会合同解除权，法官、法院或仲裁庭、仲裁委员会不能依职权解除合同。

在当事人没有提出明确请求的情况下，法院无权审理或判决解除合同，否则，属于适用法律错误。但是有一种情况要注意，就是虽然没有提出解除合同的诉讼请求，但是

其请求的内容均是以解除合同为前提的，这种情况是否可以视为提出了解除合同的请求，实务中会有争议。

【典型案例 51】因双方当事人都没有提出解除合同，故人民法院不宜径行判令双方解除合同

【案号】（2014）辽民一终字第 00188 号

【案由】建设工程施工合同纠纷

【法院意见】

经审理查明，二审审理期间，沈阳永来公司向法庭提供了国有土地使用证、建设用地规划许可证、建设工程规划许可证。

经审理认为，关于合同效力问题。虽然沈阳永来公司没有办理施工许可证，但是其已经办理了国有土地使用证、建设用地规划许可证、建设工程规划许可证。施工许可证是国家为加强建设工程管理，规范建设工程施工所设立的，属于行政法规范的领域。而《建设工程施工合同》属于民事法律关系。没有办理施工许可证并不影响《建设工程施工合同》的效力。按照《建筑法》（2019 年修订）第 8 条的规定，在申请领取施工许可证时必须具备的条件之一就是必须要有确定的建筑施工企业，可见签订《建设工程施工合同》应在申请领取施工许可证之前。按照《施工合同司法解释》第 1 条所规定的几种建设工程施工合同无效情形中，并没有因不办理施工许可证导致建设工程施工合同无效情形。故一审认定，本案建设工程施工合同无效并按无效合同判决不当，本院应予纠正。

关于沈阳永来公司应否给付中建六局公司工程款问题。既然双方签订的《建设工程施工合同》有效，就应当按照合同履行。按照双方签订的合同及补充协议，沈阳永来公司应当给付中建六局公司工程款的节点是：裙房主体、十层、二十层、结构封顶、砌筑抹灰完、保温防水完、水电完。中建六局公司并没有证据证明其所施工的工程已经达到了给付工程款的节点，故其请求沈阳永来公司给付工程款条件不具备，待达到给付工程款的节点后，可另行通知。因双方当事人都没有提出因合同不能继续履行而要求解除合同，故人民法院不宜径行判令双方解除合同。

【格案致知】

在当事人未提出解除合同的诉讼请求的情况下，为帮助当事人正确行使诉讼权，法官行使释明权的地方指导意见：

《北京三中院 21 个合同解除疑难问题的解答》认为：诉讼中，当事人不主张解除合同，法院可否依职权解除合同？合同解除权的行使原则上应尊重当事人意思自治。但诉争合同属于法律或事实上履行不能，或继续履行将损害国家、社会公共利益或第三人合法权益的，法院应当释明当事人变更诉讼请求以解除合同，当事人不予变更而坚持继续履行合同的，法院应当判决驳回其诉讼请求。

四川省高级人民法院《关于审理合同解除纠纷案件若干问题的指导意见》指出，当事人未明确提出解除合同，直接请求合同解除的法律后果的，人民法院应当向其释明是否将解除合同作为诉讼请求。经释明后当事人拒不明确解除合同请求的，法院应当对合同是否应当解除进行审理，并在裁判文书判决说理部分予以说明。

在处理施工合同纠纷案件过程中，要根据施工合同的特点：不解除，只能要进度款；解除，才可以要结算款。解除涉及违约金截止计算日的确定。合同解除的原因决定损失承担等问题。仲裁庭或者合议庭是否应该针对上述问题进行释明。释明的好处在于既能帮助当事人正确行使诉讼权，又不会陷入程序缺陷争议。

七、因发包人原因致使建设工程停工，当事人对停工时间未作约定或未达成协议的，承包人不应盲目等待而放任停工状态的持续以及停工损失的扩大，否则应对放任扩大的损失承担责任

【典型案例52】 承包人盲目对待而放任停工，应对放任扩大的损失承担责任

【案号】（2011）民提字第292号

【案由】建设工程施工合同纠纷

【案情简介】

通过招标方式，理工学院与六建公司签订了《建设工程施工合同》，理工学院将其成教楼、住宅楼发包给六建公司。后六建公司为组织施工，将上述工程分包给鑫龙公司，双方签订了《工程分包合同》。后三方因停工损失问题不能达成一致，诉至法院。

【最高院认为】

造成工程停工停建损失的问题，发包方、承包方、分包方均有责任，因此停工损失也应按照三方的责任大小来分担。发包方对于停工、撤场应当有明确的意见，并应承担合理的停工损失；承包方、分包方也不应盲目等待而放任停工损失的扩大，而应当采取适当措施如及时将有关停工事宜告知有关各方、自行做好人员和机械的撤离等，以减少自身的损失。本案中，鑫龙公司没有积极采取适当措施要求发包人和承包人明确停工时间以及是否需要撤出全部人员和机械，而是盲目等待近两年时间，放任了停工损失的扩大，因此其自身需要对停工损失承担相应的责任。

【格案致知】

《合同法》第119条规定："当事人一方违约后，对方应当采取适当措施防止损失的扩大；没有采取适当措施致使损失扩大的，不得就扩大的损失要求赔偿。当事人因防止损失扩大而支出的合理费用，由违约方承担。"

在因某种原因长期停工的情况下，在合同约定了解除合同条件的情况下或虽然没有约定解除条件但符合法定的解除条件，按约或者依法解除合同应视为止损的措施之一。

非违约方因发包人原因致使建设工程停工，当事人对停工时间未作约定或未达成协议的，承包人也不应盲目等待而放任停工状态的持续以及停工损失的扩大，否则应对放任扩大的损失承担责任。

八、合同一方当事人以相对方迟延履行合同义务为由解除合同是否必须以催告相对方履行合同义务为前置条件

【**典型案例 53**】合同约定的期限内没有完工，且在发包人催告的合理期限内仍未完工，请求解除合同

【**案号**】（2013）滨中民四初字第 116 号

【**案由**】建设工程施工合同纠纷

【**法院意见**】

关于原告请求解除双方签订的有关 1、2、3、4 号楼工程施工合同问题。最高人民法院《施工合同司法解释》第 8 条规定："承包人具有下列情形之一，发包人请求解除建设工程施工合同的，应予支持……（二）合同约定的期限内没有完工，且在发包人催告的合理期限内仍未完工的……"依据上述规定，在建设工程施工合同的履行过程中，因承包人没有在合同约定的期限内完工，发包人行使合同解除权的前提条件是经过催告，承包人在合理期限内仍未完工。在本案中，原告未能提供证据证明其对承包人进行了催告并给予了合理宽展期的事实，故原告以被告未按期完工为由请求解除双方合同，缺乏事实依据，本院不予支持。

【**格案致知**】

《合同法》第 94 条规定："有下列情形之一的，当事人可以解除合同……（三）当事人一方迟延履行主要债务，经催告后在合理期限内仍未履行……"《施工合同司法解释》第 8 条规定："承包人具有下列情形之一，发包人请求解除建设工程施工合同的，应予支持……（二）合同约定的期限内没有完工，且在发包人催告的合理期限内仍未完工的……"《施工合同司法解释》第 9 条规定："发包人具有下列情形之一，致使承包人无法施工，且在催告的合理期限内仍未履行相应义务，承包人请求解除建设工程施工合同的，应予支持：（一）未按约定支付工程价款的；（二）提供的主要建筑材料、建筑构配件和设备不符合强制性标准的；（三）不履行合同约定的协助义务的。"

催告和通知是不是必经程序？实务中有争议。如果能够证明对方的违约行为已构成根本违约，或合同目的不能实现，可以不经催告和通知，直接起诉要求解除合同。

实务建议，为了减少争议，建议解除施工合同一定催告，用足程序权利，给对方一个机会，也给自己积累一个理由。催告后仍然不履行，可以催告函为证据，证明履行了催告义务，进一步证明合同目的不能实现。催告义务，在施工合同中尤为重要，合同范本中也有程序性规定。

根据《合同法》的相关规定，合同的解除分为协议解除和法定解除。《合同法》第 93 条对协议解除作出了明确的规定："当事人协商一致，可以解除合同。当事人可以约定一方解除合同的条件。解除合同的条件成就时，解除权人可以解除合同。"该法条未规定解除合同必须经过催告程序。关于法定解除合同的情形，《合同法》第 94 条也作出了具体规定："有下列情形之一的，当事人可以解除合同：（一）因不可抗力致使不能

实现合同目的；（二）在履行期限届满之前，当事人一方明确表示或者以自己的行为表明不履行主要债务；（三）当事人一方迟延履行主要债务，经催告后在合理期限内仍未履行；（四）当事人一方迟延履行债务或者有其他违约行为致使不能实现合同目的；（五）法律规定的其他情形。"在五种情形中，只规定了一种情形即第94条第（三）项"当事人一方迟延履行主要债务，经催告后在合理期限内仍未履行"，须经催告后才可解除合同；对该条第（一）（二）（四）（五）项规定的情形，并无法定的必须经过催告程序。

《合同法》是从违约后还能不能实现合同目的来区分和确定合同能否解除的，规定当一方违约，致使另一方订立合同所期望的经济利益受到严重影响时才可以解除合同。《合同法》对合同的法定解除是有严格限制的，目的是既要有效保护非违约方的利益，必要时允许其解除合同；又要限制非违约方滥用解除权。至于哪些违约行为可以认定为严重影响当事人订立合同所期望的利益，应当具体问题具体分析，并不是解除合同都必须经过催告程序。

按照《合同法》第94条第（四）项，迟延履行行为只有达到足以影响合同目的实现的根本违约程度时，非违约方才可以不经催告而迳行行使合同解除权。

对于迟延履行行为是否属于根本违约行为的认定应结合履行期限是否是实现合同目的必要因素、迟延履行后继续履行是否严重损害债权人利益、市场行情是否因迟延履行发生重大变化等综合判断。

九、合同解除权的行使是否受除斥期间的限制，合同解除权的除斥期间如何确定，对合同解除有异议的一方请求确认合同解除效力是否受期间限制

【典型案例54】本案解除权的行使期限如何确定

【案号】（2015）川民终字第153号

【案由】房屋买卖合同纠纷

【法院意见】

本案中，原告系以案涉房屋存在渗漏水严重质量问题、影响正常居住使用为由要求解除合同，而双方在案涉《商品房买卖合同》中对出现该情形时合同解除并未进行约定。根据最高人民法院《关于审理商品房买卖合同纠纷案件适用法律若干问题的解释》第15条第2款"法律没有规定或者当事人没有约定，经对方当事人催告后，解除权行使的合理期限为3个月。对方当事人没有催告的，解除权应当在解除权发生之日起一年内行使；逾期不行使的，解除权消灭。"之规定，案涉《商品房买卖合同》的解除权应在解除权发生之日起一年内行使。主张其自收到《鉴定报告》之日方知该房屋存在严重质量问题，严重影响正常居住，合同解除权的行使期限应从收到《鉴定报告》之日即2014年6月19日起算，本院予以支持。

【格案致知】

关于合同解除权的行使期限即除斥期间问题，最高人民法院《关于审理商品房买卖合同纠纷案件适用法律若干问题的解释》第15条第2款规定的解除权发生之日即指解除事由成立之日。基于此，可以认为，如果以工期、质量违约为由主张解除，应是以能够确认工期延误、工程质量缺陷确认之日起算。如果需要鉴定才能确定工期是否延误、工程质量是否存在缺陷，应该以鉴定报告正式形成证据之日起算。

关于合同解除权的行使是否受除斥期间的限制？

合同解除权的行使应当受除斥期间的限制。《合同法》第95条规定："法律规定或者当事人约定解除权行使期限，期限届满当事人不行使的，该权利消灭。法律没有规定或者当事人没有约定解除权行使期限，经对方催告后在合理期限内不行使的，该权利消灭。"但对于法律没有规定或当事人没有约定时，解除权的除斥期间如何确定，尚无明确规定。个案中，应结合具体合同性质、合同继续履行的可能性、合同解除对当事人利益的影响，合理平衡双方利益，对是否适用除斥期间作出综合判断，具备最高人民法院《关于审理商品房买卖合同纠纷案件适用法律若干问题的解释》适用条件的，应适用该司法解释关于解除权除斥期间的规定。

附：最高人民法院《关于审理商品房买卖合同纠纷案件适用法律若干问题的解释》第15条规定，根据《合同法》第94条的规定，出卖人迟延交付房屋或者买受人迟延支付购房款，经催告后在3个月的合理期限内仍未履行，当事人一方请求解除合同的，应予支持，但当事人另有约定的除外。法律没有规定或者当事人没有约定，经对方当事人催告后，解除权行使的合理期限为3个月。对方当事人没有催告的，解除权应当在解除权发生之日起一年内行使；逾期不行使的，解除权消灭。

关于合同解除权的除斥期间如何确定？

《合同法》第95条规定的解除权行使的除斥期间应分别依据法律规定、当事人约定和催告后的合理时间予以确定。关于催告后的合理时间，可以参照适用最高人民法院《关于审理商品房买卖合同纠纷案件适用法律若干问题的解释》第15条之规定，法律没有规定或者当事人没有约定，经对方当事人催告后，解除权行使的合理期限为3个月。法律没有规定、当事人没有约定，对方当事人亦未催告的，可结合合同履行情况合理平衡各方当事人利益，在解除权发生之日起一年内行使；逾期不行使的，解除权消灭。

需要注意的是，除斥期间与诉讼时效不同，在诉讼过程中，一方当事人未提出诉讼时效抗辩的，法院对此问题不予审查。但在合同解除权的问题上，法院应当主动审查合同解除权的除斥期间是否届满。

关于实质性审查解除条件是否成立的问题；对合同解除有异议一方请求确认合同解除效力是否受期间限制？

根据《合同法司法解释（二）》第24条的规定，符合合同解除形式要件的通知到达对方当事人，对方当事人未在约定或者法定期限内行使异议权的，异议权丧失，合同无争议地解除；如发出解除通知的一方无权解除合同，合同无法继续履行，异议方可以请求对方承担违约解除责任并赔偿损失。

《合同法司法解释（二）》第24条规定，当事人对《合同法》第96条、第99条规定的合同解除或者债务抵销虽有异议，但在约定的异议期限届满后才提出异议并向人民法院起诉的，人民法院不予支持；当事人没有约定异议期间，在解除合同或者债务抵销通知到达之日起3个月以后才向人民法院起诉的，人民法院不予支持。

十、合同履行过程中，一方当事人可否自行指定合同解除权的行使期限

合同履行过程中，一方当事人可否自行指定合同解除权的行使期限？多数意见认为，合同履行过程中，一方当事人无权自行指定合同解除权的行使期限，除非合同有约定或者依据交易惯例一方当事人享有此权利。

我们参照《2013施工合同范本》，其中约定了行使解除权的起算时间点，但是没有约定行使期限。

关于开工日期的规定：除专用合同条款另有约定外，因发包人原因造成监理人未能在计划开工日期之日起90天内发出开工通知的，承包人有权提出价格调整要求，或者解除合同。发包人应当承担由此增加的费用和（或）延误的工期，并向承包人支付合理利润。

暂停施工持续84天以上不复工的，且不属于第7.8.2项〔承包人原因引起的暂停施工〕及第17条〔不可抗力〕约定的情形，并影响到整个工程以及合同目的实现的，承包人有权提出价格调整要求，或者解除合同。解除合同的，按照第16.1.3项〔因发包人违约解除合同〕执行。

16.1.3 因发包人违约解除合同。除专用合同条款另有约定外，承包人按第16.1.1项〔发包人违约的情形〕约定暂停施工满28天后，发包人仍不纠正其违约行为并致使合同目的不能实现的，或出现第16.1.1项〔发包人违约的情形〕第（7）目约定的违约情况，承包人有权解除合同，发包人应承担由此增加的费用，并支付承包人合理的利润。

对于合同解除权的行使期限，单方不可以指定，但是双方可以约定。

十一、同时履行抗辩权或先履行抗辩权行使不当，构成违约

【典型案例55】同时履行抗辩权行使不当，构成违约

【案号】（2013）甬象民初字第519号

【案由】建设工程施工合同纠纷

【法院意见】

我国相关法律、行政法规并未规定建设工程发包方履行付款义务时对承包方享有开具足额工程款发票的先履行或同时履行抗辩权，因而在案涉合同对此没有约定的情况下，开具发票与支付工程款不具有对价关系，且原告当庭承诺工程款发票，被告提出要求时即可开具。被告以原告未开具工程款发票、拒付工程余款的抗辩，理由不足，不予采纳。

【格案致知】

正确审理本案,关键在于对以下几个法律问题的判定:

发包方能否行使先履行抗辩权?

(1) 承包方未提供相关税务发票不构成先行违约。承包方提供税务发票是本案合同次给付义务,即附随义务。《中华人民共和国税收征收管理法》(2015修订,简称《税收征收管理法》,全书同)第21条第2款规定:"单位、个人在购销商品、提供或接受经营服务以及从事其他经营活动中,应当依照规定开具、使用、取得发票。"《中华人民共和国发票管理办法》(2019修正,简称《发票管理办法》,全书同)第20条规定:"销售商品、提供服务以及从事其他经营活动的单位和个人,对外发生经营业务收取款项,收款方应当向付款方开具发票;特殊情况下,由付款方向收款方开具发票。"据此,承包方向发包方提供税务发票是其法定义务,但法律并未明确规定具体提交时间。实践中,提交发票时间各地做法不一,有的先开具发票给付款方后收款,有的先付款后向收款方索取发票,有的在付款的同时交付发票。

(2) 发包方不享有先履行抗辩权。根据《合同法》第67条规定:"当事人互负债务,有先后履行顺序,先履行一方未履行的,后履行一方有权拒绝其履行要求。先履行一方履行债务不符合约定的,后履行一方有权拒绝其相应的履行要求。"据此,先履行抗辩权是指合同中约定了债务履行的先后顺序,在按约定应当先履行的一方当事人未履行之前,后履行一方有权拒绝其相应的履行请求。其适用条件:①须由同一双务合同互负债务。②须双方互负的债务有先后顺序,且后履行一方的债务已届清偿期。③须先履行一方未履行或履行不适当。只有在先履行义务的一方未履行义务或其履行义务不符合约定时,后履行一方才能行使先履行抗辩权。这里的"义务"主要是指合同的主给付义务,如从给付义务未履行的,一般不能发生先履行抗辩权。

(3) 发包方不享有同时履行抗辩权。所谓同时履行抗辩权是指在没有规定履行顺序的双务合同中,当事人一方在当事人另一方未为对待给付之前,有权拒绝先为给付的权利。其适用的首要条件是双方互负的债务具有对价关系。

本案中,工程款与开发票之间显然难以构成对价关系,因此,在合同对于双方义务的履行顺序未作约定的情形下,正如发包人无权以承包人未开具发票为由拒付工程款,同理,承包人亦无权以发包人未支付工程款从而拒绝开具发票。故被告以先履行或同时履行抗辩权为由拒绝向原告交付支付工程款,并无法律依据,本院不予支持。

实务中,类似的问题还有很多,如支付工程款与交付施工资料;支付工程款与竣工备案等。

十二、正确行使先履行抗辩权

【典型案例56】先付款义务和停止施工行为

【案号】(2014)民提字第66号

【案由】建设工程施工合同纠纷

【法院意见】

本案的争议焦点是：金锣公司是否违约？发包方不支付工程款，融汇公司是否可以依照先履行抗辩权停止施工？

根据双方当事人 2010 年 5 月 28 日签订的《补充协议书》约定，现合同价暂定为××万元，复工之日起在 15 日内由双方根据本协议签订前的实际变更增减重新核准合同价，并依此作为拨款依据，以后不再调整；该《补充协议书》第 2 条约定，签订本协议后，三天内由金锣公司将暂定合同价的 75% 扣减已拨工程款后的差额暂交姚店子镇财政所保管，工程屋面完成再按核准后合同价的 10% 划拨到姚店子镇财政所保管。竣工验收后凭合法票据按决算价拨至 95%，剩余 5% 作为质保金。2010 年 6 月 15 日，根据补充协议约定及工程实际增减情况，双方重新核准合同价为 1，577，7308 元。也就是说，金锣公司在工程屋面完成后需要向融汇公司支付核准后合同价的 10%，即 157，773，0 元的工程款。截至 2010 年 6 月 1 日，金锣公司向融汇公司总计拨款 1，251，447，0元。

从 2010 年 5 月 28 日的《补充协议书》内容看，并不涉及沂水县姚店子镇人民政府证明的"拨款不超过核准后合同价的 85%"的内容，融汇公司对此也不予认可，故不能证明双方当事人就工程款支付问题达成了"拨款不超过核准后合同价的 85%"的合意，金锣公司应按照《补充协议》第 2 条的约定在工程屋面完成再按核准后合同价的 10% 支付工程款，但金锣公司并未依约付款。山东省高级人民法院根据"补充协议的约定和一审认定的涉案工程总造价，结合沂水县姚店子镇人民政府出具的证明以及金锣公司的实际拨款情况"认定金锣公司不存在违约情形，明显与合同约定不符，缺乏相应的事实和法律依据。

按照金锣公司与融汇公司签订的《建设工程施工合同》通用条款第 26 条第 4 项的约定，金锣公司不按合同约定支付工程进度款，属于明显的违约行为。由于金锣公司未履行先付款义务，融汇公司有先履行抗辩权，其停止施工的行为不构成违约，二审判决融汇公司支付金锣公司违约金显属不当，本院予以纠正。

十三、解除权人行使合同解除权后，可否撤销该解除通知

解除权人行使合同解除权后，可否撤销该解除通知？

在审判实践中值得注意的是，如果合同一方基于合同解除的条件已经成就，向对方发送了解除通知，对方并未提出异议并已经基于收到解除通知就合同解除的后续事宜进行了相应安排，此时，行使合同解除权一方不得撤销该解除通知。

如果一方发出合同解除通知，在对方提出异议情形之下，发出通知一方又撤销解除合同通知的，可以视为双方一致同意合同继续履行。

十四、合并之诉在施工合同纠纷案件中的运用

【典型案例 57】 合同纠纷之预备合并之诉

【案号】（2014）浙湖商终字第 185 号

【案由】 买卖合同纠纷

【法院意见】

关于欣瑞公司与天籁公司之间的合同是否应该解除问题。

本案中，欣瑞公司同时提起要求天籁公司继续履行以及支付无故解除合同违约金的诉讼请求，该两项诉讼请求内容之间存在相互排斥关系，理论上属于预备合并之诉。所谓预备合并之诉，是指原告在提起主位诉讼的同时，于同一诉讼程序中提起预备诉讼，以备主位诉讼无理由时，可以就其预备诉讼申请法院审判的诉讼合并形态。对于预备合并之诉，法院得就两项诉请合并受理后依次进行审理。本案中欣瑞公司的主位之诉为要求天籁公司继续履行合同，预备之诉为请求天籁公司支付解除合同的违约金。对于欣瑞公司的主位之诉，天籁公司签订《电子设备买卖合同》之后，理应按合同约定履行合同义务，但其在履行期限届满之前即明确表示将不履行合同义务，故其行为已明显构成违约。依照《合同法》第 107 条规定，欣瑞公司有权要求天籁公司继续履行合同。但因本案所涉标的物已经确由第三方履行完毕，天籁公司继续履行已属事实不能，根据《合同法》第 110 条第 1 款第（一）项之规定，欣瑞公司的这一诉请不能得到支持，故一审法院对欣瑞公司要求继续履行的诉请予以驳回符合法律规定。对于欣瑞公司的预备之诉，因解除合同系支付违约金的前提，欣瑞公司请求天籁公司支付解除合同的违约金，表明欣瑞公司对解除合同也予以认可，双方事实上已经达成解除合同的合意，故在双方当事人对解除合同的意思表示一致的情况下，一审法院判决解除双方合同并无不当。

【格案致知】

预备合并之诉制度在我国民事法律规范中没有具体规定，但在司法实践中存在大量的民事案件需要采用此种诉讼制度。

例：某先生从某房地产开发公司购买商品房一套，房屋交付后，某先生发现墙体出现纵向贯穿裂缝，且房顶漏水。因存在重大质量问题，某先，生向开发商提出退房要求，而开发商只同意维修，不同意退房。此时，某先生作为原告欲起诉开发商时就存在两个诉讼请求，一是因房屋不合格为由要求解除合同、退回房屋、返还购房款并赔偿违约金；二是如果房屋质量瑕疵达不到退房要求，原告只能要求被告修理房屋并承担违约金。

在房屋质量问题没有经过法定鉴定机构鉴定并经法院审理的情形下，原告无法得知房屋瑕疵是否达到了退房条件，而这两个诉讼请求是不能并行的，即要求退房就不存在修理的问题，反之亦然。如果原告只是选择要求退房的诉讼请求，则可能面临败诉的风险。

法院经审理后认定，根据法定质检机构对房屋质量检测的结论表明涉案房屋确实存在一定的质量问题，但房屋主体结构安全、合格，而现存质量问题通过有关专业部门进行维修是可以得到弥补的，因此，原告坚持要求退房，理由不足，对房屋的维修问题，双方可另行解决。

在二手房买卖合同纠纷中，买受人已将购房款的80%交付给卖房人，房屋所有权未办理过户，期间卖房人又将该房屋转卖给第三人，购房款全部付清，并且已经交房，但也未办理过户。此时作为第一个购房者要想起诉卖房人也存在两种可能的诉讼请求：一为要求被告继续履行合同，办理房屋交付手续；二为解除合同、返还购房款并要求被告赔偿损失或者违约金。

允许使用备用诉讼请求，既保证审理范围不超过诉讼请求的范围，也能避免当事人选择的维权路径不当导致败诉，这样的做法对当事人和法院都有益处。

参照四川省高级人民法院《关于审理合同解除纠纷案件若干问题的指导意见》的相关规定，当事人既请求解除合同，又请求确认合同无效，人民法院应当首先审理合同效力。认定合同无效的，应径行判决驳回解除合同的诉讼请求；认定合同有效的，应对解除合同的诉讼请求进行审理，并依法判决。上海和浙江的法院也允许设置预备合并之诉。

在施工合同纠纷案件中，可能会遇到预备合并之诉，如黑白合同：如果要解除的话，解除哪一个？哪一个合同是有效的？再如：有效和无效难以判断等，都可能会涉及预备合并之诉问题。

十五、视为解除条件约定不明的情形

参照四川省高级人民法院《关于审理合同解除纠纷案件若干问题的指导意见》（川高法〔2016〕149号）规定，在约定解除的情形下，合同解除权由合同约定的当事人享有。

合同对当事人设定有多项义务，但在违约条款中仅约定一方违约、对方即可解除合同的，属于对解除条件约定不明，人民法院应当根据《合同法》第94条的规定认定当事人是否享有合同解除权。

这样的理念，对施工合同很有用。实务中，双方会在施工合同中约定一系列违约条款和违约行为，签订施工合同时，要注意违约行为、违约责任、解除合同的条件相对应。建议在约定不明的情况下，考虑按照法定解除提起诉讼。

十六、要准确判定合同解除方是否享有合同解除权，对解除事由进行实质性审查

【典型案例58】解除事由不成立，解除施工合同的通知是否具有解除合同的法律效力

【案号】（2015）吉民二终字第18号

【案由】建设工程施工合同纠纷

【基本案情】

德诚公司（乙方）与嘉环公司（甲方）签订《联营协议》，约定"双方共同联营开发北郊监狱农业精品基地"。合同签订后，北郊监狱、嘉环公司将土地交付给德诚公司使用。

2010年，德诚公司在联营土地上兴建温室大棚时，开发区行政执法局工作人员进行阻拦，没收施工设备、禁止继续施工，导致温室大棚至今未能建成。

2014年2月27日，嘉环公司在长春日报刊登《催告书》，内容为："德诚公司：你公司在2010年8月与我公司依法签订《联营协议》及《补充协议》。自两份协议签订后至今近4年的时间中，你公司并未按照协议约定履行各项义务，已经严重违约。为此，我公司要求你公司于一个月内，履行全部义务。否则，后果自负。特此催告。催告人嘉环公司。"2014年3月24日，德诚公司向北郊监狱、嘉环公司发出《催告函》："本合同目前之所以出现履行困难，是因为你方提供的土地使用出现障碍，而你方怠于进行协调，导致我方无法进行正常生产运营……期盼双方能互谅互让，友好协商相关事宜。"2014年4月8日，嘉环公司在长春日报刊登《解除合同通知》，内容："德诚公司：你公司与我公司依法签订《联营协议》及《补充协议》。自两份协议签订后至今近4年的时间中，你公司并未按照协议约定履行各项义务。为此，我公司于2014年2月27日在《长春日报》向你公司发出催告书，要求你公司在一个月内向我公司履行全部义务。由于你公司未在规定的期限内向我公司履行任何义务，致使双方签订的《联营协议》目的不能实现。在此情况下，我公司依法解除与你公司签订的《联营协议》。你公司如有异议，可依法解决。特此通知。通知人：嘉环公司。"

2014年4月14日，德诚公司向北郊监狱、嘉环公司发出《异议函》，内容："北郊监狱、嘉环公司：一、我方一直在履行协议约定的相关义务，你方单方解除合同，系违约行为，我方坚决不同意解除合同。二、现正值春耕期间，因你方原因，导致我方无法使用土地，产生的一切损失将由你方负责，因你方单方解除合同，给我方造成的一切损失，你方要全部承担。"

案涉土地的使用权人系北郊监狱，土地位于北郊，地类用途为旱地，使用权类型为划拨。

德诚公司一审诉讼请求为：确认嘉环公司于2014年4月8日发出的要求解除《联营协议》行为无效等。

【法院意见】

本案争议的焦点为嘉环公司发出的解除《联营协议》通知是否发生解除合同的效力。嘉环公司主张解除合同的理由为，德诚公司不履行合同约定义务，构成根本违约，其合同目的不能实现，即其行使《合同法》第94条规定的法定解除权。因此，嘉环公司发出的解除合同通知是否发生解除合同效力，应审查德诚公司在履行合同过程中是否存在前述法律规定的违约行为。首先，双方联营的主要内容系在嘉环公司提供的土地上经营蔬菜基地，土地的利用处于基础性地位，该土地能否合理使用包括在土地上建设蔬菜经营所需的建筑物等基础设施，必然影响合同的正常履行。双方签订合同当年及第二年，行政执法机关禁止在联营土地上建设温室大棚等设备，为解决该问题，德诚公司与嘉环公司、北郊监狱同有关行政机关沟通处理，因处理过程中有关人员涉嫌刑事犯罪，被刑事立案侦查，直至作出刑事判决。足以证明，因联营土地使用出现障碍及该问题处理是双方间合同未能按约定内容和计划顺利履行的主要原因。因此，不能认定因德诚公司行为导致涉案合同无法履行。其次，德诚公司未能向北郊监狱职工食堂供应蔬菜及按约定交纳利润等问题。如前所述，联营土地的使用出现障碍，必然影响整体联营活动，进而导致德诚公司未能在合理期间内向北郊监狱职工食堂供应蔬菜及按约定交纳利润，不能视为德诚公司单方违约行为，即使构成违约亦未达到须解除合同程度。再次，现德诚公司主张联营土地使用障碍已消除，具备继续履行条件，应继续履行。嘉环公司及北郊监狱未举证证明双方间《联营合同》存在法律上或客观上履行障碍。最后，嘉环公司于2014年2月27日通过报纸催告德诚公司在一个月内履行合同约定的全部义务，并于2014年4月8日通知解除合同。双方间联营合同内容是经营蔬菜基地，联营期限较长、投资额巨大，且带有周期性特点，而嘉环公司要求德诚公司于一个月内履行合同义务，其给予德诚公司期限明显过短，不符合《合同法》第94条第（三）项规定的合理期间。综上，嘉环公司未能提出充分证据予以证明现阶段德诚公司存在《合同法》第94条规定的足以导致解除合同的严重违约行为，因此，其所发出的解除《联营协议》的通知，不发生解除合同的效力。

【格案致知】

没有法定或约定的解除权，解除通知是否发生解除合同的效力？本案涉及是否应对解除事由做实体审查问题。

《合同法》第93条规定："当事人协商一致，可以解除合同。当事人可以约定一方解除合同的条件。解除合同的条件成就时，解除权人可以解除合同。"第94条规定："有下列情形之一的，当事人可以解除合同：（一）因不可抗力致使不能实现合同目的；（二）在履行期限届满之前，当事人一方明确表示或者以自己的行为表明不履行债务；（三）当事人一方迟延履行主要债务，经催告后在合理期限内仍未履行；（四）当事人一方迟延履行债务或者其他违约行为致使不能实现合同目的；（五）法律规定的其他情形。"

《合同法》第96条第1款，当事人一方依照本法第93条第2款、第94条的规定主张解除合同的，应当通知对方。合同自通知到达对方时解除。对方有异议的，可以请求人民法院或者仲裁机构确认解除合同的效力。

《合同法司法解释（二）》第24条，当事人对《合同法》第96条规定的合同解除虽有异议，但在约定的异议期限届满后才提出异议并向人民法院起诉的，人民法院不予支持；当事人没有约定异议期间，在解除合同通知到达之日起3个月以后才向人民法院起诉的，人民法院不予支持。

有观点认为，超过异议期后，无论解除人是否具有解除权，合同均已解除，这种观点并非主流观点。

解除权是形成权，一经通知，不需要对方同意即发生相应效果，解决权的行使必须受到严格限制。无论是法律规定的解除权还是当事人事先约定的解除权，都必须具备一定的条件。如果超过异议期法院或仲裁机构就不对是否有解除权进行审查的话，《合同法》第93条、第94条规定的解除权就会变得毫无意义。法定解除权就变成了任意解除权。

如果不以《合同法》第93条、第94条规定的解除合同的实质要件为前提，则当事人动辄以通知的形式解除合同，极容易导致当事人滥用合同解除权。

最高人民法院研究室针对浙江省高级人民法院关于第24条的请示作出答复（2013年6月4日法研〔2013〕79号），明确当事人根据《合同法》第96条的规定通知对方要求解除合同的，必须具备《合同法》第93条或第94条规定的条件，才能发生解除合同的法律效力。

入选《人民法院指导案例裁判要旨汇览》的（2011）沪一中民二（民）终字第190号载明："浦阳公司在无解除权的情况下擅自解除合同，并将房屋另行出租并交付案外人，导致合同无法继续履行，构成根本违约，应当承担相应的违约责任。本案浦阳公司解除合同的行为不应获得合同解除异议期制度的保护。"即，不符合解除合同的条件要求解除，构成根本违约，不仅不受合同解除异议制度的保护，而且应承担违约责任。

参照四川省高级人民法院《关于审理合同解除纠纷案件若干问题的指导意见》川高法〔2016〕149号规定：

（1）人民法院审查判断通知解除是否发生合同解除的法律效力或者审查判断合同是否应当解除，应当审查通知解除方或请求解除方是否享有合同解除权。

（2）当事人依据《合同法》第96条的规定向对方发送通知要求解除合同，必须具备《合同法》第93条第2款或者第94条规定的条件，即通知解除方必须享有合同解除权，才能发生通知解除合同的法律效力。

（3）在约定解除的情形下，合同解除权由合同约定的当事人享有。合同对当事人设定有多项义务，但在违约条款中仅约定一方违约、对方即可解除合同的，属于对解除条件约定不明，人民法院应当根据《合同法》第94条的规定认定当事人是否享有合同解除权。

（4）人民法院根据《合同法》第94条判断一方违约行为是否导致合同目的不能实现，应当根据合同目标和违约形态，结合违约部分的价值或金额与整个合同金额的比例、违约部分对合同目标实现的影响程度、时间因素对合同目标的影响程度以及违约后果、损害能否得到修补等因素予以综合判断。

附：最高人民法院民二庭第7次法官会议纪要

最高人民法院民二庭法官会议纪要：通知解除的认定

【会议日期】2017年12月2日

【主持人】贺小荣

【出席法官】贺小荣、关丽、王东敏、王富博、李伟、黄年、阿依古丽、张雪梅、曾宏伟、吴景丽、杜军、麻锦亮、丁俊峰、葛洪涛

【基本案情】

甲乙双方签订合同，在合同履行过程中，乙方通知甲方解除合同，解除通知到达后

甲方3个月内未提起诉讼。后甲以乙违约为由向人民法院起诉，请求乙履行合同，甲辩称合同已经解除。

【法律问题】

一方通知另一方解除合同，人民法院在认定合同是否解除时，应否审查通知方有无合同解除权？

【不同观点】

【甲说：否定说】

《最高人民法院关于适用〈中华人民共和国合同法〉若干问题的解释（二）》（本文以下简称《合同法司法解释（二）》）第24条对此有明确的规定，应作为裁判的依据，不应再扩张解释，变相架空司法解释。在约定或法定的异议期限经过后，受通知方以发出解除通知的一方没有解除权为由提出抗辩时，如果法院仍要审查通知人是否享有合同解除权，则《合同法司法解释（二）》第24条的规定就没有实质意义了。因为如果法院经审查后认定通知方确实享有合同解除权，此时，合同的解除是通知方行使解除权的结果，而不是该条规定的异议期限经过的法律后果。反之，如果通知方并不享有解除权，则即便异议期限经过了，合同仍然解除不了。所以，法院不应再审查通知方是否具有解除权，只要异议期限一旦经过，就应认定合同已经解除，这样可以鼓励受通知方及时提起诉讼，从而及时解决纠纷，促使社会关系尽早稳定下来。异议期限经过导致合同解除，是法律事实引起的法律关系变动，是时效制度的法律效果，不以通知方享有解除权为必要。但这并非意味着解除方擅自解除合同不应承担任何法律后果，守约方因合同解除不能主张继续履行，但仍可以主张违约方承担损害赔偿等违约责任。

【乙说：肯定说】

《合同法司法解释（二）》第24条有关合同解除的规定，是对《合同法》第96条的解释，而《合同法》第96条是有关解除权行使的规定，以发出通知的一方享有解除权为前提。不享有解除权的一方擅自发出解除通知，本身就具有某种程度的过错。在此情况从无过错的守约方本可置之不理，但如果要求守约方必须要通过主动提出诉讼的方式来消解此种行为，对守约方不公。就此而言，应当明确《合同法司法解释（二）》第24条适用的前提是发出解除通知的一方享有合同解除权。

【法官会议意见】

【采乙说】

当事人根据《合同法》第96条的规定通知对方解除合同的，必须具备《合同法》第93条或第94条规定的条件，即需要具备约定或法定的解除权，合同才能解除。人民法院在审查合同是否解除时，需要审查发出解除通知的一方是否享有合同解除权，不能仅仅以约定或法定的异议期限届满而受通知一方未起诉表示异议就认定合同已经解除。

【意见阐释】

（一）发出解除通知的一方须享有解除权

解除权性质上属于形成权，《合同法》第93条和第94条分别约定了解除和法定解除两种情形。只有享有解除权的人发出的解除通知才能产生合同解除的后果。现实中有很多情况是一方没有合同解除权，认为继续履行合同对自己不利；有的甚至已经违约，为规避违约责任发出解除合同的通知，属于典型的"恶人先告状"。此时，如果法院仅仅以异议期间经过为由就认定合同解除，而不去审查发出解除通知的一方是否享有合同解除权，就判令合同解除不利于保护守约方的合法权益。

《合同法》第96条并未对发出通知的形式作出明确要求，却对受领通知的一方异议方式作出明确而严格的规定，那就是只能通过诉讼或者仲裁的方式来提出异议。相比之下，发出解除通知成本是很小的，而以诉讼或仲裁的方式提出异议，则需要投入相对高昂的人力、物力、财力。为弥补此种权利义务的不均衡、不对等，有必要适当提高对发出通知一方的资格要求。这就要求其需要享有某种实体权利，在合同解除场合，要享有合同解除权。否则如果对不享有合同解除权的一方甚至是违约的一方发出的解除通知，也要求受通知方以诉讼或者仲裁的方式提出异议，其结果只能是让遵守合同效力一方的利益受损，不符合诚实信用原则。故我们认为，如果发出通知的一方不享有解除权，则无论是否经过约定或法定的异议期限，合同都不能解除。而如果发出通知的一方确实享有解除权的，则合同从解除通知达到另一方解除。

（二）关于合同解除时点的确定

合同从何时起解除？根据《合同法》第96条的规定，合同从解除通知达到另一方时起合同就解除。但在另一方对解除有异议，并且以诉讼或仲裁提出异议的情况下，合同从何时起解除则存在不同观点。我们认为，合同应从发出解除通知达到之日起解除，法院判决是在对方对合同是否解除有争议的情况下，对合同是否解除进行确认罢了。如果发出解除通知的一方确实享有合同解除权的，则合同从解除通知达到另一方起解除。享有解除权的一方并未通过发送通知等方式解除合同，而是直接提起诉讼，则从起诉状送达对方之日起解除。如果享有解除权的一方既未发出解除通知，也未提起诉讼请求解除合同，但约定解除或法定解除条件已经成就，或者合同已经丧失继续履行条件，双方在诉讼中明确表示不再履行合同的，可以认为双方对合同的解除达成了合意，人民法院可以综合案件具体情况，认定从达成解除协议之日起或者判决作出之日起合同解除。

十七、一方无解除权要求解除合同，有解除权的一方不要求解除合同，法院如何处理

【典型案例59】 无合同解除权的一方，单方面解除合同是否有效

【基本案情】

2010年12月，被告飞人公司与原告凌某签订一份《承包经营协议书》，由凌某采取总承包的模式经营飞人公司。此后，凌某承包经营该公司。凌某向被告预付2012年度承包费。2011年12月，凌某向被告送达《协议解除通知》，要求解除承包协议，返还预付的承包费，被告则要求原告继续履行合同。后，原告停止在被告公司生产经营活动，被告亦也自主生产经营。2013年11月，原告向太湖县法院起诉，要求被告返还预

付的承包费。

合议庭有两种观点：一种观点认为，合同没有解除。《合同法》并没有赋予违约方单方解除合同的权利，在一方不具备法定解除权或约定解除权的情况下，单方面解除合同的行为无效。另一种观点认为，该合同已经解除。为避免合同效力长期处于不确定的状态，根据《合同法司法解释（二）》规定，只要一方提出解除合同，相对方没有在异议期限内或司法解释规定的3个月内向人民法院起诉，合同就应予解除，解除合同的行为有效。合议庭最终采信了第一种观点，法院判决驳回原告凌某的诉讼请求。在二审过程中，该案以调解结案。

【格案致知】

对于无合同解除权的一方要求解除合同的法律效力问题，在司法实践中一直存在争议，本案也涉及对《合同法司法解释（二）》的理解和适用问题。

根据《合同法》第93条的规定，当事人协商一致，可以解除合同。当事人可以约定一方解除合同的条件，解除合同的条件成就时，解除权人可以解除合同。从双方签订的《承包经营协议书》内容分析，该协议书并未约定一方解除合同的条件，也未赋予另一方单独解除合同的权利。本案中，原告虽经送达"协议解除通知"，但被告及时复函，要求原告继续履行合同，证明原告与被告之间就合同解除并未达成一致协议，故本案不存在合同的协议解除情形。根据《合同法》第94条规定，具有法律规定的解除合同情形的，当事人可以解除合同。从法律规定的法定解除条件分析，只有在发生不可抗力或者一方当事人严重违约、根本违约、导致不能实现合同目的的情况下，当事人才享有合同解除权，才能解除合同。原告虽向法院提供了相关证据，用以证明因被告的行为导致原告无法正常生产的事实，但该证据不能达到证明被告在履约过程中严重违约、根本违约、导致原告不能实现合同目的，故本案也不存在合同的法定解除情形。原告未按期交纳承包费，构成违约。因合同解除权在性质上属于形成权，违约方不是合同单方解除的权利人，无合同解除权的一方，不是形成权的主体，故作为违约方的原告，在无证据证明被告根本违约时，不享有合同的解除权，其单方面解除合同的行为，并不产生相应的法律效力。《合同法司法解释（二）》第24条规定，当事人对《合同法》第96条规定的合同解除虽有异议，但在约定的异议期限届满后才提出异议并向人民法院起诉的，人民法院不予支持；当事人没有约定异议期间，在解除合同通知到达之日起3个月以后才向人民法院起诉的，人民法院不予支持。《合同法》第96条规定了解除合同的程序，而适用该规定的前提是应具备《合同法》所规定的约定或者法定的解除合同的条件，如果发出解除通知的一方根本就没有合同的解除权，则不涉及解除权是否有效的问题。况且被告在收到原告的《协议解除通知》后，及时向原告提出了异议，表明被告不同意解除合同。综上所述，原告在没有解除权的情况下，单方面发出解除合同通知，被告对此及时提出异议，原告单方面解除合同的行为不应产生相应的法律效力，本案情形不应适用该司法解释的相关规定，原告与被告之间的合同关系并未解除，故法院对原告关于当事人之间的承包经营合同关系已依法解除的主张不应支持。

由此看来，对于《合同法司法解释（二）》第24条关于异议期的规定必须予以限缩解释，即提出合同解除或债务抵销的一方当事人必须首先具备《合同法》第 96 条及第 99 条关于合同解除及债务抵销的条件，其次应当以法律法规规定的方式通知对方，在具备上述条件的情况下，另一方当事人未在约定或法定 3 个月的异议期内对合同解除或债务抵消提出异议的，则意味着合同解除或者债务抵消成立。若一方当事人并不具备合同解除或抵销债务条件的，则不能适用司法解释的规定。无合同解除权的一方，单方解除合同不发生法律效力。

最高人民法院研究室法研（2013）79 号对《关于适用〈中华人民共和国合同法〉若干问题的解释（二）》第 24 条理解与适用的请求的答复规定：当事人根据《合同法》第 96 条的规定通知对方要求解除合同的，必须具备合同法第 96 条或者第 94 条的条件，才能发生解除合同的法律效力。第一种观点与该答复是一致的，最高人民法院的上述规定进一步阐明了司法解释的适用范围。

十八、要妥善处理合同解除的法律后果

【典型案例 60】施工合同解除后的工程结算问题

【案号】（2011）川民初字第 19 号

【案由】建设工程施工合同纠纷

【法院意见】

本案争议焦点如下：

第一，双方签订的《施工合同》的效力以及是否继续履行的问题。

嘉龙公司作为甲方与重庆公司作为乙方于 2010 年 5 月 26 日签订了《施工合同》，对嘉龙工业园区项目工程的施工进行了约定。该《施工合同》系双方真实意思表示，且不违反法律法规的规定，合法有效，对双方当事人均具有约束力。案涉工程停工后，嘉龙公司起诉解除《施工合同》，重庆公司的诉讼请求第 1 项虽为继续履行《施工合同》，但在诉讼过程中，重庆公司表示因嘉龙公司无法继续支付进度款，导致案涉工程无法继续履行，同意解除《施工合同》并由嘉龙公司赔偿损失和承担违约责任。鉴于案涉工程停工超过 3 年，当事人对继续履行合同无法达成一致，且双方当事人均同意解除《施工合同》，根据《合同法》第 94 条之规定，解除《施工合同》，双方当事人不再继续履行。

第二，关于嘉龙公司应支付重庆公司工程欠款金额及利息的问题。

案涉工程停工后，各方对已完工程进行了量的核对，严正公司以此为依据计算工程量并无不当；在嘉龙公司对《鉴定意见书》提出异议后，严正公司对其答复合情合理、并无不当，嘉龙公司虽认为 5#、6#楼的气混凝土砌块并非重庆公司修建，但嘉龙公司并未举证证明；关于买土回填的问题，因工程量的重新核对无法进行，严正公司的计算并无不当。综上，本院对严正公司的案涉工程造价结论予以采信。

第三，关于重庆公司的停工损失问题。

其一，关于停工后的电费、水费损失问题。关于停工后产生的水费问题，因重庆公

司提交水费发票系复印件，对该笔费用本院不予支持。对重庆公司提交的4张电费发票原件真实性予以确认。因2011年1月案涉工程仍在施工，对重庆公司将2011年1月的电费作为停工损失不予支持，对其主张的2011年2月、2011年3月、2012年6月的电费损失予以支持。

其二，关于已拆除的塔吊、周转材料以及活动板房、搅拌站、挖机等损失问题。对于已拆除的塔吊、架料、塔机损失费，因无法确定已拆除的单价、数量及时间，故无法确定实际发生的损失金额，本院对该部分不予支持；对于搅拌站的拆除时间，重庆公司主张为2012年3月15日，并以此主张停工损失。关于停工时间的计算，因案涉工程于2011年1月底停工至2011年5月10日嘉龙公司向广安市广安区人民法院起诉重庆公司解除2010年5月26日双方签订的《施工合同》，重庆公司应明知嘉龙公司按时支付工程款和案涉工程复工的困难，根据《合同法》第119条第1款"当事人一方违约后，对方应当采取适当措施防止损失的扩大；没有采取适当措施致使损失扩大的，不得就扩大的损失要求赔偿"的规定，重庆公司应从2011年5月10日起负有防止损失扩大的义务，应承担挖掘机租赁损失费，搅拌站租赁损失费，活动板房租赁损失费。

其三，关于未拆除塔吊、架料、塔机损失费以及搅拌站停工损失费的问题。严正公司《鉴定意见书》载明"工业集中区嘉龙高科技工业园区工程现场未拆除塔吊、架料、塔机损失费每天为xx元"，对此本院予以确认。根据上述理由，对于未拆除塔吊、架料、塔机损失费以及搅拌站租赁损失，也应从2011年2月1日起计算至2011年5月10日止，未拆除塔吊、架料、塔机损失费××元。

其四，对于重庆公司主张的停工期间管理人员工资等问题。重庆公司主张2011年2月1日至4月22日停工期间管理人员工资损失××元，考虑到停工初期现场管理的需要，本院酌定××万元，对此后的管理人员工资损失不予确认。案涉工地现场剩余材料损失××元，垫付开工典礼费用××元，伙食团损失费××元，停工期间办公费、差旅费、招待费等费用××元。对重庆主张的现场材料损失费，因该清单系重庆公司单方制作，本院不予确认；对重庆主张的开工典礼费用、伙食团损失费、办公费用、差旅费、招待费等，因不属于停工期间必须发生，且不能证明与本案的关联性，本院不予确认。综上，重庆公司停工损失共计××元。

第四，关于停工期间重庆公司的其他损失问题。

重庆公司提交12份民事判决书、裁定书、调解书和仲裁裁决，拟证明因嘉龙公司逾期支付工程款，导致重庆公司无法按时支付各材料商的材料款等，需承担的违约金、加价款等，系嘉龙公司违约给重庆公司造成的损失。重庆公司提交的12份民事判决书、裁定书、调解书和仲裁裁决中已生效的有……，因仅有……载明的责任承担主体为重庆公司，本院对该份仲裁裁决书的真实性、合法性和关联性予以确认。根据……载明的内容，重庆公司应支付重庆港豪金属材料有限公司违约金，系重庆公司损失，本院予以确认。因……载明的主体与本案无关，本院不予采信。

第五，关于重庆公司损失的承担问题。

《施工合同》专用条款第26条约定了嘉龙公司工程进度款的支付方式，嘉龙公司未按约拨付工程进度款，导致工程停工，应对嘉龙公司的停工损失承担责任。

对于嘉龙公司主张因重庆公司无法提供外地企业进川备案许可，导致嘉龙公司无法办理《施工许可证》，故工程停工的原因在重庆公司的问题。根据《建筑法》第7条之规定，因工程在2010年5月26日《施工合同》签订后即开工，案涉工程施工用地土地证办理的时间为2010年12月16日，故工程开工时嘉龙公司并未办理《施工许可证》，嘉龙公司存在一定过错。又因双方签订的合同中并未约定《施工许可证》办理前嘉龙公司可以拒付进度款，故嘉龙公司主张因重庆公司原因导致无法办理《施工许可证》，嘉龙公司有理由拒付进度款、案涉工程停工的原因在重庆公司的理由不成立，本院不予支持。嘉龙公司应承担重庆公司停工损失。

根据《合同法》第113条第1款之规定，嘉龙公司应当承担逾期支付工程款给重庆公司造成的材料加价款或违约金损失。重庆公司应支付重庆港豪金属材料有限公司违约金××万元系嘉龙公司逾期支付进度款给重庆公司造成损失，应由嘉龙公司承担。重庆公司主张的其余损失，可待实际发生后另案主张。

第六，对于重庆公司主张的嘉龙公司逾期支付进度款应支付其违约金的问题。

嘉龙公司违约给重庆公司造成的损失金额大于双方约定的违约金额，且重庆公司称大量损失金额即将被其他生效判决确认。因重庆公司在主张违约金的同时又主张损失，支持重庆公司赔偿损失的请求，重庆公司的损失得以填补，故本院对重庆公司主张违约金的请求不再支持。

第七，关于重庆公司主张的工程款和经济损失能否就案涉工程折价或者拍卖的价款享优先受偿权的问题。

根据《合同法》第286条之规定，重庆公司对嘉龙公司欠付工程款可就案涉工程折价或者拍卖的价款优先受偿。重庆公司要求对其经济损失就案涉工程折价或者拍卖的价款享优先受偿权无法律依据，本院不予支持。

【格案致知】

施工合同解除后，承发包双方争议的主要法律问题包括工程索赔、工程结算、承包人在合同解除后退场前对建筑工程的保管义务和责任、对已完工程的质量保证责任等。

1. 工程索赔。

依据我国《合同法》第97条和第107条规定，当事人一方因合同解除遭受损失的，有权要求过错方赔偿损失。第117条规定，因不可抗力解除合同的，各自的损失由各自承担，双方互不承担违约责任。

（1）因发包人原因导致承包人解除合同的，发包人承担自己的损失，并应赔偿承包人损失。依据《合同法》第283条和第284条，承包人有权要求发包人赔偿停工、窝工、倒运、机械设备调迁、材料和构件积压等损失和实际费用。依据《建设工程施工合同示范文本》，承包人有权要求发包人支付已付款待交付设备或材料费用、人员设备遣散费、已发生但尚未摊销完费用（如临时设施搭建费）、利润损失等。

（2）因承包人原因导致发包人解除合同的，承包人应赔偿发包人损失。发包人的损失包括由于承包人违约而蒙受的任何损失和为完成剩余工程而需额外增加的任何费用。

(3) 因不可抗力原因解除合同,各自的损失由各自承担,双方互不承担违约责任。但不可抗力持续期间,任一方有义务避免损失的扩大。施工中遇到不可抗力事件,延误的工期相应顺延。当事人迟延履行后发生不可抗力的,不能免除赔偿责任。如发包人未按照约定时间和要求提供材料、设备、场地、资金和技术资料,在发包人迟延履行期间发生不可抗力事件,此种情况下,不得免除发包人对承包人的赔偿责任。

2. 工程结算。

(1) 结算条件。

首先,已完工程质量合格是双方办理结算的条件之一。依据《施工合同司法解释》第10条规定:"建设工程施工合同解除后,已完成的工程质量合格的,发包人应依照约定支付相应的工程价款。"由此确立了工程质量合格方可结算的原则。已完工程经验收后不合格,且承包人修复后仍不合格,则发包人有权拒付工程款,并可要求承包人赔偿因工程质量不合格导致的损失。

其次,合同解除是办理结算工程价款的条件之二。在合同未解除的情况下,结算的是进度款,属于中间结算,只有合同解除了,才可以对合同权利义务作最终总清算。

最后,已完成工程量确定是办理结算的条件之三。合同解除后,应与发包人书面确认已完工程量,否则,一旦发生诉讼,由于承包人无法举证证明其已完工程量,所以,其要求发包人支付已完工程款的诉讼请求很难得到法院支持。

(2) 结算依据。

《施工合同司法解释(二)》第10条规定,当事人签订的建设工程施工合同与招标文件、投标文件、中标通知书载明的工程范围、建设工期、工程质量、工程价款不一致,一方当事人请求将招标文件、投标文件、中标通知书作为结算工程价款的依据,人民法院应予支持。这一条符合《招标投标法》第46条的规定。

(3) 结算方法。

在承包人无法举证证明其完成工程量或施工界面的情况下,法院通常会采用剩余工程造价法,即用原合同约定工程范围和施工图纸内的工程量减去第三人完成的剩余工程量,即为合同解除前承包人实际完成的工程量,据此,认定承发包双方结算工程价款。除此以外,还有其他方法,根据具体情况确定。

(4) 支付工程款,但需扣留质保金。

合同的解除,并不免除承包人对建筑工程的质量保证和保修责任,故质保金仍应按已完工程价款的一定比例扣留,只限于已完工程部分。

3. 退场交接前停建保管义务。

发包人依据施工合同对施工现场享有管理权和占有权。无论因发包人还是承包人原因导致合同解除,在承包人正式退场交接前,承包人仍应承担现场保管责任和维护义务,并应对工程停工期间的安全事故负责。合同解除后,发包人就失去了占有施工现场的合法依据,再占有工地就属于侵权。

4. 保修期和保修义务。

合同解除后，虽然承发包双方之间的权利义务关系已终止，但承包人在合理的保修期内，仍应对已完工程质量负责，承担保修责任，若拒绝维修，则发包人有权委托第三方维修，并有权从扣留的质保金中支付维修费用。

合同解除后的保修义务和合同正常履行完毕后的保修义务相同，承包人并不因合同的解除，而免除其法定的保修责任。保修期届满，发包人扣留的质保金退还。

5. 竣工备案。

竣工备案手续的合法完整，事关后续房屋所有权证和国有土地使用权证的办理。

十九、对当事人滥用合同解除权，应如何进行限制

【典型案例61】 合同解除权的行使不能太任性

【案由】房屋租赁合同纠纷

【基本案情】

刘大和黄二于2008年4月5日签订《商铺租赁合同》，约定刘大将其商铺出租给黄二经商。租赁期限为5年，从2008年5月1日起至2013年5月1日止，月租金为5000元。合同约定，黄二应当在每月10号前交租，每逾期一日，黄二应当按照月租金的1‰缴纳违约金。逾期15天，除了必须缴清租金和违约金外，刘大有权单方解除合同，收回商铺。

合同签订后，刘大交付商铺，黄二在合同期内，多次延迟交租超过15天，但是刘大申请仲裁之前，从未行使过合同解除权。2011年2月，黄二再次迟延交租，2月份的租金直到3月8日才和3月份的租金一并缴清。刘大收下了租金，并向黄二开具了收据。之后，2011年4月，刘大申请仲裁，以黄二迟延交纳2月份的租金为由，要求解除合同，并要求黄二交纳租金违约金。

合同应否予以解除？

观点一：黄二迟延交租超过15天，合同约定的解除条件已经成就，根据《合同法》第93条第2款的规定，刘大要求解除合同有事实依据和法律依据，应当支持。

观点二：黄二迟延履行合同确实违约，但是刘大未在合理期间内行使合同解除权，还接受了黄二支付的欠租和新一期租金，应当视为刘大放弃解除权，为了保障交易秩序的稳定，不应支持刘大解除合同的请求。

【格案致知】

在实际案例中，对当事人滥用合同解除权，应如何进行限制？

实务中，合同解除权滥用，是指合同一方当事人的违约行为已经达到合同约定或者法律规定守约方行使解除权的条件，但是该守约方在合理时间内没有行使解除权，经过较长时间以后，当违约方出现新的违约行为或者出现新的情势时，守约方出于自身利益的考虑，想要摆脱该合同的束缚，进而以违约方之前的违约行为为由，行使合同解除权。

合同解除权失权，是对合同解除权滥用的限制。民事权利的行使应当符合诚实信用原则，一旦违反诚实信用原则，即使权利还存在，也不应准许权利人行使其权利。合同解除权的失权，是指按照正常交易人的判断标准，如果相对方有理由相信，享有合同解除权一方不会行使其权利，并据此作出相应的交易安排，在此情况下解除合同违背诚实信用原则，损害合同相对方合理的信赖利益，就不应支持享有合同解除权一方行使其解除权。

二十、合同解除权的行使是否应当考虑双方的利益平衡问题

该问题涉及合同约定的严守与权利行使的诚实信用原则、法官的自由裁量权等问题，比较复杂。在当事人约定的解除权行使条件已具备，但违约行为较为轻微，合同解除将导致违约方遭受巨大损失的，在个案当中，法院应合理平衡双方利益，慎重判断合同是否应当解除。

实务中，施工合同轻微违约。如约定不按合同支付工程款，工期延误，其他情形（项目经理不到岗等），按约定可以解除合同。但因违约行为轻微，如只是少量工程款未按约支付等，尚不构成根本违约或不能实现合同目的，合同解除将导致违约方遭受巨大损失，这种情况下，要综合考虑，根据解除的真正原因进行判断。

二十一、先予执行程序在施工合同纠纷中的应用

【典型案例62】合同未解除，对妨害施工的行为采取先予执行措施

【案号】（2014）旬阳民初字第00039号

【案由】建设工程分包合同纠纷

【基本案情】

2009年10月12日，西安铁路局与中铁十九局集团有限公司、中铁建电气化局集团第三工程有限公司签订《铁路建设工程施工总价承包合同》，将改建铁路西安至安康增建二线3标段交由中铁十九局集团有限公司和中铁建电气化局集团第三工程有限公司施工。2010年5月20日，吴某以福州信务通劳务有限公司名义从十九局一公司西康二线项目经理部二工区承接了改建铁路西安至安康增建二线3标段新苟家山隧道工程，其工程队被编为隧道四队。

吴某自2010年5月在新苟家山隧道施工直至2011年1月16日，双方因工程劳务单价发生纠纷，吴某工程队停工。二工区两次书面通知吴某工程队复工，吴某拒绝复工，并以钢架等障碍物堵封新苟家山隧道洞口。

2012年3月19日，中铁十九局一公司向原审法院提起解约诉讼，并申请对吴某堵封新苟家山隧道洞口的行为采取先予执行措施。原审法院依法做出《（2012）旬民初字第00326号民事裁定》，裁定吴某拆除封堵新苟家山隧道洞口的障碍物，停止阻碍中铁十九局一公司另行组织施工。2012年3月31日，原审法院对上述裁定予以强制执行，

清除了吴某工程队所设障碍物，将吴某的机械设备清退出施工现场。执行过程中，吴某工程队管理人员拒绝接收清退出场的机械设备，施工现场机械设备登记后交由中铁十九局一公司委托当地村民郭某临时代为看管。

【典型案例63】双方已达成解除合同协议，施工方不按约撤场。本案法院确定适用了"物权保护纠纷"案由

【案号】（2014）曹民初字第7号

【案由】物权保护纠纷

【基本案情】

2012年10月12日，原告与被告签订了《施工合同》及《补充协议》。因被告无法继续履约，双方于2013年9月3日签订《解除协议书》。该协议约定自该协议签订后的7日内，被告完成全部施工人员、机械设备的撤场，将工地移交给原告。至2013年11月14日，被告仍未按《解除协议书》约定时间内撤场，双方协调未果，产生诉讼。

原告诉请判令被告施工人员、机械设备的撤场，移交工地。原告于2013年11月28日申请先予执行。

被告辩称，第一，原告提出物权保护之诉缺乏物权证据和实体权利基础。原告提起物权保护之诉的前提是应证明其享有物权，但原告未在法定举证期限内提供其享有物权的证据，故对其提出的物权之诉应予驳回（其超出举证期限提供的证据因被告不同意质证，故不能作为本次审判证据）。第二，原告并无证据证明被告侵犯其物权，相反，原告所提交证据却证明被告早已撤场，不存在侵犯原告物权的行为。第三，"排除妨害"系物权之诉的内容，物权之诉应针对具体行为人直接提出，如果原告基于合同相对性提起诉讼就不再是物权保护之诉，而是合同之诉，"排除妨害"的物权之诉就应驳回。第四，物权的行使也要受合同的约束（比如房屋所有权要受租赁合同的约束），即使原告享有物权，但由于原告存在合同违约行为，因此，他人可以基于合同条款对原告物权进行限制，原告无权要求他人排除这种合同限制。第五，清场是一个需要原、被告双方共同配合完成的义务，原告将该义务完全当做被告义务来对待是错误的。第六，原告庭审中提供的证据——《建设工程施工合同补充协议》，并主张依据该协议进行撤场，但该协议第9条约定，撤场时"机械设备必须予以保留、不得撤出"。因此，原告要求被告撤场的起诉理由与其自己提供的证据及论证自相矛盾，其诉求已被其自身证据驳倒，应予驳回。

【法院意见】

合同解除后，被告应按约及时履行撤场义务。

原告于2013年11月28日申请先予执行，本院于2013年12月16日已经裁定先予执行，并将先予执行物品交由原告万居公司保管。原告在保管期间，全部执行物品已由相关权利人从原告处领走。

综上所述，依照《合同法》第60条、第107条，《民法通则》第134条，《民事诉讼法》第142条之规定，判决如下：被告于2013年12月22前将全部人员、设备、设施撤离施工现场（已先予执行）。

【典型案例 64】原告以"排除妨害纠纷"为由，请求法院判令撤场

【案号】（2015）渝高法民申字第 00740 号

【案由】排除妨害纠纷

【法院意见】

本案主要争议焦点是上诉人况某、盛某是否妨害了坤罡房地产公司的土地使用权，能否以侵权为由，请求况某、盛某将堆放在坤罡房地产公司建筑工地上的建筑材料和建筑设备搬离。一审法院作出先予执行措施是否适当。

本案中，重庆市南川区城乡建设委员会 2013 年 1 月 7 日作出南川建委发（2013）2 号文件《关于对重庆市德感建筑安装工程有限公司给予处理的通报》，决定对重庆市德感建筑安装工程有限公司给予全区通报批评，记入企业不良记录，并禁止其 3 年内进入南川区建筑市场承揽建筑工程。2013 年 9 月 25 日，坤罡房地产公司向德感建筑公司发出通知，以德感建筑公司建设工期均超过合同约定的工期，及重庆市南川区建委决定禁止德感建筑公司 3 年内进入南川区建筑市场承揽工程为由通知德感建筑公司，解除其与德感建筑公司签订的《建设工程施工合同》。而德感建筑公司在收到工程解除合同通知后，既未在法定期限内提起诉讼，又在本案答辩中称其不存在在坤罡房地产公司建筑工地上堆放建筑材料和建筑设备的行为，只保留追究坤罡房地产公司单方违约解除合同的权利，至此，坤罡房地产公司与德感建筑公司之间的《建设工程施工合同》已经实际解除。因坤罡房地产公司与况某、盛某之间不具有直接合同权利义务关系，由该《建设工程施工合同》而产生的德感建筑公司与陈某之间签订的承包经营合同、陈某与况某、盛某之间签订的劳务承包协议均已失去继续履行的基础，其未完工工程劳务已不再履行，况某、盛某亦失去了继续占有施工场地堆放建筑材料和建筑设备的基础，其应当在合理期限内将建筑材料和建筑设备搬离坤罡房地产公司的建筑工地。对于由此产生的其他争议，可依法另行主张相应权利。

况某、盛某在坤罡房地产公司组织相关人员对堆放的建筑材料和建筑设备进行搬离清场时不予配合，强行制止，其行为妨害了坤罡房地产公司正常施工建设。原审法院在审理过程中已根据坤罡房地产公司的先予执行申请对况某、盛某堆放建筑材料和建筑设备的妨害行为进行了先予执行，况某、盛某应当按照通知要求在规定期限内接收被搬离的建筑材料和建筑设备，逾期不接收造成的损失自行承担。鉴于此，一审法院进行了先予执行并无不当。

【格案致知】

就上述三个案例（案例 62、63、64）综合说明。关于先予执行问题，《民事诉讼法》第 106 条规定："人民法院对下列案件，根据当事人的申请，可以裁定先予执行：（一）追索赡养费、扶养费、抚育费、抚恤金、医疗费用的；（二）追索劳动报酬的；（三）因情况紧急需要先予执行的。"《民事诉讼法》第 107 条规定："人民法院裁定先予执行的，应当符合下列条件：（一）当事人之间权利义务关系明确，不先予执行将严重影响申请人的生活或者生产经营的；（二）被申请人有履行能力。人民法院可以责令申请人提供担保,申请人不提供担保的,驳回申请。申请人败诉的,应当赔偿被申请人因先予执行遭受的财产损失。"

最高人民法院《关于在经济审判工作中严格执行〈中华人民共和国民事诉讼法〉的若干规定》第 16 条:"人民法院先予执行的裁定,应当由当事人提出书面申请,并经开庭审理后作出。在管辖权尚未确定的情况下,不得裁定先予执行。"

《广东省高级人民法院关于依法慎用先予执行措施的若干规定》(粤高法发〔2010〕35 号)第 1 条规定,为了正确适用先予执行措施,防止因不当适用引发突发性事件,切实维护社会稳定,依照《民事诉讼法》和有关司法解释,制定本规定。第 3 条规定,各级法院应增强维护社会稳定的政治敏锐性和责任感,防止因违法或者不当先予执行引发影响社会和谐稳定事件。第 7 条规定,在审理存在房地产权属争议、征地拆迁补偿纠纷问题的案件中,原则上不得采取先予执行措施,政府控制工程进度的公益工程施工除外。在审理妨碍商业性房地产开发经营工程施工的案件中,不得采取先予执行措施。

从上述规定来看,《民事诉讼法》对先予执行的范围和条件作出了规定。最高人民法院要求"经当事人提出书面申请,并经开庭审理后作出。在管辖权尚未确定的情况下,不得裁定先予执行"。广东省高级人民法院上升到政治和社会稳定的高度,对先予执行措施作出了"依法慎用"的规定。明确规定,在审理存在房地产权属争议、征地拆迁补偿纠纷问题的案件中,原则上不得采取先予执行措施,政府控制工程进度的公益工程施工除外。在审理妨碍商业性房地产开发经营工程施工的案件中,不得采取先予执行措施。

从上述规定来看,强制撤场是先予执行的难度所在。实务中,我们应该关注以下问题:(1)先予执行已经上升到政治和社会稳定的高度;(2)作出先予执行的裁定,要先确定管辖,允许提出管辖异议;(3)必须经过开庭审理后才能作出裁定;(4)对案情复杂,权利义务、责任不明确的,不得采取先予执行措施;(5)施工方拒不撤场,执行难度大,既涉及大宗财产问题,又涉及人身安全问题,执行成本很高;(6)容易激化矛盾,甚至导致冲突流血;(7)政府重点工程除外。

关于财产的先予执行比撤场容易一些。最好的办法是在法庭或者政府主持下,协商撤场事宜,双方均做让步。

关于施工单位不撤场问题。施工单位既不履行合同,也不撤出施工场地,应该用什么案由起诉要求其撤出工地?案例 63 和案例 64 值得借鉴。实务操作中,要注意有合同关系和没有合同关系的区别;合同解除前和合同解除后的区别;无效合同和有效合同撤场的区别。

二十二、违约金的调整问题

【典型案例 65】具体损失的举证责任

【案号】(2015)民一终字第 342 号
【案由】建设工程施工合同纠纷

【法院意见】

因被告认为合同约定的违约金过高,请求减少。根据《合同法》第114条的规定,只有在"约定的违约金过分高于造成的损失"时,当事人才可以请求减少。这一规定表明,违约金具有补偿和惩罚的双重性质。关于如何减少,《合同法司法解释(二)》第29条规定:"当事人主张约定的违约金过高请求予以适当减少的,人民法院应当以实际损失为基础,兼顾合同的履行情况、当事人的过错程度以及预期利益等综合因素,根据公平原则和诚实信用原则予以衡量,并作出裁决。"本案中,原告钢结构公司并未举证证明其具体损失为多少,但其在签订合同并支付150万元保证金后,由于被告的恶意违约未实际承接到工程,预期利益损失巨大。并且,按照合同约定,其在被告摘牌后,还应支付保证金450万元,并在施工中要先行垫资1800万元,因此,原告钢结构公司虽然并未实际进场施工,正常情况下,应为进场做了施工准备及资金准备,由于被告将工程交由第三方承建,原告为进场所作的准备常理上应有损失。但原告作为当事人在明知不能进场施工的情况下,有义务防止损失的扩大。故一审法院认为,虽然按照合同约定,被告应向原告支付违约金1200万元。但鉴于原告未实际进场,进场前的义务也只完成了四分之一,综合考虑公平原则和诚实信用原则,被告应向原告支付违约金300万元。

【典型案例66】违约方应当对约定的违约金过分高于守约方的实际损失承担举证责任

【案号】(2014)民二终字第135号

【案由】建设工程施工合同纠纷

【法院意见】

至于违约金应否调整问题,鉴于在合同履行期限内,惠农合作社一直拒绝付款提货,给谷丰公司造成了较大损失,且惠农合作社也没有提交证据证明双方约定的违约金高于谷丰公司的实际经济损失。故本院对原审判决确认惠农合作社承担的违约金数额不予调整。

【典型案例67】对于违约方根本否定承担违约金责任的,法院应举重以明轻,视为其提出了违约金过高的抗辩

【案号】(2015)民提字第126号

【案由】建设工程施工合同纠纷

【法院意见】

粤东电力、蓝海海运、蓝某在一审答辩中均提出"保证责任应当是在当事人保证范围内的责任,超出保证人保证的担保责任没有法律依据"的抗辩,该抗辩是对保证人另行承担违约金责任的根本否定,原二审判决举重以明轻,得出"视为提出了违约金过高的抗辩"的结论,并无不妥。原二审判决在认定保证人提出了违约金过高的主张的基础上,支持建设银行荔湾支行关于保证人对主债务迟延履行违约金承担连带保证责任的请求,而驳回其关于由保证人另行承担每日万分之五的迟延履行违约金的请求,是对约定违约金的合理调整,也无不当,本院予以维持。

【格案致知】

《合同法司法解释（二）》第 27 条规定："当事人通过反诉或者抗辩的方式，请求人民法院依照合同法第 114 条第 2 款的规定调整违约金的，人民法院应予支持。"该条规定了违约金调整诉讼程序。第 28 条规定："当事人依照合同法第 114 条第 2 款的规定，请求人民法院增加违约金的，增加后的违约金数额以不超过实际损失额为限。增加违约金以后，当事人又请求对方赔偿损失的，人民法院不予支持。"第 29 条规定："当事人主张约定的违约金过高请求予以适当减少的，人民法院应当以实际损失为基础，兼顾合同的履行情况、当事人的过错程度以及预期利益等综合因素，根据公平原则和诚实信用原则予以衡量，并作出裁决。当事人约定的违约金超过造成损失的 30%的，一般可以认定为合同法第 114 条第 2 款规定的'过分高于造成的损失'。"

未约定违约金的，以实际损失为基础确定是否应减少或增加。以实际损失为标准调整，确定实际损失的范围及数额就成了实务中的难点问题。违约金调整涉及实际损失问题，涉及双方举证责任分配问题，涉及法官的自由裁量权及释明权问题，实务中，考察总结最高院部分典型案例，总结出下列实践观点：

（1）违约方以合同不成立、合同未生效、合同无效或者不构成违约进行免责抗辩而未提出违约金调整请求的，人民法院可以根据案件的具体情况，就违约金是否过高进行释明。

（2）违约方要求降低的，违约方首先要对违约金过分高于造成损失的事实承担举证责任。

（3）由于对于违约造成的损失，守约方较之违约方就损失事实和相关证据都具有更强的证明能力，因此，不应过分强调违约方的举证责任。违约方如果能就违约金过分高于损失这一问题使法官产生合理怀疑，就应当认定完成了证明义务。此时，应将证明责任分配给守约方，令其证明损失的数额及违约金的合理性。

二十三、合同解除后，结算工程款的诉讼时效如何起算

【典型案例 68】工程未结算，起诉未超过诉讼时效

【案由】建设工程施工合同纠纷

【基本案情】

原、被告就政府工程签订施工合同，1996 年底被告通知原告进场施工，1997 年，海口市城市建设局颁发《施工任务通知书》，1998 年工程停工至 2012 年，已完工程未验收，未结算，原告起诉到法院，结算工程价款。被告主张已过诉讼时效。

【法院意见】

一审法院认为，原告按合同约定完成道路工程的部分工程量，被告支付部分工程进度款，而该工程未竣工，未验收，未结算，原、被告双方确认的工程进度款也一直由政府在进行清理。现原告通过诉讼的方式主张其债权，其起诉未超过诉讼时效。

二审法院认为，原告完成道路与排水工程的部分工程量后停工，工程尚未完工，不具备使用条件，该建设工程实际未交付使用。另被告支付原告完成工程量的部分进度款后，未再给付工程款。原告于 2005 年 4 月 12 日向被告致询征函，是对已完成工程量进度款数额进行核对确认，并非对工程价款进行结算。当时整个工程处于未竣工、未验收、未结算状态。双方直至起诉前都未提出解除合同的要求，也未约定工程进度款的付款时间。原告于 2011 年 4 月 18 日向法院起诉，要求被告支付工程款。依照《施工合同司法解释》第 18 条第（三）项之规定，2011 年 4 月 18 日起诉日期视为被告应付工程款给原告的起始时间，原告主张工程款债权的诉讼时效期间应从 2011 年 4 月 18 日开始计算。故原告关于被告的起诉超过诉讼时效的抗辩理由不成立，本院不予支持。

【典型案例 69】付款时间约定不明，原告主张权利时，方可计算诉讼时效

【案号】（2013）民申字第 1114 号

【案由】建设工程施工合同纠纷

【法院意见】

关于三建公司的起诉是否超过诉讼时效的问题。由于三建公司与集邮公司之间并未签订书面合同，集邮公司也未证明双方约定过支付工程款的时间，在双方就付款时间约定不明的情况下，根据《合同法》第 62 条第（四）项"履行期限不明确的，债务人可以随时履行，债权人也可以随时要求履行，但应当给对方必要的准备时间"的规定，三建公司可以随时要求履行，在三建公司向集邮公司主张权利时，本案方可计算诉讼时效，故二审判决认定三建公司的起诉并未超过诉讼时效并无不当。

【典型案例 70】竣工验收合格，诉讼时效开始起算

【案号】（2016）最高法民申 2090 号

【案由】建设工程施工合同纠纷

【法院意见】

郭某起诉并未超过诉讼时效。本案中，涉案工程于 2007 年 6 月 6 日竣工验收合格，中建六局一公司欠付工程款，郭某应当知道其权利受到侵害，诉讼时效开始起算。在中建六局一公司诉富亿达公司建设工程施工合同纠纷一案中，中建六局一公司主张的工程款、利息、工程延误交工增加费用，包含郭某施工部分工程的价款、利息及损失，中建六局一公司认可郭某参与了该案诉讼，郭某参与诉讼表明了其主张涉案工程价款的意思表示。而且，中建六局一公司在该案上诉中关于其与郭某不存在分包关系，没有债权债务关系，郭某无权向其主张工程款的表述，表明中建六局一公司已经知道郭某主张涉案工程价款的意思表示。根据《中华人民共和国民法通则》第 140 条规定，诉讼时效因提起诉讼、当事人一方提出要求或者同意履行义务而中断。从中断时起，诉讼时效期间重新计算。因此，郭某参与该案诉讼并向中建六局一公司提出债权主张，依法应当引起诉讼时效中断。2012 年 12 月 10 日，辽宁省高级人民法院作出关于中建六局一公司诉富亿达公司建设工程施工合同纠纷一案的（2012）辽民一终字第 221 号民事判决。自该判决生效之日起本案诉讼时效应当重新起算，至 2013 年 8 月 12 日郭某提起本案诉讼，没有

超过两年的诉讼时效。中建六局一公司关于郭某本案起诉已经超过诉讼时效的再审理由没有事实依据，不应支持。

【典型案例71】 双方当事人对工程并未进行结算，工程欠款数额未确定，双方也并未就工程结算时间及付款时间作出明确约定，因此，债权人可以随时要求履行

【案号】（2016）最高法民申3043号

【案由】建设工程施工合同纠纷

【法院意见】

关于孙某追索工程款的诉请是否已过诉讼时效的问题。最高人民法院《关于审理民事案件适用诉讼时效制度若干问题的规定》第6条规定："未约定履行期限的合同，依照合同法第61条、第62条的规定，可以确定履行期限的，诉讼时效期间从履行期限届满之日起计算；不能确定履行期限的，诉讼时效期间从债权人要求债务人履行义务的宽限期届满之日起计算。"本案中，建设工程施工合同的双方当事人对工程并未进行结算，工程欠款数额一直未确定的事实均予以认可，双方也并未就工程结算时间及付款时间作出明确约定，因此，孙某作为债权人可以随时要求履行，原判决认定孙某提起本案诉讼并未超过诉讼时效期间并无不当。

【典型案例72】 双方未结算，也未约定支付期间，诉讼时效未起算

【案号】（2014）民申字第2054号

【案由】建设工程施工合同纠纷

【法院意见】

关于建隆船务公司提起本案诉讼是否超过诉讼时效。根据涉案《疏浚工程合同》的约定，"工程验收达到质量标准，并办理完成工程结算，一个月内一次性付清剩余的工程款"。2011年6月8日建隆船务公司和洪瑞港航公司签署的《建隆工8中间结算单》，主要对建隆船务公司完成的工程量及洪瑞港航公司支付加油款的金额进行确认，后期扫浅问题属于待定事项，并非洪瑞港航公司主张的涉案工程最终完工结算单，双方对建隆船务公司的工程款项没有明确约定支付期间。洪瑞港航公司依据该结算单签署日期确定本案诉讼时效起算时间，缺乏充分的事实依据和法律依据。

【典型案例73】 工程进度款及违约金的诉讼时效期间起算点

【案号】（2016）最高法民申2420号

【案由】建设工程施工合同纠纷

【法院意见】

本案再审审查涉及的主要问题是长城公司请求通胜达公司支付逾期支付工程进度款违约金是否超过诉讼时效。长城公司与通胜达公司签订的《施工总承包合同书》专用条款第26条约定："双方约定的工程款（进度款）的支付方式和时间为每月5日前按已完成工作量90%比例支付，工程完工付至98%。"专用条款第35.1条约定："发包人未按约定支付工程进度款所应承担的违约责任为进度款每拖延一天，按工程造价的2%支付违约金，工期顺延。"因此，案涉工程进度款的履行期限为工程完工之日。案涉工

程完工初验日期为2010年9月9日，实际竣工日期为2011年12月21日。原判决考虑到在完工至竣工期间，长城公司主张的仍是工程进度款，并据此认定通胜达公司支付工程进度款的履行期限应为工程实际竣工日期即2011年12月21日之前，对长城公司有利。最高人民法院《关于审理民事案件适用诉讼时效制度若干问题的规定》第6条规定："未约定履行期限的合同，依照合同法第61条、第62条的规定，可以确定履行期限的，诉讼时效期间从履行期限届满之日起计算。"因而，案涉工程进度款的诉讼时效期间应从2011年12月21日起开始计算。违约金的支付以主合同有效及违约行为存在为条件，通胜达公司在案涉工程完工之日未按约定支付相应的工程进度款，则其支付违约金的责任已经成立，故长城公司要求通胜达公司支付逾期支付案涉工程进度款的违约金的诉讼时效期间也应从2011年12月21日起开始计算。依据《中华人民共和国民法通则》（2009修正）第135条、第137条之规定，权利人应当从知道或者应当知道权利被侵害时起2年内向人民法院请求保护其民事权利。长城公司于2014年5月27日才第一次起诉要求通胜达公司支付逾期支付工程进度款违约金，已超过了2年的诉讼时效期间，原判决据此认定其丧失了胜诉权，并无不当。长城公司主张案涉诉讼时效应从其第一次起诉要求通胜达公司支付违约金而被拒绝之时开始计算，本院不予支持。长城公司与通胜达公司之间的工程造价争议，并不妨碍长城公司行使要求通胜达公司向其支付违约金的权利。长城公司主张应待工程造价争议解决后才开始计算违约金的诉讼时效，依据不足。通胜达公司于2011年起诉要求长城公司移交工程项目、配合进行竣工验收备案和项目工程结算及确认长城公司要求的款项无事实依据。长城公司对上述通胜达公司的起诉提出反诉，在要求通胜达公司支付工程款、确认其对案涉工程项目中A幢底层商铺享有优先受偿权的同时，表示其保留追究通胜达公司迟延支付进度款违约金的权利。该行为也表明长城公司已知道其违约金权利受到侵害，但未及时行使。长城公司主张诉讼时效应从海南省高级人民法院作出（2013）琼环民终字第11号民事判决的日期即2013年9月29日起开始计算，没有事实和法律依据，本院不予支持。

【格案致知】

案例73是《中华人民共和国民法总则》（2017年，简称《民法总则》，全书同）生效之前的案例，《民法总则》第188条对诉讼时效做出了新的规定，但是诉讼时效期间的计算仍然坚持权利损害说，增加了知道义务人后起算的条件。

综合上述案例及司法实务，可以归纳出以下实务观点：（1）工程未结算，诉讼时效未起算；（2）以《施工合同司法解释一》第18条推定的应付款时间作为起算点；（3）付款时间约定不明时，主张权利时，方可计算诉讼时效；（4）竣工验收合格，诉讼时效开始起算；（5）双方当事人对工程并未进行结算，工程欠款数额未确定，双方也并未就工程结算时间及付款时间作出明确约定，因此，债权人可以随时要求履行；（6）双方未结算，也未约定支付期间，诉讼时效未起算；（7）工程进度款及违约金的诉讼时效期间起算点。

关于工程承包合同纠纷诉讼时效问题，最高人民法院曾经就一具体案例给新疆高院发过一个函，具体内容如下：

最高人民法院经济审判庭《关于新疆医学院第一附属医院与乌鲁木齐市一〇四团青年服务公司建筑工程承包合同纠纷诉讼时效问题的复函》（1993年12月27日法经〈1993〉248号）

新疆维吾尔自治区高级人民法院：你院新高法（1993）68号《关于诉讼时效的请示函》收悉。根据你院报送材料中所述情况，经研究，答复如下：一、新疆医学院第一附属医院（以下简称第一医院）向乌鲁木齐市一〇四团青年服务公司追索多付工程款属建筑工程承包合同结算纠纷。其诉讼时效应从验收结算之日始计算。由于该民事行为发生在民法通则颁布前，根据最高人民法院《关于贯彻执行〈中华人民共和国民法通则〉若干问题的意见（试行）》第165条的规定，其诉讼时效从1987年1月1日起计算。

根据《民法通则》的规定，诉讼时效从债权人知道或应当知道权利受到侵害时起算。工程欠款时效应从建设单位应付款而不付时起算。可见，未经结算的工程，债务人并不知道所欠债务数额，债权人对自己的债权也是未知数，故不存在超过诉讼时效的问题。

从时间上来看，这个函虽然离现在有点久远，但其所确立的"其诉讼时效应从验收结算之日始计算"的观点仍有参考价值，到目前为止，也没有和其内容不一致的其他规定出现，从很多案例中也能看到这一司法共识。

典型案例68中，二审法院以《施工合同司法解释》第18条第（三）项之规定的应付工程款的时间作为诉讼时效的起算点属于明显错误，因为这个时候双方并未结算，欠款数额并不固定，这个规定只是为了确定利息的起算点。

典型案例73中，涉及工程进度款及违约金的诉讼时效期间起算问题。结合具体的违约行为，如工期违约，质量违约，还是支付违约，以及有无履行期限来考虑，有履行期限的，以履行期限届满之日起算。

二十四、确认合同无效是否受诉讼时效的限制，诉讼时效如何起算

【典型案例74】当事人请求确认合同无效，不应受诉讼时效期间的限制；确认无效后，当事人关于返还财产及赔偿损失的请求，应当适用诉讼时效的规定

【案号】（2005）民一终字第104号
【案由】建设工程施工合同纠纷
【法院意见】

合同效力的认定，实质是国家公权力对民事行为进行的干预。合同无效系自始无效，当事人请求确认合同无效，不应受诉讼时效期间的限制；而合同确认无效后，当事人关于返还财产及赔偿损失的请求，应当适用法律关于诉讼时效的规定。本案中，威豪公司与北生集团签订的《土地合作开发协议书》被人民法院确认无效后，威豪公司才享有财产返还的请求权，威豪公司的起诉没有超过法定的诉讼时效期间。

【典型案例 75】 施工合同无效，尚未结算，诉讼时效如何起算

【案号】（2016）赣 03 民终 3 号

【案由】建设工程施工合同纠纷

【法院意见】

关于本案是否超过诉讼时效问题。上诉人、被上诉人及第三人在《补充协议》约定由第三人直接向上诉人钟某、彭某支付工程款，因上述协议已被生效判决认定无效，在关于付款方式的合同内容被人民法院确认无效后，上诉人钟某、彭某才能明确侵害其权利的主体，知道其权利被侵害。对于上诉人李某提出上诉人钟某、彭某的主张超过诉讼时效的意见，不予支持。

【格案致知】

《建设工程施工合同》无效之后，当事人之间对于工程价款未作结算，实际施工人提起索要工程款之诉，其请求权是否适用诉讼时效。

在合同无效后的诉讼时效起算点上，法律及司法解释均无具体规定，《民法总则》第 188 条规定"诉讼时效期间自权利人知道或者应当知道权利受到损害以及义务人之日起计算"。因此，关于建设工程合同无效后的诉讼时效起算时间，实务中，有两种不同观点具有代表性。

第一种观点认为，建设工程合同被认定无效后，一方当事人请求另一方支付工程款的，诉讼时效从合同被确认无效之日起计算。因为合同无效之后，其中所约定的履行期限等条款均一并归于无效，故合同被确认无效时当事人知道也应当知道可依据不当得利请求权向另一方主张工程价款，故诉讼时效应当从合同被确认无效之日起计算。

第二种观点认为，建设工程合同无效，诉讼时效期间的起算应当以当事人向对方主张权利之日计算。因双方的转包合同无效，关于结算的期限约定也相应无效，而双方一直未对工程进行结算，故双方之间的债权债务金额并不明确，付款期限也不明确，一方当事人基于合同无效之后要求另一方支付工程价款属于债权请求权，其诉讼时效期间的起算点不能以收到无效合同确认之日计算，应以其向对方主张权利之日计算。

从案例 74 分析，最高人民法院认为，在合同被宣告无效后当事人才享有返还财产和赔偿损失的请求权，合同无效后的请求权诉讼时效应当从合同被宣告无效后起算。这是基于不当得利请求权来判定的，是第一种意见的具体体现。

从案例 75 分析，在合同内容被人民法院确认无效后，当事人才能明确侵害其权利的主体，知道其权利被侵害。这是第二种意见的具体体现。

不管合同是否有效，都应该以是否结算作为诉讼时效的起算点，这是被很多案例证明的司法共识。基于施工合同产生的债权属于合同之债，建设工程合同被认定无效后，明确了如何进行补偿才是确定了双方的权利，权利确认了才可以判断是否受到侵害，何时起开始受到侵害。

二十五、合同解除后工程质保金预留问题

【典型案例76】 施工合同解除后，承包商无须再按照合同约定扣留相应的工程质保金

【案号】（2015）民一终字第8号

【案由】建设工程施工合同纠纷

【法院意见】

双方在合同履行过程中关于工程产值和工程款支付上存在争议，双方已失去信任基础，因此承包商可以请求解除合同。关于发包人提出的扣留5%的工程质保金，因为建设工程合同已解除，无须再按照原先的合同约定扣除相应的工程质保金，因此，5%的质保金应当在合同解除后支付给承包商。如果在质保期间，工程出现问题，发包人可以另行主张权利。

【典型案例77】 合同解除后，未履行的部分不再履行，质保金条款也不再履行

【案号】（2015）宁民终字第1948号

【案由】建设工程施工合同纠纷

【法院意见】

双方合同约定，质保金为施工结算审定金额的5%，质量保修期从工程实际竣工验收合格之日起计算。现涉案工程并未完工，双方合同已经解除，合同未履行的部分不再履行，故质保金条款也不再履行。况且，目前伟力投资公司并未提供证据证明二建公司完成的工程存在质量问题，故双方合同约定的质保金不应当从工程款中扣除。

【典型案例78】 合同解除后，履约保证金能否返还的问题

【案号】（2015）浙绍民终字第322号

【案由】建设工程施工合同纠纷

【法院意见】

履约保证金能否返还的问题。该院认为，根据合同约定，履约保证金包括工程质量保证金、工期保证金、安全文明施工及总包管理与配合良好保证金、管理人员和机械设备到位保证金，是为了保证合同的履行而设定的。原、被告之间的合同事实上已经解除，故履约保证金可予返还。综上，原告要求解除合同、返还履约保证金、被告支付工程款合理部分的诉讼请求于法有据，该院予以支持。

【格案致知】

施工合同解除后，对未施工部分不能扣留质保金，应该不存在争议，但是对于已完工部分是否扣留相应的保证金经常存在争议。其实这个问题涉及解除的溯及力问题。施工合同解除的效力仅指向未履行的部分，已经履行的部分并不能解除，这是由施工合同的特点即财产无法返还决定的。

最高人民法院民一庭法官曾在一个案例中表达倾向性意见：建设工程质量保证金返还期限应尊重合同约定。当事人对发包人在应付工程款中预留的工程质量保证金返还有约定，承包人请求按照约定返还工程质量保证金的，应予支持。发包人返还工程质量保

证金后，不影响承包人依照合同约定或法律规定履行工程保修义务。

浙江省高级人民法院曾经就这一问题做过解答。浙江省高级人民法院关于未完工的建设工程施工合同解除后工程质保金预留问题的解答：

问：涉案建设工程施工合同解除，仅完成了合同约定的部分施工项目，发包人能否请求按照合同约定预留建设工程质量保证金？

答：建设工程施工合同解除后，如已经完成的建设工程符合《施工合同司法解释》第 10 条规定，应当按照约定支付相应工程价款，发包人请求按照合同约定预留相应比率的建设工程质量保证金的，应予以支持。①

关于质量保证金的返还问题，《施工合同司法解释（二）》第 8 条规定："有下列情形之一，承包人请求发包人返还工程质量保证金的，人民法院应予支持：（一）当事人约定的工程质量保证金返还期限届满。（二）当事人未约定工程质量保证金返还期限的，自建设工程通过竣工验收之日起满 2 年。（三）因发包人原因建设工程未按约定期限进行竣工验收的，自承包人提交工程竣工验收报告 90 日后起当事人约定的工程质量保证金返还期限届满；当事人未约定工程质量保证金返还期限的，自承包人提交工程竣工验收报告 90 日后起满 2 年。

发包人返还工程质量保证金后，不影响承包人根据合同约定或者法律规定履行工程保修义务。"

二十六、实务中，施工合同解除后未施工部分预期利益损失请求能否得到支持

【典型案例 79】 建设工程施工合同可得利益损失

【案号】（2012）民一终字第 41 号

【案由】建设工程施工合同纠纷

【法院意见】

1. 华兴公司在涉案施工合同项下存在可得利益损失，理由如下：第一，华兴公司与天成公司在招投标部门备案的《1.47 亿元施工合同》专用条款 32.6 所约定的施工范围是天成国贸中心全部工程，天成公司认为施工范围是 8-24 轴，但是《1.47 亿元施工合同》并无施工范围是 8-24 轴部分文字表述，根据涉案合同应确认施工范围是天成国贸中心的全部工程。第二，天成公司于 2008 年 5 月 22 日，将涉案工程的 1-7 轴部分发包给第三方苏中集团，天成公司的行为违反由华兴公司承建涉案全部工程的合同约定，其行为已构成违约，该违约行为损害了华兴公司履行合同可以获取的利益。

2. 关于华兴公司可得利益损失的金额如何确定问题。应从以下几方面考虑确定：首先，天成公司在签订涉案合同时应当预见自己的违约行为会造成华兴公司履行合同的

---

① （《民事审判法律适用疑难问题解答》2015 年第 11 期）

利益损失。涉案工程利益存在逐步扩大的过程，因涉案工程是边设计、边施工、边办手续的工程，合同履行中工程面积因不断地变更设计而不断地增加，建筑面积增加必然带来工程量的增加，随之工程款及利润也相应增加，显然施工利益已超出双方签订合同时的约定，故双方《1.47亿元施工合同》约定的是暂定价。金永诚公司根据天成公司与苏中集团之间合同和定额管理规定，确定天成国贸中心工程的可得利益损失，应当是客观、真实、规范的，可以作为确定可得利益损失的依据。其次，天成公司签约时应当预见自己的违约行为会给华兴公司造成可得利益损失，但因工程设计不断变更后，导致工程建筑面积的不断增加，增加的面积部分已超出天成公司签约时可预见范围，因此，根据鉴定的可得利益损失金额及本案的实际情况，一审法院酌定华兴公司在1-7轴的可得利益损失数额，由天成公司向华兴公司赔偿。

天成公司将华兴公司承建的1-7轴工程发包他人承建，已构成违约，损害华兴公司履行合同应当取得的利益。双方在《1.47亿元施工合同》专用条款及《补充协议》约定的违约条款中，仅约定承包人对尚欠工程款部分享有优先受偿权及违约方支付工程余款同期银行利息的违约责任等，没有约定违约金及损害赔偿计算方法，故酌定华兴公司可得利益损失，由天成公司予以赔偿。

一审法院判决天成公司赔偿华兴公司可得利益损失并无不当，本院予以维持。天成有限公司向最高人民法院申请再审，最高人民法院驳回天成公司的再审申请。

【典型案例80】工程费用组价表中的"利润"，只是定额计价的一个项目，与施工实际可得的利润没有直接联系

【案号】（2015）浙绍民终字第322号

【案由】建设工程施工合同纠纷

【基本案情】

因被告不履行主要义务，经原告催讨后仍不履行，故原告要求解除合同的理由成立，该院予以支持。且在原告离场后，被告已委托其他企业继续施工，合同在事实上已经解除。

原告主张预期利润、施工现场看管费用、机械进出场费、措施费用损失、剩余材料费用等请求能否成立。该院认为，工程费用组价表中的"利润"，只是定额计价的一个项目，与原告施工实际可得的利润没有直接联系。利润作为一种生产经营成果，它的产生需要一个各种生产要素结合的过程，而且需要投入一定的人力、物力，而且工程施工过程中有各种风险，并非每个工程都有利润。原告在工程尚未完工前要求解除合同，不再继续投入人力、物力，也不再承担继续施工可能产生的风险，其要求按照工程费用组价表中的计算方法主张预期利润理由不足。

【格案致知】

《合同法》第113条是针对所有合同作出的规定，没有考虑具体合同的特点，如施工合同的特点，只有干完活了，才能知道有没有利润。能否支持预期利润，一般在发包人将已经发包给承包人的工程发包他人承建，已构成违约的情况下，得到支持的可能性比较大。双方解约，或者承包人单方解约的情况下得到支持的可能性比较小。

参考2017施工合同范本规定的发包人违约责任：

16.1.1 发包人违约的情形

在合同履行过程中发生的下列情形，属于发包人违约：

（3）发包人违反第10.1款〔变更的范围〕第（2）项约定，自行实施被取消的工作或转由他人实施的；

10.1 变更的范围

除专用合同条款另有约定外，合同履行过程中发生以下情形的，应按照本条约定进行变更：

（2）取消合同中任何工作，但转由他人实施的工作除外；

16.1.3 因发包人违约解除合同

除专用合同条款另有约定外，承包人按第16.1.1项〔发包人违约的情形〕约定暂停施工满28天后，发包人仍不纠正其违约行为并致使合同目的不能实现的，或出现第16.1.1项〔发包人违约的情形〕第（7）目约定的违约情况，承包人有权解除合同，发包人应承担由此增加的费用，并支付承包人合理的利润。

16.1.4 因发包人违约解除合同后的付款

承包人按照本款约定解除合同的，发包人应在解除合同后28天内支付下列款项，并解除履约担保：

……

（7）因解除合同给承包人造成的损失。

参考2017施工合同范本规定的发包人违约责任，损失的计算方法可以在专用条款里约定。

参照《建设工程造价鉴定规范》关于施工合同预期利润的鉴定：5.8 费用索赔争议的鉴定：

5.8.5 因发包人原因，发包人删减了合同中的某项工作或工程项目，承包人提出应由发包人给予合理的费用及预期利润，委托人认定该事实成立的，鉴定人进行鉴定时，其费用可按相关工程企业管理费的一定比率计算，预期利润可按相关工程项目报价中的利润的一定比率或工程所在地统计部门发布的建筑企业统计年报的利润率计算。

通过观察上述范本和鉴定规范，利润损失并非都不支持。

二十七、在双方当事人已失去合作信任的情况下，为解决双方矛盾，人民法院可以判决由发包人自行委托第三方参照修复设计方案对工程质量予以整改，所需费用由承包人承担

【典型案例81】江苏南通二建集团有限公司与吴江恒森房地产开发有限公司建设工程施工合同纠纷案

【案号】（2010）苏民终字第0188号

【案由】建设工程施工合同纠纷

【基本案情】

2009年，吴江恒森房地产开发有限公司诉请建设工程承包方即江苏南通二建集团有限公司赔偿因偷工减料造成的屋面渗漏损失，并主张由其委托第三方，参照司法鉴定确定的全面设计方案对屋面渗漏予以整改，所需费用319万余元由江苏南通二建集团有限公司承担。

【法院意见】

1. 屋面广泛性渗漏属客观存在并已经法院确认的事实，竣工验收合格证明及其他任何书面证明均不能对该客观事实形成有效对抗，故江苏南通二建集团有限公司根据验收合格抗辩屋面广泛性渗漏，其理由不能成立。其依据《建设工程质量管理条例》，进而认为其只应承担保修责任而不应重作的问题，同样不能成立。因为该条例是管理性规范，而本案屋面渗漏主要系南通二建施工过程中偷工减料而形成，其交付的屋面本身不符合合同约定，且已对吴江恒森房地产开发有限公司形成仅保修无法救济的损害，故本案裁判的基本依据为《民法通则》《合同法》等基本法律而非该条例，根据法律位阶关系，该条例在本案中只作参考。本案中屋面渗漏质量问题的赔偿责任应按谁造成、谁承担的原则处理，这是符合法律的公平原则的。

2. 屋面渗漏的质量问题不在于原设计而在于江苏南通二建集团有限公司偷工减料，未按设计要求施工，故应按全面设计方案修复。江苏南通二建集团有限公司上诉提出，原设计方案中伸缩缝部位无翻边设计，不符合苏J9503图集要求；原设计方案中屋面伸缩缝未跨越坡低谷点，设计坡度不够；原设计方案中屋面伸缩缝以两种不匹配材料粘接。并认为上述设计缺陷均是造成屋面渗漏的原因。对江苏南通二建集团有限公司所提的异议，工程质量检测中心曾于2012年3月15日出具鉴定意见，对原设计方案是否有缺陷以及与屋面渗漏是否存在因果关系作出说明。二审庭审中，工程质量检测中心的鉴定人员也出庭接受了质询。关于原设计方案中伸缩缝部位无翻边设计的问题，二审认为，苏J9503图集并非强制性规定，伸缩缝翻边仅是为进一步保险起见采取的更有效的防水措施，伸缩缝是否做翻边与屋面渗漏之间无必然联系，施工方如果按照原设计规范保质保量施工，结合一般工程施工实际考量，屋面不会渗漏。江苏南通二建集团有限公司欲以原设计方案伸缩缝部位无翻边设计减轻其自身责任的上诉理由缺乏依据。关于原设计屋面伸缩缝未跨越坡低谷点的问题，二审认为，增大屋面坡度并跨越坡低谷点，其虽有利于防水防漏，但江苏南通二建集团有限公司严格按原设计标准施工即能防止渗漏，故江苏南通二建集团有限公司该上诉理由亦不能成立。关于原设计中屋面伸缩缝以两种不匹配材料粘接的问题，二审认为，不同种材料原本难言完全匹配，且国家并没有相关规范或标准对材料粘接匹配作出禁止性规定，此点与屋面渗漏亦无必然联系，故江苏南通二建集团有限公司该上诉理由也不能成立。退而言之，合同双方在合同的履行中均应认真而善意地关注对方的权利实现，这既属于合同的附随义务，亦与自身的权利实现紧密关联，故而江苏南通二建集团有限公司的此类抗辩更应事前沟通而不应成为其推卸责任的充分理由。

关于本案屋面渗漏应按何种方案修复的问题，二审法院认为，根据《合同法》第107条、第281条之规定，因施工方原因致使工程质量不符合约定的，施工方理应承担无偿修理、返工、改建或赔偿损失等违约责任。本案中，双方当事人对涉案屋面所做的工序进行了明确约定，然而江苏南通二建集团有限公司在施工过程中，擅自减少多道工序，尤其是缺少对防水起重要作用的2.0厚聚合物水泥基弹性防水涂料层，其交付的屋面不符合约定要求，导致屋面渗漏，理应对此承担违约责任。鉴于吴江恒森房地产开发有限公司几经局部维修仍不能彻底解决屋面渗漏问题，双方当事人亦失去信任的合作基础，为彻底解决双方矛盾，原审法院按照司法鉴定意见认定按全面设计方案修复，并判决由吴江恒森房地产开发有限公司自行委托第三方参照全面设计方案对屋面渗漏予以整改，江苏南通二建集团有限公司承担与改建相应责任有事实和法律依据，亦属必要。

3. 全面设计方案修复费用应在考虑案情实际的基础上合理分担。二审法院认为，在确定赔偿责任时，应以造成损害后果的各种影响力原因力大小为原则。一审法院根据天正鉴定所及工程质量检测中心的鉴定意见，认定屋面渗漏江苏南通二建集团有限公司未按设计图纸施工为主要原因，路灯破坏防水层为局部和次要原因。一审法院在鉴定机构就破坏防水层的路灯对屋面防水层整体防水功能的影响程度无法做出明确判断的情况下，鉴于屋面渗漏位置与路灯位置的关系、路灯局部破坏防水层对屋面渗漏整体情形的影响力大小等因素，且江苏南通二建集团有限公司擅自减少工序在先，即使没有该处路灯螺栓孔洞影响防水层，也难避免屋面渗漏的事实，酌情减轻江苏南通二建集团有限公司15万元赔偿责任尚属得当。至于全面设计方案的费用应否下浮9.5%的问题。二审认为，承担全面设计方案的工程造价，是江苏南通二建集团有限公司作为施工人向吴江恒森房地产有限公司承担的违约责任，与工程实际施工工程款结算分属不同的法律关系，江苏南通二建集团有限公司要求比照施工工程款下浮9.5%的方式计算全面设计方案修复费用，缺乏合同依据和法律依据。关于全面设计方案费用中，0~100毫米厚细石混凝土找平层费用53,6379元是否应当扣除的问题。二审认为，0~100毫米厚细石混凝土找平层是涉案工程原设计方案没有的，系全面设计方案中为配合伸缩缝部位翻边设计而增加的，由此增加的费用53,6379元应从总修复费用中扣除。①

【格案致知】

承包人交付的建设工程应符合合同约定的交付条件及相关工程验收标准。工程实际存在明显的质量问题，承包人以工程竣工验收合格证明等主张工程质量合格的，人民法院不予支持。

在双方当事人已失去合作信任的情况下，为解决双方矛盾，人民法院可以判决由发包人自行委托第三方参照修复设计方案对工程质量予以整改，所需费用由承包人承担。

---

① 案例索引：江苏省高级人民法院2012年12月15日判决"某建筑公司与某开发公司施工合同纠纷案"，见《江苏南通二建集团有限公司与吴江恒森房地产开发有限公司建设工程施工合同纠纷案》，载《最高人民法院公报·案例》2014年第8期总第214期。

二十八、合同约定解除应否考虑违约程度

【典型案例 82】 合同约定解险应考虑违约程度

【案由】建设工程施工合同纠纷

【基本案情】

2007年2月，测井公司与挚信公司签订《住宅项目联建合同》，约定挚信公司根据测井公司的需求组织某住宅项目建设。联建面积38310平方米，均价为2460元/平方米。付款方式：（1）合同签订后一周内支付联建款的10%；（2）开工后两周内支付联建款的15%；（3）工程施工到±0后两周内支付联建款的15%；（4）主体工程封顶后两周内支付联建款的30%；（5）主体工程完工后两周内支付联建款的25%；（6）支付联建款剩余的5%。如果测井公司未能按合同约定期限、方式支付工程进度款，挚信公司有权解除合同。

实际履行过程中，双方协商一致将联建面积减少为30820平方米。

2008年5月26日挚信公司以建材、人工费涨价为由要求每平方米增加400元，但未达成一致意见。7月24日，挚信公司以对方未按合同约定支付主体结构封顶后联建款为由，解除《住宅项目联建合同》。测井公司提出异议，要求继续履行合同。2009年5月19日，测井公司起诉到法院，请求确认挚信公司解除合同行为无效，合同继续履行。

一审法院依据变更前的38310平方米计算联建款，认定到主体结构封顶后测井公司尚欠2327万元联建款，构成违约，挚信公司按约解除合同行为有效，驳回了测井公司的诉讼请求。测井公司不服提起上诉，二审法院认为，应依据变更后的30820平方米计算联建款，经查，到主体结构封顶后尚欠311万元，已构成违约，但由于违约程度轻微，且双方仅约定"测井公司未能按合同约定期限、方式支付工程进度款，挚信公司有权解除合同"，没有对未支付工作进度款的具体数额进行约定，此种情况下应由法院依职权确定合同是否继续履行。对于此违约程度轻微且约定不明之情形，挚信公司无权解除合同，遂改判合同继续履行。

【法院意见】

关于合同解除问题，一直以来，大家关注的焦点集中在法定解除上，而对于约定解除涉及较少。本案具有典型性，涉及两个问题：一是何谓合同解除条款约定不明，如果约定不明如何处理；二是约定解除情形下是否完全不考虑违约程度。实际上两个问题的关键是，对于约定解除的适用司法实践中是否应加以必要的限制。就本案观点如下：

测井公司：本案的起因是测井公司不同意挚信公司涨价的不合理要求，测井公司一直按合同约定支付工程进度款，且对法院认定的欠付工程款的事实没有过错，挚信公司通知解除合同的行为违反了诚实信用原则，如果支持其解除合同行为，对测井公司明显不公。

挚信公司：本案约定解除的条件是具体明确的，只要测井公司未按照约定期限、方式支付工程进度款，其就有权解除合同。该约定是双方真实意思表示，现一、二审法院均判定测井公司欠付工程进度款，不管测井公司的主观认识如何，本案约定解除条件已经成就。

二审法院：约定解除亦应考虑违约程度问题，本案测井公司违约程度轻微，双方虽然约定测井公司欠付工程款，挚信公司有权解除合同，但对欠付工程款达到何种程度没有具体约定。此种情况下，是否解除应由法院根据案件的具体情况加以判断，最终判决合同继续履行，是结合本案轻微违约的实际情况，基于公平原则，维护交易秩序稳定之考量。

学者观点：约定解除条款必须明确具体，约定不明视为没有约定。在约定不明情形下，法院判定合同是否解除时，需依法定解除之条件判断。本案二审认定测井公司构成违约，但和7000多万元的总工程款相比，仅欠付300余万元工程款是一般违约，不构成根本违约，为了维护交易秩序稳定，涉案合同应继续履行。

【格案致知】

应对约定解除予以限制，以维护交易安全。

本案对于约定解除条款的适用具有典型性，在各方观点中，学者的观点和二审法院的观点看似一致，实际上还是有区别。学者的观点是以约定不明为前提，转而判断法定解除条件是否成就，进而判断是否支持合同解除行为。而本案二审法院判决的重点在于，或者说其隐含的意思是，即使对解除条件约定十分明确且已经成就（当然本案约定解除的条款不能说十分明确），一方虽然构成违约，但程度轻微，法院能否以此为理由限制对方约定解除权的行使。换言之，就是在审判实践中，是否对约定解除权予以必要的限制。笔者认为，合同约定解除应考虑当事人的违约程度，人民法院应对约定解除权予以必要限制。主要理由如下：

1. 合同约定的解除条件必须明确具体。

合同约定解除条件与合同关系的稳定性密切相关，与合同各方当事人的利益紧密相连。约定具体明确是一个事实标准，如果当事人对解除合同的条件约定不明，可能出现的情况是，一方认为约定解除的条件已经成就，而另一方认为约定解除的条件没有成就，当诉诸法院时，法官也只能通过对约定解除条件的文意解释来确定条件是否明确。如果通过文意解释，无法判断合同约定解除的具体条件，则意味着合同解除约定不明。一般认为，约定不明视为没有约定，此种情况下，约定解除条款不再适用，合同能否解除准用法定解除之判断标准。

但是，针对具体个案，对于约定解除条件是否明确可能会有不同认识。以本案为例，对"测井公司未能按合同约定期限、方式支付工程进度款，挚信公司有权解除合同"之约定是否明确就有不同认识。有观点认为，这个约定是明确的，只要测井公司未按约定期限或方式支付工程进度款，合同解除权就成就。现在二审法院认定，测井公司未按约定期限支付工程款的数额达300余万元，明显构成违约，已符合该约定解除的条件，而且该条约定并不违反法律、行政法规禁止性的规定，亦不危害国家、集体或第三人利益。更进一步讲,即使测井公司欠付 1 元工程款,也是未按约定期限支付工程款,举轻以明重,本案欠付 300 余万元工程款当然可以解除。再者,如果测井公司认为该约定属重大误解或显失公平,应提起撤销之诉,而其并未提起,法院当然应认可挚信公司解除合同的效力。而另一种观点则认为,该条约定明显属约定不明确,根据此条,认为欠付 1 元或 1000 万元均可以解除合同,显然是约定不明,约定不明时,则准用法定解除的判断标准。本案欠付 300 余万元仅是一般违约,不构成根本违约,合同不得解除。两种观点争执不下,因为从文意上看本案既可以说约定不明,也可以说约定明确,只不过对测井公司一方过于苛刻而已。那么,此时不得不考虑另外一个路径,此种情况下即使约定解除条件成就,法院是否能对约定解除加以必要的限制?如果进行限制,理由何在,这就引出下文的论述。

2. 对合同约定解除加以必要限制是维护交易稳定的需要。

尽管合同是当事人协商一致的产物,但是解除合同条件约定的过于随意,会使合同被解除的危险增加,不利于交易的安全和稳定。而且,有可能会使解除权人恶意行使解除权,从中获取不正当利益,或者造成违约方损失过大,有违公平正义。有观点主张,**约定解除合同的条件应是严重影响合同一方或双方重大利益的情况**,否则,不能作为解除合同的条件,即使写进了合同,也应视为该条件不存在,不产生合同解除权。笔者不完全认可约定解除合同的条件应是严重影响合同一方或双方重大利益的观点,但为了维护交易安全的需要,如果当事人对约定解除的条件过于随意,或者对一方过于宽松而对另一方过于苛刻,则法院有必要予以审查。本案即是如此,根据"测井公司未能按合同约定期限、方式支付工程进度款,挚信公司有权解除合同"之约定,如果认为欠付 1 元和欠付 1000 万元合同解除权同样成就,这样的约定就过于随意,使挚信公司有了滥用解除权的危险,法院必须进行审查。

3. 对约定解除加以必要限制是利益衡平的需要。

合同解除权制度的立法价值是相关主体之间的利益衡平,对利益衡平的追求是对约定解除权进行限制的根本动因。关于追求衡平的利益主体,应做广义理解,不仅仅局限于合同主体之间,还应包括合同个人和社会之间的利益衡平问题。传统的合同自由在强调当事人意思自治的同时,却忽略了主体事实上的不平等状况。另外,基于社会公正的考虑,当代各国立法基本上都对当事人私权利的行使做了必要限制。"任何一种私法制度都是建立在私人利益和社会利益的基础之上的,如果个人利益的膨胀打破了这种平衡,法律就要进行纠正而恢复。"因此,从实现个人利益与社会利益、个人利益与个人利益之间的衡平角度来说,应当对约定解除权的行使进行必要的限制。当然,由于约定解除权从根本上来说是当事人意思自治的结果,因此限制解除的事由不可一概而论,只能赋予法官自由裁量权,根据案件的具体情况确定,同时还应遵循一些原则:

首先,应遵循不损害公共利益原则。个体利益实现的同时可能会给社会造成损害。因此,对实现个人利益最低的法律要求是不损害社会利益。

其次,应遵循利益限制的衡平原则。"任何法律都可能因为特定的必要理由而对人们的利益进行必要的限制。但是这种限制必须有合理的界限和标准。"因此,利益的衡平是对约定解除权进行限制的核心。本案如果支持挚信公司解除合同的行为,其将因此获得巨大利益,而测井公司的几百个职工集资建房的初衷无法实现,显然不公平。衡平各方利益是法院的重要职能,在当事人之间的利益发生严重不平等时,法院就可以基于公平考量施加影响,以保证合同主体利益的均衡。

综上,本案中,抛开当事人约定是否明确一节,为了维护交易的稳定,从利益衡平的角度,考虑到当事人的违约程度比较轻微,从而对另一方的约定解除权加以限制是必要的、合适的。①

二十九、施工合同解除后,剩余材料的处理

【典型案例83】做了现场交接,但没有确定价格,也无法鉴定,法院酌定

【案号】(2015)民提字第142号

【案由】建设工程施工合同纠纷

【法院意见】

关于华丰公司应退还材料款的认定问题。

经查,南海二建退场时,在2007年11月29日就现场剩余材料和铝合金材料的处理与华丰公司达成一致,由华丰公司依照《移交清单》上确认清点的具体材料及项目按照当时投标清单中有关价款接收。因该项目未委托鉴定机构进行鉴定,而华丰公司已接收使用,难以后续鉴定确定价款,一审法院结合《移交清单》上材料项目及完工状况,比对《工程造价鉴定书》与《工程量清单报价表》价款,参照南海二建依当时投标清单有关价格提出的价款22,9749元酌情支持六成并无不当。

【典型案例84】无约定归属,难以认定该材料仅能用于涉案工程,不支持施工方诉请

【案号】(2015)浙绍民终字第322号

【案由】建设工程施工合同纠纷

【法院意见】

对于康业公司主张现场材料费用应由嘉元公司赔偿的主张能否成立。本院评析如下:对于现场材料费用的问题。因该材料尚未用于本案工程,康业公司享有对该材料的所有权,且本院难以认定该材料仅能用于涉案工程,故原审法院未支持康业公司要求嘉元公司收购材料的诉请并无不当。

【典型案例85】清点后未立即交接,后来交接时未再清点

【案号】(2015)宁民终字第1948号

【案由】建设工程施工合同纠纷

【法院意见】

双方均认可2011年5月对现场剩余物资进行的清点,但此后施工现场一直由二建公司控制,直到2012年3月16日双方进行交接,但交接时双方对现场物资没有清点。现双方

---

① 姚宝华载《人民法院报》2011年11月17日第七版。

对 2012 年 3 月 16 日进行交接时现场有无二建公司主张的剩余物资存在争议，二建公司提供的证据不足以证明 2012 年 3 月 16 日后现场存在其主张的剩余物资以及剩余物资的数量、价款等，且双方在合同中对剩余物资的处理也无约定，故对二建公司的主张本院不予支持。

【典型案例 86】停工、窝工、机械台班、租赁等损失的鉴定

【案号】（2013）杭余民初字第 1798 号

【案由】建设工程施工合同纠纷

【法院意见】

关于损失赔偿问题。依照《施工合同司法解释》第 10 条第 2 款之规定，因一方违约导致合同解除的，违约方应当赔偿因此而给对方造成的损失。本案中，因被告梦工场公司未按约定支付工程款导致合同解除，原告贝利公司有权要求被告梦工场公司赔偿损失。

关于停工、窝工、机械台班、租赁等损失的鉴定：因本案系被告梦工场公司未按约支付工程款的违约行为导致原告贝利公司于 2013 年 7 月停工及按合同的约定要求解除合同，根据涉案工程的实际规模，本院认为原告贝利公司要求被告梦工场公司赔偿从 2013 年 8 月 1 日至 10 月 30 日停工期间的人工工资、机械租赁费、钢管租赁费损失，其要求应属合理，上述损失经委托鉴定为 109,1474 元，本院对此予以支持。被告梦工场公司关于停工人工损失缺乏依据，停工机械、钢管租赁系扩大损失，不应予以赔偿的抗辩意见，缺乏依据，本院不予支持。

【典型案例 87】停工后，双方对争议部分未进行清点、保留，诉讼中已不具备查清本部分用量的基础，法院酌定

【案号】（2016）京 02 民终 2416 号

【案由】建设工程施工合同纠纷

【法院意见】

有争议部分主要集中在东方澳华公司主张的未安装部分的材料费和加工费。由于中途停工，造成部分预购材料无法使用，对此产生的材料费及相应加工费，应视为东方澳华公司对工程的实际支出。停工后，双方对该部分未进行清点、保留，诉讼中已不具备查清本部分用量的基础，故原审法院根据东方澳华公司主张的数额，采纳鉴定机构的意见，酌情支持一半，处理并无不当，本院予以维持，据此确定未安装部分材料及加工费。

【格案致知】

关于承包人为工程施工订购并已付款的材料、工程设备和其他物品的处理以及采购合同权益处理。

坚持以下原则：（1）为工程施工订购并已付款的材料、工程设备和其他物品必须合格。（2）考虑违约方过错。（3）施工方负有现场看护责任。（4）举证责任在承包方。

实务中，可参照 2017 版施工合同范本规定的施工合同解除的情况下已购材料和采购合同权益处理。

16.1.4　因发包人违约解除合同后的付款

承包人按照本款约定解除合同的，发包人应在解除合同后 28 天内支付下列款项，

并解除履约担保:

……

(2) 承包人为工程施工订购并已付款的材料、工程设备和其他物品的价款;

……

承包人应妥善做好已完工程和与工程有关的已购材料、工程设备的保护和移交工作,并将施工设备和人员撤出施工现场,发包人应为承包人撤出提供必要条件。

16.2.3 因承包人违约解除合同

除专用合同条款另有约定外,出现第16.2.1项〔承包人违约的情形〕第(7)目约定的违约情况时,或监理人发出整改通知后,承包人在指定的合理期限内仍不纠正违约行为并致使合同目的不能实现的,发包人有权解除合同。合同解除后,因继续完成工程的需要,发包人有权使用承包人在施工现场的材料、设备、临时工程、承包人文件和由承包人或以其名义编制的其他文件,合同当事人应在专用合同条款约定相应费用的承担方式。发包人继续使用的行为不免除或减轻承包人应承担的违约责任。

16.2.4 因承包人违约解除合同后的处理

因承包人原因导致合同解除的,则合同当事人应在合同解除后28天内完成估价、付款和清算,并按以下约定执行:

(1) 合同解除后,按第4.4款〔商定或确定〕商定或确定承包人实际完成工作对应的合同价款,以及承包人已提供的材料、工程设备、施工设备和临时工程等的价值;

16.2.5 采购合同权益转让

因承包人违约解除合同的,发包人有权要求承包人将其为实施合同而签订的材料和设备的采购合同的权益转让给发包人,承包人应在收到解除合同通知后14天内,协助发包人与采购合同的供应商达成相关的转让协议。

《建设工程造价鉴定规范》规定:5.10 合同解除争议的鉴定

5.10.1 工程合同解除后,当事人就价款结算发生争议,如送鉴的证据满足鉴定要求的,按送鉴的证据进行鉴定;不能满足鉴定要求的,鉴定人应提请委托人组织现场勘验或核对,会同当事人采取以下措施进行鉴定:

2 清点施工现场人、材、机数量;

5.10.3 委托人认定发包人违约导致合同解除的,应包括以下费用:

2 已付款的材料、设备等物品的金额(付款后归发包人所有);

5.10.4 委托人认定承包人违约导致合同解除的,应包括以下费用:

2 已付款的材料设备等物品的金额(付款后归发包人所有);

三十、黑白合同效力认定以及效力认定在施工合同解除纠纷中的必要性

【典型案例88】一审认定有效,二审认定无效

【案号】(2016)最高法民再352号

【案由】建设工程施工合同纠纷

【法院意见】

最高人民法院再审认为，关于二审判决解除案涉合同是否正确的问题。根据已经查明的事实，易兴公司经过招投标成为案涉工程中标人，并与鸿基公司签订施工合同，该施工合同与中标合同一致，是双方当事人的真实意思表示，且不违反法律、行政法规的强制性规定，合法有效。施工合同签订后，双方又签订了《补充协议》和《施工协议》，对工程价款的计算方式和支付方式等施工合同的实质性内容进行了变更，违反了《中华人民共和国招标投标法》第 46 条关于"招标人和中标人不得再行订立背离合同实质性内容的其他协议"的规定，应当认定为无效。二审判决解除《施工协议》和《补充协议》错误，本院予以纠正。对于施工合同而言，从已经查明的事实看，鸿基公司支付的工程款已经超过工程总价的 85%，不存在拖欠，二审判决认定鸿基公司享有法定解除权，并支持鸿基公司关于解除施工合同的诉讼请求，并无不当。

【典型案例89】黑白合同效力认定以及效力认定在施工合同解除纠纷中的必要性

【案号】（2015）包民再字第 33 号

【案由】建设工程施工合同纠纷

【法院意见】

关于双方于 2010 年 4 月 18 日签订的《建设工程施工合同》是否有效的问题。牡丹园公司与中苑公司于 2010 年 4 月 18 日签订了《建设工程施工合同》，即 4·18 合同，中苑公司于 2010 年 4 月 28 日即开工建设，双方均按该合同行使权利履行义务。在 4·18 合同的基础上，该工程项目经过招投标，双方随后于 2010 年 6 月 15 日、2010 年 8 月 23 日分别签订了三份《建设工程施工合同》，并进行了备案。2011 年 8 月 3 日，牡丹园公司与中苑公司签订的《补充协议》，明确双方签订的三份《建设工程施工合同》，仅作为办理相关资料及备案用，不作为其他结算依据，双方职责及工程结算均按照 4·18 合同和 2010 年 7 月 5 日的《补充协议》及 2011 年签订的《补充协议》执行。该协议签订时工程已进行招投标，双方在遵循公开、公平、自愿原则基础上签订《补充协议》，再次确认 4·18 合同为双方实际履行的合同，而事实上双方履行的即是 4·18 合同。结合双方在该工程项目形成的所有协议内容，4·18 合同与备案合同在工期、价款、质量标准、违约责任等实质性内容方面，虽有不同表述，但没有使合同当事人之间权利义务关系失衡而显失公平。如果按三份备案合同约定包死价结算工程款，以鉴定报告中苑公司完成工程造价及工程量的比率折算，会得出牡丹园公司已超付中苑公司工程款的结果。因此，4·18 合同及双方在履行该合同过程中签订的相关合同和《补充协议》，均是双方当事人的真实意思表示，上述协议内容亦不违反法律、法规的强制性规定，没有侵害他人利益，双方权利义务平等，应为合法有效。只有客观、全面地认定事实，双方当事人权利义务的分配才具有完整性，才能平等保护当事人的合法权益，根据双方实际履行合同的基本事实，认定 4·18 合同有效更符合本案的客观事实。一审判决认定 4·18 合同违反《中华人民共和国招标投标法》第 46 条及《合同法》第 52 条第

（五）项强制性规定，合同内容部分无效不当，牡丹园公司上诉请求4·18合同有效的理由成立，予以支持。中苑公司上诉请求4·18合同无效的理由不能成立，不予支持。

【格案致知】

《施工合同司法解释》第21条规定："当事人就同一建设工程另行订立的建设工程施工合同与经过备案的中标合同实质性内容不一致的，应当以备案的中标合同作为结算工程价款的根据。"此条规定仅是明确了以备案的中标合同为结算依据，并没有对黑白合同效力作出判断。但是在解除合同纠纷案件中，必须首先认定黑白合同的效力，因为只有有效合同才存在解除的问题。

《施工合同司法解释（二）》第1条第2款，招标人和中标人另行签订的建设工程施工合同约定的工程范围、建设工期、工程质量、工程价款等实质性内容，与中标合同不一致，一方当事人请求按照中标合同确定权利义务的，人民法院应予支持。这实际上是否定了黑合同的效力，在此情况下，如果涉及解除合同，解除中标合同即可，违约金也按照中标合同约定计算。

三十一、先行判决或裁决解除合同的前提条件

【典型案例90】 为了防止损失进一步扩大，可依法先行判决解除施工合同

【案号】（2015）皖民四终字第00370号

【案由】建设工程施工合同纠纷

【法院意见】

原审法院判决解除九洲公司与建六局之间的建设工程施工合同是否有事实和法律依据？

本案中，九洲公司与建六局于2012年7月30日签订《建设工程施工合同》。次日，九洲公司与建六局签订《九洲国际广场项目建设工程施工合同补充协议》，约定"因乙方的原因未按期开工或竣工，其中任何一项逾期超过30日的，甲方有权解除合同"。本案中，监理单位于2012年9月14日向建六局下发工程开工令，但建六局未能按照合同约定完成全部施工。2014年5月19日，建六局承诺在2014年10月1日竣工，建六局亦未按照该承诺完成施工。2014年11月28日，九洲公司通知建六局抓紧时间施工，否则解除施工合同。2014年12月9日，九洲公司再次通知解除施工合同。该两份通知通过顺丰速运寄送。且在本案原审法院审理过程中，原审法院组织听证，听证期间，建六局同意继续施工，但至今建六局仍未重新组织施工。建六局的行为表明，其已不再履行合同的主要义务。《合同法》第94条规定，有下列情形之一的，当事人可以解除合同，即在履行期限届满之前，当事人一方明确表示或者以自己的行为表明不履行主要债务。因案涉工程至今未能竣工，已超过合同约定的竣工日期多日，而建六局在九洲公司多次催告后，仍未能在合理期限内完成合同主要义务，原审法院据此判决解除案涉合同，符合法律规定。《民事诉讼法》第153条规定"人民法院审理案件，其中一部分事实已经

清楚，可以就该部分先行判决"，建六局以实际行为表示不再继续履行合同的事实已经清楚，原审先行判决解除合同，有利于防止损失进一步扩大，并不违反法律规定，且符合本案实际，应予维持。

【格案致知】

《民事诉讼法》第 153 条规定"人民法院审理案件，其中一部分事实已经清楚，可以就该部分先行判决"。就施工合同来讲，如果当事人要求解除合同的理由成立，可以先行判决解除合同，解除合同后，如果双方不再僵持，损失不再扩大，起到止损的作用。

从实务操作来讲，在没有结算的情况下，施工方是不愿意退场的，一般会涉及通过强制执行强迫施工方退场的问题，退场之前必须弄清以下问题，便于结算化解矛盾：必须依当事人请求提出；申请人享有解除权；已完工程和未完工程界面清晰等。

先行解除合同还要考虑利益平衡及诉讼的效率。先行解除合同一般对发包方有利，施工方一旦退场，发包方可能会占据更多的优势，可能会出现发包方不配合诉讼或仲裁的行为，诉讼或仲裁程序不能顺利进行，降低审理效率。再者，先行解除后会涉及执行问题，强迫施工队伍退场风险很大，尤其是在尚未结算的情况下。

先行判决或裁决解除合同的前提条件：必须依当事人请求提出，申请方享有解除权，已完工程和未完工程界面确定且清晰。

三十二、在一方已经履行完了合同义务的情况下，另一方要求解除合同，能否得到支持

【典型案例91】施工单位已履行施工合同主要义务，并不存在根本违约情形，故发包方不享有法定解除权

【案号】（2015）镇民终字第 1510 号

【案由】建设工程施工合同纠纷

【法院意见】

营房公司与建安公司签订的建设工程施工合同及补充协议系双方真实意思表示且不违反法律的规定，应当认定合法有效，双方应当按照双方约定全面履行合同义务。建安公司为营房公司建设的综合楼主体工程已经完成，但建安公司未能在约定的期限内完成补充工程量，且已经完成的工程存在质量瑕疵，营房公司多次催告后至诉讼前仍未修复整改到位，营房公司现要求解除与建安公司间的建设工程合同合乎法律规定，依法予以支持。营房公司不服原审法院判决，向本院提起上诉称：同意解除合同的判决，不服其他判项。

二审法院就关于双方签订的建设工程施工合同能否解除之问题作出判决。

因合同并未就解除作出明确约定，故营房公司能否解除合同，取决于其是否享有《合同法》第 94 条规定的法定解除权。该条规定的法定解除权主要在于一方当事人不履行主要义务，对方当事人即可解除合同。本案中，涉案建筑物已建成，主体结构并无质

量问题,亦即建安公司已履行建设工程施工合同约定的主要义务,并不存在根本违约情形,故营房公司不享有法定解除权。营房公司主张解除其与建安公司之间的建设工程施工合同,于法无据,不予支持。

【典型案例92】法院以主体工程已经质量验收,承包方已履行合同约定的主要施工义务为由,不支持承包方解除合同的诉讼请求

【案号】(2015)鄂黄冈中民二初字第00074号

【案由】建设工程施工合同纠纷

【基本案情】

2013年11月20日,湖北当当公司与赤东建设集团签订建设工程施工合同。合同签订后,赤东建设集团进场施工。后经施工单位、监理单位、勘察单位和设计单位、建设单位(以下简称"四方")对桩基础工程和主体工程质量进行验收,认为符合相关验收规范要求,验收合格。后因工程款支付问题,双方产生争议。赤东建设集团提起诉讼主张解除与湖北当当公司签订的建设工程施工合同并结算。

【法院意见】

本院认为,本案争议焦点为:

1. 关于赤东建设集团主张解除与湖北当当公司签订的建设工程施工合同是否符合法律规定?

湖北当当公司与赤东建设集团签订《湖北省建设工程施工合同》系双方当事人真实意思表示,且不违反法律规定,依法成立并生效。双方当事人应当严格依照合同约定履行义务。

《施工合同司法解释》第9条规定:"发包人具有下列情形之一,致使承包人无法施工,且在催告的合理期限内仍未履行相应义务,承包人请求解除建设工程施工合同的,应予支持……"。因本案中1-10号楼主体工程已经质量验收,赤东建设集团已履行合同约定的主要建设施工义务,赤东建设集团在此情况下要求解除合同,不符合上述司法解释"致使承包人无法施工"的规定,且未提交证据证实已给予湖北当当公司催告的合理期限,故对赤东建设集团要求解除双方签订《湖北省建设工程施工合同》的诉讼请求,本院不予支持。

2. 赤东建设集团主张的工程款,违约金,可获利益,延期付款利息,钢管、扣件、设备租金及管理人员工资是否应当支持?

赤东建设集团与湖北当当公司对工程造价虽然约定了固定价款,但同时约定了合同价格可调,并约定了工程计量、计价依据,且在施工中发生了工程量变更、增加,故本案不能采取固定价款结算。

赤东建设集团主张湖北当当公司支付工程款2380万元,应当承担相应的举证责任。赤东建设集团提供的证据材料,可证实赤东建设集团施工的具体工程量,但不能证实相应的工程价款。对工程款的计算,涉及专业性较强,内容复杂,应由法定鉴定机构鉴定,但经本院释明,赤东建设集团不申请鉴定,亦明确表示不缴纳鉴定费,对其工程款的具体数额，不能确定。故对赤东建设集团主张工程款的诉讼请求，本院不予采信。

【格案致知】

典型案例91中，在施工方全部完成了施工义务且质量验收合格的前提下，业主要求解除施工合同。施工合同解除的效力只向将来消灭，对已经履行的部分没有溯及力，在主要义务已经履行完毕且验收合格的情况下，已经没有需要解除的内容，剩下来的合同内容只有结算。

典型案例92中，施工方完成了主要施工义务且工程质量不存在问题的情况下，施工方要求解除合同。在此种情况下，施工方直接要求结算即可，无需解除合同。除非尚处在支付进度款阶段，还不具备结算条件，必须解除合同才能进行总清算。

三十三、合同解除后，施工方有义务配合业主办理竣工验收手续

【典型案例93】配合办理竣工验收手续，能否作为一项诉讼请求

【案号】（2015）赣民一终字第16号

【案由】建设工程施工合同纠纷

【法院意见】

关于解除合同的时间问题。原审认定银信公司因财务状况恶化，未能及时支付城建公司工程进度款，已不具备继续履行合同的能力，双方当事人均同意解除涉案施工合同，故判决解除城建公司与银信公司签订的《建设工程施工合同》及相关补充协议。但城建公司上诉要求确认双方签订的《建设工程施工合同》及其相关补充协议已于2013年12月18日解除。2013年12月5日城建公司向银信公司发出了《关于主张不安履行抗辩权的函》，12月10日银信公司复函城建公司要求其继续履行合同，城建公司又于12月18日发出《关于〈赣州银信置业有限公司复函〉的回函》申明城建公司将采取法律手段依法解除与银信公司的所有合同。可见当时双方并未就解除合同达成一致意见。《合同法》第96条规定："合同自通知到达对方时解除。对方有异议的，可以请求人民法院或仲裁机构确认解除合同的效力。"城建公司要求确认2013年12月18日为解除《建设工程施工合同》及其相关补充协议的时间无事实依据，不符合《合同法》规定的单方行使合同解除权的形式要件。原审法院已经判决依法解除双方签订的《建设工程施工合同》及相关补充协议符合法律规定。

关于城建公司应否配合银信公司办理竣工验收手续的问题。原审判决城建公司应就其完成的工程配合银信公司办理竣工验收手续。而城建公司认为双方的合同于2013年12月18日已经解除，故城建公司不应承担办理竣工验收手续等义务。《中华人民共和国建筑法》（2019修正，简称《建筑法》，全书同）第61条第1款规定："交付竣工验收的建筑工程，必须符合规定的建筑工程质量标准，有完整的工程技术经济资料和经签署的工程保修书，并具备国家规定的其他竣工条件。"建筑施工人的建筑活动直接决定了其施工完成的工程质量能否合乎国家法律规定及当事人约定的质量标准要求，同时还

负有保留并交付与建设工程相关的一系列技术资料，确保其施工完成的工程符合竣工验收的要求。可见建筑施工人保证工程质量和交付施工资料是合同义务，也是法定义务。故城建公司负有就其已完成部分工程配合银信公司在相关工程符合竣工验收条件时办理竣工验收手续的合同附随义务和法定义务。城建公司以解除合同为由免除其配合银信公司办理竣工验收手续等义务的诉求，无事实和法律依据。

【典型案例94】施工合同解除后，要求施工方提供施工资料

【案号】（2016）最高法民终484号

【案由】建设工程施工合同纠纷

【法院意见】

关于施工方通州建总应否交付兴华公司工程竣工验收报告和完整的工程竣工资料问题。《建筑法》第61条第1款规定："交付竣工验收的建筑工程，必须符合规定的建筑工程质量标准，有完整的工程技术经济资料和经签署的工程保修书，并具备国家规定的其他竣工条件。"《建设工程质量管理条例》（2019修正）第16条规定："建设单位在收到建设工程竣工报告后，应当组织设计、施工、工程监理等有关单位进行竣工验收。建设工程竣工验收应当具备下列条件：（一）完成建设工程设计和合同约定的各项内容；（二）有完整的技术档案和施工管理资料；（三）有工程使用的主要建筑材料、建筑构配件和设备的进场试验报告；（四）有勘察、设计、施工、工程监理等单位分别签署的质量合格文件；（五）有施工单位签署的工程保修书。建设工程经验收合格后，方可交付使用。"双方合同通用条款第32.1条约定："工程具备竣工验收条件，承包人按国家有关工程竣工验收规定，向发包人提供完整竣工资料及竣工验收报告。双方约定由承包人提供竣工图的，应当在专用条款内约定提供的日期及份数。"故提交工程竣工报告和竣工资料是承包方的法定义务及双方合同约定义务，通州建总应交付兴华公司工程竣工报告及竣工资料。兴华公司该项反诉请求成立，应予支持。最高法院维持一审判决通州建总于判决生效之日起30日内交付兴华公司涉案工程竣工报告及竣工资料。

【格案致知】

案例93和案例94涉及两个问题，一是合同解除后施工方仍然有配合验收、提交施工资料的义务；二是要求提交施工资料要具体明确，列出明细清单，明确为特定物，不要笼统地以种类物形式提出。

《民事诉讼法》第119条规定："起诉必须符合下列条件：（一）原告是与本案有直接利害关系的公民、法人和其他组织；（二）有明确的被告；（三）有具体的诉讼请求和事实、理由；（四）属于人民法院受理民事诉讼的范围和受诉人民法院管辖。"据此规定，要求施工单位提供办理房屋产权证所需资料的诉求应明确具体。

《建设工程施工合同》中约定需由施工方交付的施工资料应系特定物，而非种类物，当事人不列出资料明细，应视为其诉讼请求不明确，其起诉不具备上述法律规定的条件。尽管如此，实务中，很多法院也会据此进行判决，也有法院以诉讼请求不明确而驳回诉讼的案例。如果在诉讼阶段，法院能够释明最好。

三十四、法院或者仲裁庭的释明义务

【典型案例 95】 施工方要求解除合同，合同无效情形下的释明义务

【案号】（2016）黑民初 19 号
【案由】建设工程施工合同纠纷
【法院意见】

根据当事人诉辩意见及本院对证据和事实的认定情况，本案争议的焦点为：案涉建设工程施工合同及补充协议的效力问题。

根据《招标投标法》之规定，案涉工程属于必须进行招标的工程建设项目。根据《招标投标法》第 55 条规定，依法必须进行招标的项目，招标人与投标人就投标价格、投标方案等实质性内容进行谈判，影响中标结果的，中标无效。本案中，在进行招标投标程序前，原被告已就案涉工程的承包范围、造价依据、付款方式及垫资款和逾期付款利息等实质性内容进行谈判并签订了《建设工程施工合同》。该合同中明确约定若工程涉及按招投标程序履行程序时，双方以该合同约定内容为依据，另行签订合同文本。而后双方签订的 2 份《建设工程施工合同》均系为履行招投标手续而签订，且从形式上看，该 2 份合同的签订时间早于中标时间，故案涉工程招标程序因违反《招标投标法》第 55 条规定而中标无效。根据《施工合同司法解释》第 1 条第 3 项规定，建设工程必须进行招标而未招标或者中标无效的，应当根据《合同法》第 52 条第（五）项规定，认定施工合同无效，故案涉施工合同为无效合同。因双方随后就应付工程款事宜签订《协议书》系为满足工程项目继续施工，保证双方权益在双方签订主合同基础上形成的补充协议，在案涉施工合同无效的情况下，补充协议亦属于无效合同。原告诉请解除双方就案涉工程签订的 2 份合同，而合同解除应以合同有效为前提，经本院就案涉施工合同效力问题向原告释明后，原告坚持不变更诉讼请求，对原告该项诉讼请求，本院不予支持。

【格案致知】

2020 年 5 月 1 日实施的《最高人民法院关于民事诉讼证据的若干规定》（以下简称《诉讼证据规定》）第 2 条第 1 款规定："人民法院应当向当事人说明举证的要求及法律后果，促使当事人在合理的期限内积极、全面、正确、诚实地完成举证。"第 53 条第 1 款规定："诉讼过程中，当事人主张的法律关系性质或者民事行为效力与人民法院根据案件事实作出的认定不一致的，人民法院应当将法律关系性质或者民事行为效力作为焦点问题进行审理。"这是我国最高审判机关首次以司法解释的方式赋予法官行使释明权的一种法律制度。

如果释明是一种义务，那么未经释明，即是违反了法定程序，原审未履行"释明"义务案件二审必须发回重审吗？未履行"释明"义务是否属严重违反法定程序的情形？未履行"释明"义务是否符合发回重审或再审的条件？

《民事诉讼法》第170条规定了发回重审的情形："第二审人民法院对上诉案件，经过审理，按照下列情形，分别处理……（四）原判决遗漏当事人或者违法缺席判决等严重违反法定程序的，裁定撤销原判决，发回原审人民法院重审。"最高人民法院《关于适用〈中华人民共和国民事诉讼法〉的解释》第325条明确了严重违反法定程序的四种情形："下列情形，可以认定为民事诉讼法第170条第一款第四项规定的严重违反法定程序：（一）审判组织的组成不合法的；（二）应当回避的审判人员未回避的；（三）无诉讼行为能力人未经法定代理人代为诉讼的；（四）违法剥夺当事人辩论权利的。"

按上述规定，司法解释也没有直接将"法院未履行告知或释明义务"列为严重违反法定程序之列。因此，"法院未履行告知或释明义务"就不属于发回重审或再审的情形。

深入研究一下，如果不释明有可能涉及剥夺辩论权、质证权等。由此可见，"法院未履行告知或释明义务"侵犯或损害的是当事人的变更诉讼请求的选择权及其选择之后的举证权及辩论权，该等严重违反法定程序的情形应当归属或归类于最高人民法院《关于适用〈中华人民共和国民事诉讼法〉的解释》第325条规定第（四）项有关"违法剥夺当事人辩论权利"的情形。

释明到底是一种权利还是一种义务？《施工合同司法解释（二）》第14条规定："当事人对工程造价、质量、修复费用等专门性问题有争议，人民法院认为需要鉴定的，应当向负有举证责任的当事人释明。当事人经释明未申请鉴定，虽申请鉴定但未支付鉴定费用或者拒不提供相关材料的，应当承担举证不能的法律后果。"这是关于鉴定举证责任的释明义务。

《合同法》第110条规定，当事人一方不履行非金钱债务或者履行非金钱债务不符合约定的，对方可以要求履行，但有下列情形之一的除外：（一）法律上或者事实上不能履行；（二）债务的标的不适于强制履行或者履行费用过高；（三）债权人在合理期限内未要求履行。

《四川省高级人民法院关于审理合同解除纠纷案件若干问题的指导意见》（川高法〔2016〕149号）第6条规定，一方当事人不履行非金钱债务或者履行非金钱债务不符合约定，相对方请求继续履行合同，人民法院经审理后认为属于《合同法》第110条规定情形的，应当向相对方释明是否变更诉讼请求为解除合同，并根据《合同法》第97条的规定要求违约方承担相应责任。当事人拒绝变更的，人民法院可以判决驳回其诉讼请求。第22条规定，当事人请求解除合同，未根据合同法第97条的规定要求恢复原状、采取其他补救措施及赔偿损失的，人民法院应当向当事人进行释明是否增加诉讼请求。

上述规定或指导意见都涉及释明问题。从上述规定看来，我国法官的释明，应理解为法官应尽的义务而非权利。

释明的意义：要考虑不释明会否侵犯或忽略程序权利和实体权利，比如不释明可能会剥夺辩论权问题等。

施工合同纠纷中常见的释明事项：如是否增加第三人或被告；违约金过高或过低，是否要求调整；是否进行造价鉴定；要不要变更诉讼请求；鉴定风险；合同效力和诉讼请求的关系；不同法律关系合并审理；反诉或抗辩等。

三十五、解除合同后，另行选择施工队伍恢复施工造成的损失

【典型案例96】重新招标的代理费、工程价款的差价损失

【案号】（2016）鲁民终262号

【案由】建设工程施工合同纠纷

【法院意见】

1. 关于后续工程重新招投标发生的招标代理费用承担问题。

海情公司与天元公司签订施工合同，后海情公司依合同约定解除了双方所签订的《建设工程施工合同》。合同解除后，海情公司为继续施工，与造价咨询公司签订招标代理合同，就涉案的后续工程进行招投标发生的招标代理费用共计13万元。在本案中，海情公司已按合同约定请求了违约金，该违约金是由于天元公司违约给海情公司造成的损失，双方解除合同后，海情公司后续所发生的费用，与天元公司没有法律关系，海情公司请求该项费用由天元公司负担，没有法律依据，法院不予支持。

2. 因天元公司违约导致海情公司增加的工程造价损失。

海情公司请求天元公司按照其"已施工工程造价＋后续工程造价－原合同总价"计算赔偿海情公司因天元公司违约导致增加的工程造价损失，是否应支持？对于海情公司该项请求，原审法院认为，在合同依法解除后，天元公司依合同约定承担了违约责任，双方之间的权利义务已履行完毕，海情公司对于未完工程重新招标施工，是另一法律关系，后续工程造价与天元公司没有法律关系，海情公司请求因天元公司违约导致增加的工程造价损失，没有法律依据。

关于海情公司主张因天元公司违约应赔偿其重新选择施工人所发生的实际费用和增加工程价款损失问题。二审法院认为，因从《合同法》有关违约金规定的立法本意看，是为了弥补守约方的经济损失，具有明显的填补损失的功能，属赔偿性违约金。在本案中，海情公司有关违约金的请求已得到部分支持，相关经济损失亦已得到弥补。在此情况下，海情公司再主张"两项费用"无事实与法律依据。

【典型案例97】诉求与本案非同一法律关系，本案不予审理，可另行主张权利

【案号】（2013）淄民一初字第128号

【案由】建设工程施工合同纠纷

【基本案情】

原告安泰建工提起诉讼请求：解除原、被告的建设工程施工合同。被告中佳公司反诉请求为，要求原告赔偿损失，理由为：因安泰建工原因导致双方建设工程施工合同解除，涉案工程由山东博泰建工有限公司进行后续施工，从而导致合同定额出现差价，造

成中佳公司的经济损失。

法院认为，中佳公司反诉要求安泰建工赔偿损失，理由是因涉案合同解除，致使其重新发包导致的定额差价损失，经审查，该诉求与本案非同一法律关系，本案不予审理，中佳公司可另行主张权利。

【格案致知】

实务中，解除合同后，业主必须另行选择施工队伍继续完成施工，这样必然造成损失，如造价损失、工期损失、重新招标费和监理期限延长增加的费用等。但这些损失该不该由违约方或过错方承担？如何计算？都是这类纠纷的难点之一。

典型案例96中，法院认为，这些费用都包含在违约金里了，即违约金已经涵盖了这些损失。如果承包方认为这些损失已经实际发生并高于违约金数额，应该举证证明。典型案例97中，法院认为，该诉求与本案非同一法律关系，本案不予审理，发包方可另行主张权利。

上述两种情形面临着同样的问题，鉴于工程造价形成的复杂性以及受到多重因素影响，如何判定后续合同造价的合理性，这个造价能否作为计算差价损失的事实根据。差价即使能够计算，但如何保证差价和违约的关联性，都会有很大争议。

三十六、解除施工合同，以物抵债协议的效力和抵扣问题

【典型案例98】《房屋抵顶工程款协议书》约定的房屋抵顶工程款应否计入已付工程款

【案号】（2016）最高法民终484号

【案由】建设工程施工合同纠纷

【法院意见】

二审争议焦点为：抵顶工程款是否应计入已付工程款中。

首先，以物抵债，系债务清偿的方式之一，是当事人之间对于如何清偿债务作出的安排，故对以物抵债协议的效力、履行等问题的认定，应以尊重当事人的意思自治为基本原则。一般而言，除当事人明确约定外，当事人于债务清偿期届满后签订的以物抵债协议，并不以债权人现实地受领抵债物，或取得抵债物所有权、使用权等财产权利，为成立或生效要件。只要双方当事人的意思表示真实，合同内容不违反法律、行政法规的强制性规定，合同即为有效。本案中，兴华公司与通州建总2012年1月13日签订的《房屋抵顶工程款协议书》，是双方当事人的真实意思表示，不存在违反法律、行政法规规定的情形，故该协议书有效。

其次，当事人于债务清偿期届满后达成的以物抵债协议，可能构成债的更改，即成立新债务，同时消灭旧债务；亦可能属于新债清偿，即成立新债务，与旧债务并存。基于保护债权的理念，债的更改一般需有当事人明确消灭旧债的合意，否则，当事人于债务清偿期届满后达成的以物抵债协议，性质一般应为新债清偿。换言之，债务清偿期届满后，债权人与债务人所签订的以物抵债协议，如未约定消灭原有的金钱给付债务，应

认定系双方当事人另行增加一种清偿债务的履行方式，而非原金钱给付债务的消灭。本案中，双方当事人签订了《房屋抵顶工程款协议书》，但并未约定因此而消灭相应金额的工程款债务，故该协议在性质上应属于新债清偿协议。

再次，所谓清偿是指依照债之本旨实现债务内容的给付行为，其本意在于按约履行。若债务人未实际履行以物抵债协议，则债权人与债务人之间的旧的债务并未消灭。也就是说，在新债清偿，旧债务于新债务履行之前不消灭，旧债务和新债务处于衔接并存的状态；在新债务合法有效并得以履行完毕后，因完成了债务清偿义务，旧债务才归于消灭。据此，本案中，仅凭当事人签订《房屋抵顶工程款协议书》的事实，尚不足以认定该协议书约定的供水财富大厦 A 座 9 层房屋抵顶工程款应计入已付工程款，从而消灭相应金额的工程款债务，是否应计为已付工程款并在欠付工程款金额中予以相应扣除，还应根据该协议书的实际履行情况加以判定。对此，一方面，《中华人民共和国物权法》第 9 条规定："不动产物权的设立、变更、转让和消灭，经依法登记，发生效力；未经登记，不发生效力，但法律另有规定的除外。"据此，除法律另有规定的以外，房屋所有权的转移，于依法办理房屋所有权转移登记之日发生效力。而本案中，《房屋抵顶工程款协议书》签订后，供水财富大厦房屋的所有权并未登记在通州建总名下，故通州建总未取得供水财富大厦房屋的所有权。另一方面，兴华公司已经于 2010 年年底将涉案房屋投入使用，故通州建总在事实上已交付了包括供水财富大厦在内的房屋。兴华公司并无充分证据推翻这一事实，也没有证据证明供水财富大厦 A 座 9 层目前在通州建总的实际控制或使用中，故亦不能认定供水财富大厦房屋实际交付给了通州建总。可见，供水财富大厦房屋既未交付通州建总实际占有使用，亦未办理所有权转移登记于通州建总名下，兴华公司并未履行《房屋抵顶工程款协议书》约定的义务，故通州建总对于该协议书约定的拟以房抵顶的相应工程款债权并未消灭。

最后，当事人应当遵循诚实信用原则，按照约定全面履行自己的义务，这是合同履行所应遵循的基本原则，也是人民法院处理合同履行纠纷时所应秉承的基本理念。据此，债务人于债务已届清偿期时，应依约按时足额清偿债务。在债权人与债务人达成以物抵债协议、新债务与旧债务并存时，确定债权人应通过主张新债务抑或旧债务履行以实现债权，亦应以此作为出发点和立足点。若新债务届期不履行，致使以物抵债协议目的不能实现的，债权人有权请求债务人履行旧债务；而且，该请求权的行使，并不以以物抵债协议无效、被撤销或者被解除为前提。本案中，涉案工程于 2010 年年底已交付，兴华公司即应依约及时结算并支付工程款，但兴华公司却未能依约履行该义务。相反，就其所欠的部分工程款，兴华公司试图通过以部分房屋抵顶的方式加以履行，遂经与通州建总协商后签订了《房屋抵顶工程款协议书》。对此，兴华公司亦应按照该协议书的约定积极履行相应义务。但在《房屋抵顶工程款协议书》签订后，兴华公司就曾欲变更协议约定的抵债房屋的位置，在未得到通州建总同意的情况下，兴华公司既未及时主动向通州建总交付约定的抵债房屋，也未恢复对旧债务的履行，即向通州建总支付相应的工程欠款。通州建总提起本案诉讼向兴华公司主张工程款债权后，双方仍就如何履行《房屋抵顶工程款协议书》以抵顶相应工程款进行过协商，但亦未达成一致。而从涉案的《房屋抵顶工程款协议书》的约定看，通州建总签订该协议，意为接受兴华公司交付的供水财富大厦房屋，取得房屋所有权，或者占有使用该房屋，从而实现其相应的工程款债权。虽然该协议书未明确约定履行期限，但自协议签订之日至案件审理已四年多，兴华公司的工程款债务早已届清偿期，兴华公司却仍未向通州建总交付该协议书所约定的房屋，亦无法为其办理房屋所有权登记。综上所述，兴华公司并未履行《房屋抵顶工程款协议书》约定的义务，其行为有违诚实信用原则，通州建总签订《房屋抵顶工程款协议书》的目的无法实现。在这种情况下，通州建总提起本案诉讼，请求兴华公司直接给付工程欠款，符合法律规定以及本案实际，应予支持。

此外，虽然兴华公司在一审中提交了《房屋抵顶工程款协议书》，但其陈述的证明目的是兴华公司有履行给付工程款的意愿，而并未主张以此抵顶工程款，或者作为已付工程款，故一审判决基于此对《房屋抵顶工程款协议书》没有表述，并不构成违反法定程序。

综上所述，涉案《房屋抵顶工程款协议书》约定的供水财富大厦房屋抵顶工程款金额不应计入已付工程款金额，一审法院认定并判令兴华公司应向通州建总支付相应的工程欠款，并无不当，兴华公司的该项上诉理由不能成立。

三十七、违约迟延交付工程，违约金诉讼时效的起算

【典型案例99】违约迟延交付工程，违约金诉讼时效的起算

【案号】（2016）民终2615号

【案由】建设工程施工合同纠纷

【法院意见】

对于主张迟延交工违约金诉讼时效的起算，如承包人未在合同约定的时间交付工程，因迟延交工的违约责任一直在持续，无法确定因此造成的损失，故诉讼时效的起算应当从实际交工之日起计算。

在业主公司与施工方就工程款支付问题而引发的建设工程合同纠纷案中，业主一直抗辩涉案工程未实际交工，生效判决认定的交工验收日期为2009年4月23日，该生效判决作出的日期为2015年6月2日，故应当从2015年6月2日起计算诉讼时效，业主公司2015年8月20日起诉主张并未超过诉讼时效。

【格案致知】

《民法总则》第188条第2款规定，诉讼时效期间自权利人知道或者应当知道权利受到损害以及义务人之日起计算。法律另有规定的，依照其规定。

1. 在合同有效的前提下，违约行为处在持续状态，直到履行义务为止，权利才不再继续受到损害。这里容易产生争议的是诉讼时效是从违约行为开始的时点起算，还是从违约行为结束的时点起算？最高人民法院的解释是要从受到损害的权利确定之日，即首先是权利已经确定并受到侵害。最高人民法院认为，因迟延交工的违约责任一直在持续，无法确定因此造成的损失，故诉讼时效的起算应当从实际交工之日起计算。

2. 按照权利已经确定并受到侵害的理解，在合同已经解除的情况下，解除日应为违约金计算终止日，即权利确定之日，亦即诉讼时效的起算日。

三十八、有无解除权，是认定解除通知是否产生法律后果的前提条件

【典型案例100】认定解除通知是否产生法律后果的前提条件

【案号】（2014）鄂松滋民初字第01824号

【案由】建设工程施工合同纠纷

【法院意见】

争议焦点：被告新江口镇大悲寺向原告湖北建设公司下达的《解除合同通知书》是否产生解除合同的法律后果？

关于合同解除，《合同法》第93条规定了协商解除、约定解除；第94条规定了法定解除，即合同存在该条规定的情形，合同当事人可以解除合同。

从本案被告给原告所发通知的内容来看，被告是以法定解除的形式来解除合同，但被告并未说明也没有提交证据证明出现了《合同法》第94条规定的何种情形。所以，被告解除合同不符合我国《合同法》第94条规定的法定解除条件，原告请求确认被告《解除合同通知书》解除合同无效的诉讼请求，本院予以支持。

【格案致知】

通知书是否产生解除合同的法律后果？这是正确的表述。

被告新江口镇大悲寺于2014年9月25日向原告湖北建设公司下达的《解除合同通知书》无效，这个表述可能是错误的，应该表述为，通知书不产生解除合同的法律后果。

三十九、如何判定"不能实现合同目的"？

【典型案例101】不能实现合同目的

【案号】（2016）甘0621民初874号

【案由】建设工程施工合同纠纷

【法院意见】

《合同法》第94条规定，有下列情形之一的，当事人可以解除合同：（一）因不可抗力致使不能实现合同目的……（四）当事人一方迟延履行债务或者有其他违约行为致使不能实现合同目的。第97条规定，合同解除后，尚未履行的，终止履行；已经履行的，根据履行情况和合同性质，当事人可以要求恢复原状、采取其他补救措施，并有权要求赔偿损失。

根据双方签订的协议，被告作为发包人将其公司风电项目中风电基坑修建工程和临时道路修建工程发包给原告，由原告负责完成。在合同签订后，被告未能提供相应的建

设许可证书,致原告未在约定的施工期间内履行义务,约定的履行期间现已届满,合同目的已无法实现,故原告要求解除合同的诉讼请求,予以支持。

【格案致知】

何为"不能实现合同目的"?实务中会有很多情形,具体问题要具体分析。本案涉及判断某一违约行为是否属于合同目的不能实现即根本违约的标准问题。因合同目的不能实现而解除合同适用于迟延履行、不能履行、不适当履行、拒绝履行等各种违约形态,而且无须进行催告。在司法实务中,判断某一违约行为是否属于合同目的不能实现即根本违约,尚需根据违约的具体形态,结合案件情况,通过一定的因素和标准进行斟酌判断。根据最高人民法院《关于买卖合同司法解释理解与适用》,实务中,判定违约后果是否重大、是否导致合同目的不能实现一般可以综合考查以下因素:

1. 违约部分的价值或金额与整个合同金额之间的比率。例如,在不适当履行中,如果卖方交付的不符合约定的标的物的价值占全部合同金额的大部分,一般可以认为构成根本违约。

2. 违约部分对合同目标实现的影响程度。在某些案件中,尽管违约部分的价值并不高,但对合同的实现有着重大影响。例如,在成套设备中,某一部件或配件的瑕疵可能导致整套设备无法正常运转。此时,违约也可以认定为根本违约。

3. 在迟延履行中,时间因素对合同目的实现的影响程度。一般来说,时间因素不是合同中的决定性要素,一方迟延履行往往也不会导致另一方的合同目的落空,原则上不允许债权人立即解除合同。此时,应先由债权人向债务人进行催告,只有经催告后债务人在合理期限内仍未履行的,债权人才可以解除合同。但在定期债务中,依照合同性质或当事人的特殊合同目的,不在特定时日或期间履行,即不能达到合同目的的,当事人一方迟延履行时,可以认定为相对人的合同目的无法实现,相对人可以不经催告而直接解除合同。例如,在中秋节前订购的一批月饼,出卖方迟延交货,致使买受人在中秋节销售的商业目的无法实现,应认定为根本违约,买受人可以直接解除合同。

4. 违约的后果及损害能否得到修补。在适用《联合国国际货物销售合同公约》的条件下,即使违约行为十分严重,可能导致剥夺受害方所期待的东西,但如果这种违约是可以修补的,一般也不认定其构成根本违约。

5. 在分批交货合同中,某一批交货义务的违反对整个合同的影响程度。如果该合同是可分合同,即某一批交货义务的违反并不影响其他交货义务的履行,则对某一批交货义务的违反一般不构成根本违约。如果该合同是不可分的,如某一成套设备的组成部分分批交付,则某一批交货义务的违反将导致整个合同目的无法实现。

6. 在合同不能继续履行的情形下,当事人期待通过合同而达到的交易目的往往无法实现。如果合同不能继续履行是由于一方当事人的违约行为引起的,则这种违约行为应属于根本违约,合同可以解除。

选用本案的主要用意在于希望帮助读者深入理解、准确适用《合同法》第94条、《施工合同司法解释》第8条、第9条,准确判定或辨认合同目的不能实现的具体情形;另外,也能够帮助我们区分需要催告后方可解除和不需要催告即可直接解除的情形。

本案中，在合同签订后，被告未能提供相应建设许可证书，建设许可证书是保证整个建设行为合法的根基，对施工合同的整体目的有根本性影响，致原告未在约定的施工期间内不能履行义务，约定的履行期间现已届满，合同目的已无法实现，本案是"不能实现合同目的"的另外情形之一。施工中，和施工合同价款构成对价的质量问题不合格，拒绝修复行为可以视为合同目的不能实现，验收合格后的质量问题不在此列。

四十、行政机关的处罚或管理措施能否作为解除合同的理由

【典型案例102】解除合同不成，反被判违约赔偿损失

【案号】（2013）漯民四初字第29号

【基本案情】

通过招投标正规流程，原告河南土建公司中标。原告与被告漯河市城乡建设委员会签订施工合同一份。合同签订后，原告进场施工。2013年2月25日，鹏新工程咨询公司出具《关于与河南七建工程有限公司的函》，内容为："河南七建：接市城乡建设委员会通知，根据市清欠办公室清办（2012）2号文件'锦绣天地拖欠农民工资，接投诉一直未解决，因调查违规使用非法劳务作业人员，决定将河南七建清出漯河建筑市场'之内容，漯河市城乡建设委员会决定与你公司解除已签订的施工合同。如有疑义，请于接到本函后2日内函告漯河市城乡建设委员会或漯河市建设工程招标投标办公室。否则，合同自动解除。特此函告。"2013年3月4日，被告漯河市城乡建设委员会出具《关于解除施工合同的通知》，内容为："在我们即将履行合同时，收到漯河市清欠办文件，明确将你公司清除出漯河建筑市场。按照有关规定，我委不得不与你公司解除施工合同，对此请你公司予以谅解。"通知后，被告漯河市城乡建设委员会已将该两个标投的金山路道路改造工程另行发包给其他公司进行施工。

【法院意见】

本案争议焦点为：被告漯河城乡建设委员会的行为是否违约？

法院认为，涉案合同合法有效。《合同法》第93条第1款规定"当事人协商一致，可以解除合同。"被告漯河城乡建设委员会未经对方同意，未与对方协商一致，单方解除合同，而且违反了《建设工程施工合同》专用条款第10条违约和争议中第1项第1款的规定，属于违约行为，应当承担违约责任，并应赔偿原告河南七建公司的经济损失。

【格案致知】

《关于解除施工合同的通知》中提及"清除出建筑市场"应是行政管理或行政处罚的概念，是行政管理部门不允许在其管理的范围内再接新工作，并不影响已签订合同的效力或履行。再者，即使原告被清除出建筑市场后又签订施工合同，也不影响合同效力。原告被清除出漯河建筑市场并非约定或法定的解除合同的理由。

由于原被告是在2012年4月25日签订的《建设工程施工合同》，在订立合同过程中，

招投标管理部门已对原告河南七建公司的投标资格进行了审查，被告漯河市城乡建设委员会以此为由解除合同，既不符合《合同法》的有关规定，又不符合双方合同约定。

四十一、解除合同通知的法律后果判定

【典型案例103】 该解除合同的通知是否产生解除的法律后果

【案号】（2016）新民终714号

【案由】建设工程施工合同纠纷

【法院意见】

发包方仅以施工方未与其签订备案合同、不办理相关备案手续为由，主张解除其与施工方之间签订的两份《建设工程施工合同》，不符合《合同法》规定的法定解除合同的事由，亦不符合当事人约定的解除合同情形。

由于发包方未能支付工程进度款，工程处于停工状态，虽然发包方发出解除合同通知，但未出现合同解除的情形时，该合同仍然应当继续履行，故发包方要求解除合同的诉讼请求不能成立。

发包方发出解除合同通知属于单方民事法律行为，并未与施工方形成合意，对于不属于合同约定的单方民事法律行为，不能作出有效或无效的评价，只是该解除合同通知对施工方不产生法律后果而已，故施工方请求确认发包方发出解除合同通知无效的诉讼请求亦不能成立。

【格案致知】

合同解除是合同终止的法定事由之一，是指合同有效成立后，在一定条件下，通过当事人单方行为或者双方合意终止合同效力或者溯及消灭合同效力的行为，有协议解除、约定解除和法定解除三种形式。

本案双方当事人约定的解除合同的情形并未出现，也没有不可抗力或不能实现合同目的的情形出现。

《合同法》第60条规定："当事人应当按照约定全面履行自己的义务。当事人应当遵循诚实信用原则，根据合同的性质、目的和交易习惯履行通知、协助、保密等义务。"

本案中，既未出现当事人约定解除合同或协商解除合同情形，也未出现法定解除的事由，故双方当事人之间的合同应当继续履行。发包方的解除通知不能产生解除合同的法律后果。

四十二、解除施工合同必须作为明确的诉讼请求提出

【典型案例104】 解除合同超载了当事人的诉讼请求，再审法院纠正

【案号】（2014）粤高法民提字第5号

【案由】建设工程施工合同纠纷

【法院意见】

二审判决是否超越了当事人诉讼请求的问题。具体分析如下：

根据查明的事实，二审法院就盛兴公司向二审法院提交的《解除合同的书面意见书》举行了庭前交换意见，并进行了调解，双方当事人并未就解除涉案两份合同或就变更涉案诉讼请求达成一致意见。根据《最高院关于适用〈中华人民共和国民事诉讼法〉若干问题的意见》第184条规定："在第二审程序中，原审原告增加独立的诉讼请求或原审被告提出反诉的，第二审法院可以根据当事人自愿的原则就新增加的诉讼请求或反诉进行调解，调解不成的，告知当事人另行起诉。"最高人民法院《关于民事诉讼证据的若干规定》（2008年）第34条第3款规定："当事人增加、变更诉讼请求或者提起反诉的，应当在举证期限届满前提出。"据此，法院认为盛兴公司向二审法院提交《解除合同的书面意见书》是不能合法有效地变更其诉讼请求的。二审法院判决解除合同超越了当事人的诉讼请求，程序不当，依法应予撤销。

【典型案例105】 一审法院超出诉讼请求范围审理并判令腾让工地错误，二审法院予以纠正

【案号】（2014）鲁民一终字第497号

【案由】建设工程施工合同纠纷

【法院意见】

本院认为，法院审理民事纠纷的范围应由当事人确定，对于超出诉讼主张的部分不予审理。金太阳公司一审诉讼请求中未主张腾让工地，系其对民事权利的正当处分，法院应尊重当事人的意思自治，一审判令青建集团腾让工地，超出原告的诉讼请求，本院予以纠正。

【格案致知】

最高人民法院第34条第3款规定："当事人增加、变更诉讼请求或者提起反诉的，应当在举证期限届满前提出。"根据新法优于旧法的原则，在2019年修订的《关于民事诉讼证据的若干规定》实施后，《关于民事诉讼证据的若干规定》（2008年）第34条第3款规定已经废止。2019年修订的《关于民事诉讼证据的若干规定》规定，当事人增加、变更诉讼请求或者提起反诉的，应当在法庭辩论终结前提出。

根据这一规定，超出诉讼请求属于发回重审或必须再审的情形。典型案例104中，变更诉讼请求超过了法定期限，等于诉讼请求未变更，但是法院按照变更请求审理并作出判决，违反了法定程序。

最高人民法院《关于适用〈中华人民共和国民事诉讼法〉的解释》（2015年）第228条规定："法庭审理应当围绕当事人争议的事实、证据和法律适用等焦点问题进行。"

《中华人民共和国民事诉讼法》第200条规定，当事人的申请符合下列情形之一的，人民法院应当再审……原判决、裁定遗漏或者超出诉讼请求的。

典型案例105中，施工合同纠纷、合同解除并不必然腾退工地，需要申请人作为诉

讼请求提出后，法院才有权审理。

通常情况下，发包方要求解除合同的，一般诉讼请求包括解除施工合同；交付施工资料；移交并撤出工地；工期延误违约金及损失等；工程质量违约赔偿等。承包方要求解除施工合同；结算已完工程价款；违约损失（直接损失，间接损失）；优先受偿权等。

四十三、施工合同无效或解除后，施工方不撤出施工场地，发包方应该以何案由起诉要求撤出工地

【典型案例106】 对吴某封堵隧道洞口的行为采取先予执行措施

【案由】 建设工程施工合同纠纷

【基本案情】

2009年10月12日，西安铁路局作为发包人与中铁十九局集团有限公司（牵头人）、中铁建电气化局集团第三工程有限公司（联合体成员一）签订《铁路建设工程施工总价承包合同》。2010年5月20日，吴某以挂靠福州信务通劳务有限公司名义从十九局一公司西康二线项目经理部二工区承接了改建铁路西安至安康增建二线标段新苟家山隧道工程，其工程队被编为隧道四队。吴某组织施工人员、机械对西康二线铁路段新苟家山隧道建设工程进行施工。

吴某在新苟家山隧道施工直至2011年1月16日，双方因工程劳务单价发生纠纷，吴某工程队停工。吴某向中铁十九局、西安铁路局等多处发函，要求增加工程价款。2011年4月24日和5月12日，二工区两次书面通知吴某工程队复工，吴某拒绝复工，并以钢架等障碍物封堵新苟家山隧道洞口。

2012年3月19日，中铁十九局一公司向原审法院提起解约诉讼，并申请对吴某封堵新苟家山隧道洞口的行为采取先予执行措施。一审法院依法做出民事裁定，裁定吴某拆除封堵新苟家山隧道洞口的障碍物，停止阻碍中铁另行组织施工。2012年3月31日，一审法院对上述裁定予以强制执行，清除了吴某工程队所设障碍物，将吴某的机械设备清退出施工现场。执行过程中，吴某工程队管理人员拒绝接收清退出场的机械设备，施工现场机械设备登记后交由中铁公司委托当地村民郭某临时代为看管。

【典型案例107】 合同已经解除，适用"物权保护纠纷"案由

【法院意见】

被告在工程总承包施工过程中因管理和分包等原因导致农民工上访和工期延误，最终双方签订《解除建设工程施工合同协议书》，系双方自愿行为，均合法有效。合同解除后，被告应按约及时履行撤场义务。

原告于2013年11月28日申请先予执行，法院于2013年12月16日已经裁定先予执行，并将先予执行物品交由原告保管。法院判决：被告于2013年12月22前将全部人员、设备、设施撤离施工现场（已先予执行）。

【典型案例 108】以"排除妨害纠纷"为由，请求法院判令撤场

【基本案情】

房地产公司将工程发包给施工企业，施工企业将该工程转包给自然人陈某，陈某与辛某签订劳务分包协议。后发生争议，房地产开发公司要求辛某将堆放在坤罡公司建筑工地上的建筑材料和建筑设备搬离。

【法院意见】

本案争议焦点是房地产公司能否以侵权为由，要求辛某将堆放在房地产公司建筑工地上的建筑材料和建筑设备搬离？

首先，房地产公司与辛某不具有直接的合同权利义务关系。其次，建筑公司在收到房地产公司发出的对未施工的工程解除合同通知后，未在法定期限内提起诉讼，因此，房地产公司与建筑公司之间的《建设工程施工合同》已经解除。虽然辛某在施工场地堆放建筑材料和建筑设备的行为，在劳务承包协议履行初期是合法行为，但在房地产公司与建筑公司之间的《建设工程施工合同》解除后，因该《建设工程施工合同》而产生的建筑公司与陈某之间签订的承包经营合同、陈某与辛某之间签订的劳务承包协议均已失去继续履行的基础，其未完工的工程劳务已不再履行，便失去了继续占有施工场地堆放建筑材料和建筑设备的合法基础，其应当在《建设工程施工合同》已经解除后的合理期限内将建筑材料和建筑设备搬离房地产公司的建筑工地，并可以依法向劳务承包协议的对方当事人主张相应权利。由于辛某未在合理期限内将建筑材料和建筑设备搬离房地产公司的建筑工地，其堆放的建筑材料和建筑设备已经妨害了房地产公司对建筑工地的权利的行使，同时辛某在房地产公司组织相关人员对堆放的建筑材料和建筑设备进行搬离清场时不予配合，强行制止，其行为亦妨害了房地产公司对建筑工地的施工建设，故对房地产公司的诉讼请求，予以支持。据此，依照《中华人民共和国物权法》第 35 条规定，判决：辛某将堆放在公司开发建设的小区工地上建筑材料及建筑设备予以搬离，并不得妨碍房地产公司在小区工地上的施工。

【格案致知】

典型案例 106 中，吴某用障碍物封堵隧道口的行为已经超出合同内容，不属于正常占有工地，而属于侵权。

典型案例 107 中，双方已达成解除合同协议，施工方不按约撤场，在合同已经解除的情况下，施工方再占用工地，没有了合同依据，本案法院适用的是"物权保护纠纷"案由。

典型案例 108 中，法院认为，总包合同解除后，后边一系列施工合同便失去了履行的基础。法院依照《中华人民共和国物权法》第 35 条"妨害物权或者可能妨害物权的，权利人可以请求排除妨害或者消除危险"之规定，排除妨害"之规定，以"排除妨害"为由，要求撤场。

实务中应注意，关于撤场案由，有合同关系和没有合同关系的区别；合同解除前和合同解除后的区别；无效合同和有效合同的撤场的区别。

四十四、协商解除合同，达成一致后还能否要求违约赔偿

解除合同即是终止权利和义务，是对权利义务的总清算。解除分为全部解除和部分解除，未涉及的部分还可以主张。如果协商解除合同，双方在合同里没有特别约定解除的范围，应视为是对权利义务的总清算，达成一致后不应再要求其他赔偿。

第五章 施工合同解除纠纷疑难案例解析

一、法院拒绝被告质量鉴定申请，是否违反法定程序

【典型案例109】 法院拒绝被告质量鉴定申请，是否违反法定程序

【案号】（2015）民提字第193号

【案由】建设工程施工合同纠纷

【法院意见】

结合再审诉讼请求、事实与理由以及答辩意见，本案争议之焦点问题为如下几个方面：

（一）关于发包方单方解除施工合同的行为是否符合约定及法律规定

1. 施工方泰丰铝业是否未在约定的工期内完工。

双方签订的《施工合同》约定涉案工程竣工验收合格并达到交付使用条件的时间为2011年6月25日。2011年11月22日，清华同方与泰丰铝业签订《会议纪要》，将工期延至2012年6月30日。2011年11月25日泰丰铝业向清华同方发送《工作联系单》，书面承诺在2012年6月20日之前全部施工完毕。至此，泰丰铝业应当在其承诺的2012年6月20日之前竣工。但从本案事实看，直至2012年8月28日清华同方向泰丰铝业发出《解除合同通知》之时，泰丰铝业仍未能如期完工。尽管泰丰铝业自称，其没能在变更之后的日期前完工的原因是清华同方对泰丰铝业整改合格的项目不向质监部门进行回复，致使工程无法恢复而造成的。但经审理，2012年3月20日市质监站向泰丰铝业发出《工程质量整改通知单》，明确要求泰丰铝业整改并将整改结果书面报市质检站，并未要求清华同方予以回复，且泰丰铝业对于其整改后必须由清华同方向质监部门回复是否属于行业惯例也没有提供任何证据支持。不仅如此，市质监站所发现的质量问题均系泰丰铝业自行施工时出现，没有证据证明清华同方对于诸项问题的出现存在责任，因此，泰丰铝业将未能在最终变更后的日期前完工的责任归结为清华同方的观点缺乏事实和法律依据。

2. 涉案工程是否存在质量问题。

清华同方为证明其该项主张，向本院提交了一份本案二审判决作出后取得的辽宁省

建设科学研究院司法鉴定所于2014年12月15日作出的《司法鉴定检验报告书》，作为本案新的证据。经审理，该份证据的内容直接针对涉案工程质量，故与本案具有关联性，且确为清华同方在本案二审判决生效后才取得的，因此，该《司法鉴定检验报告书》属于《民事诉讼法》规定的新的证据。对于该《司法鉴定检验报告书》，泰丰铝业在本院组织的询问中称，其在原区法院中没有就该《司法鉴定检验报告书》提出异议，认可该报告。对此，本院认为，该《司法鉴定检验报告书》中鉴定结论认定了涉案工程在五个方面存在质量问题，对此，在泰丰铝业对该鉴定予以认可的前提下应予以确认。

3. 清华同方单方解除合同是否符合约定和法定条件。

首先，对于解除合同是否符合约定条件问题。双方签订的《建设工程施工合同》第三部分专用条款中第16.3条约定，如承包方未按双方约定的中间交工工期完工，延期达30天以上，后续工期又无法挽回，发包方可终止合同，并将未完工程外委，并按工程总造价的3%收取违约金。该合同通用条款第44.4条规定，有下列情形之一的，发包人承包人可以解除合同……一方违约致使合同无法履行。第44.5条规定，一方依据44.4款约定要求解除合同的，应以书面形式向对方发出解除合同的通知，并在发出通知前7天告知对方，通知到达对方时合同解除。经再审审理，本案双方经协商将工期最终延期至2012年6月20日，但并未确定最终的中间交工日期，因此，清华同方以泰丰铝业"未按中间交工工期完工"为由解除合同缺乏依据。但从泰丰铝业的违约行为看，其在市质监站提出整改通知后，直至合同解除，亦未能整改完毕，且施工存在诸多项目不合格的情形，再加上其未能在最终的工期内完工，可以认定泰丰铝业的违约行为致使合同无法履行，双方合同目的不能实现，据此，清华同方解除合同符合合同通用条款第44.4条的约定解除条件。

其次，对于解除合同是否符合法定条件问题。本案泰丰铝业未在双方约定的最终日期2012年6月20日完工的事实存在。经二审法院查明，2012年7月18日，清华同方发给泰丰铝业《工作联系函》，要求泰丰铝业于2012年7月25日前将质量问题全部整改合格并完成合同约定的全部工程内容，否则终止双方的合作。此事实应视为清华同方向泰丰铝业进行了催告，催告泰丰铝业应在7月25日前完工。但事实上，直至2012年8月28日清华同方解除合同，泰丰铝业仍未最终完工，依据《施工合同司法解释》第8条有关"承包人具有下列情形之一，发包人请求解除建设工程施工合同的，应予支持……（二）合同约定的期限内没有完工，且在发包人催告的合理期限内仍未完工的"的规定，清华同方有权解除合同。

同时，前已论述，对于泰丰铝业施工的工程存在质量问题，市质监站于2012年3月20日发出《工程质量整改通知单》，通知泰丰铝业在复工后的20日整改完毕并报市质监站。但事实上，泰丰铝业自2012年4月初复工，直至2012年8月解除合同仍没有整改完毕。而且其在2012年5月8日至17日的多份维修自检表中自认整改的15660项自检项目中仍有148项未验收合格。根据2012年8月6日的《会议纪要》内容，泰丰铝业承认"对于质监站提出的六项整改问题，其中仅有一项竖框尺寸偏差问题没有整改合格",并"承认竖框尺寸偏差是质量问题,此问题整改存在困难"。由上述事实可以认定,泰丰铝业对市质监站以及此前清华同方多次提出的质量问题存在拒绝修复的行为。不仅如此,根据 2014 年 12 月 15 日辽宁省建设科学研究院司法鉴定所作出的《司法鉴定检验报告书》,除市质监站提出的质量问题外,至合同解除时该工程还存在五大方面质量问题,而这些工程均是在市质监站提出整改之前就已施工的工程。因此,泰丰铝业施工存在质量问题,并长期未予修复的事实是存在的。依据《施工合同司法解释》第八条有关"承包人具有下列情形之一,发包人请求解除建设工程施工合同的,应予支持……(三)已经完成的建设工程质量不合格,并拒绝修复的"的规定,清华同方基于泰丰铝业存在的违约行为,亦有权解除双方合同。

【格案致知】

本案中,发包方是以质量不合格为由提出解除合同的诉讼请求的,承包方提起反诉,认为发包方解除合同的理由不成立,并因此要求发包方承担违约责任。由于种种原因,没有对工程质量进行鉴定,这就导致发包方解除合同的理由不能成立,法院认为发包方构成违约,法院判定发包方承担违约责任,支持了承包方的诉讼请求。

在上述诉讼程序中,未能进行质量鉴定的情形下,幸亏发包方及时采取措施,在基层法院另行起诉并申请质量鉴定,把《司法鉴定检验报告书》作为新证据提请申请再审并获得成功,最高人民法院以此认为发包方解除合同的理由成立,并不构成违约,改判发包方不需承担违约责任。从这个案例演绎的过程来看,在原审程序中启动质量鉴定程序很有必要,因为解除理由是否成立涉及违约责任是否成立的问题,缺少了这个事实的查明,认定的结果是不完整的,甚至是错误的。

二、最高人民法院案例:总包合同解除,分包合同是否应同步解除

【典型案例 110】 总包合同解除,分包合同是否应同步解除

【案号】(2016)最高法民再 53 号

【案由】建设工程施工合同纠纷

【基本案情】

2003 年 12 月 8 日,沙伯公司和三星公司签订总包合同。三星公司又将扩建工程项目中的土建工程分包给福建土木公司,双方签订分包合同。

2005 年 12 月 16 日,由于未能在约定的日期完工,沙伯公司通知三星公司要求解除双方之间的合同,并要求移交工程项目资料。三星公司书面确认同意解除双方之间的总包合同。

2005 年 12 月 19 日,三星公司通知福建土木公司,由于沙伯公司已与三星公司解除了合同关系,三星公司与福建土木公司之间的合同关系也相应解除,福建土木公司应立即退场,并移交工程资料。福建土木公司以三星公司违约给其造成损失,未就赔偿事宜达成一致等为由,拒绝撤场。

2005年12月31日,沙伯公司通知福建土木公司,要求其离场,之后又通知其参加现场移交会,但福建土木公司仍拒不离场。

由于福建土木公司在沙伯公司、三星公司数次通知后仍拒绝离场,沙伯公司以福建土木公司侵权为由,向广州市南沙法院提起诉讼,请求法院认定福建土木公司占据施工场地构成侵权,并判令福建土木公司立即撤场。

一审法院判决,驳回沙伯公司的诉讼请求,广州市中级人民法院维持原判。

最高人民法院于2015年12月25日作出(2015)民监字第59号民事裁定,提审本案,并于2016年12月19日作出(2016)最高法民再53号民事判决,以法院适用法律错误为由,撤销了南沙法院和广州中院的上述判决,判决福建土木公司应撤离沙伯公司扩建工程项目场地。

最高人民法院再审判决及其理由:

最高人民法院认为本案争议焦点为,福建土木公司不撤离涉案施工场地是否具有合法依据。围绕该争议焦点,最高人民法院作出如下认定:

1. 关于总包合同与分包合同的关系,最高人民法院认为,分包合同虽然独立于总包合同,但总包合同是签订、履行分包合同的前提和基础。沙伯公司解除与三星公司的总包合同后,三星公司便丧失了总承包人的法律地位,分包合同亦由此丧失了继续履行的必要性和可能性,使分包合同陷于履行不能。总包合同解除必然导致分包合同解除,分包合同应随总包合同的解除而解除。

2. 关于三星公司是否有权解除分包合同,最高法院认为,三星公司有权解除分包合同,理由概括如下:(1)由于总包合同是分包合同履行的前提与基础,在总包合同解除之后,分包合同便处于履行不能的状态,在此情况下,分包合同应予以解除,即使三星公司可能因此向福建土木公司承担相应的违约责任,但这不能作为阻碍解除分包合同的事由。(2)根据《合同法》第268条关于定作人"任意解除权"的规定,三星公司有权随时解除分包合同。

3. 关于分包合同的解除时间,最高人民法院认为,分包合同因总包合同解除而告解除,因此分包合同解除时间应与总包合同解除时间同步,即沙伯公司与三星公司一致认可的2005年12月31日。一、二审法院以总包合同与分包合同各自独立,总包合同解除并不必然导致分包合同解除为由,认定分包合同自广东省高院于2011年12月21日作出《1号判决》之日方告解除,是错误的,应予纠正。

4. 关于福建土木公司可否以在分包合同下对三星公司享有债权为由拒绝撤场,最高人民法院认为,关于福建土木公司与三星公司之间因分包合同解除而产生的债权债务关系,当事双方可另寻法律程序解决。即使三星公司应就分包合同解除向福建土木公司承担损失赔偿责任,福建土木公司享有的该债权也不能对抗沙伯公司就施工场地享有的物权。因此,福建土木公司以三星公司严重违约给其造成巨大损失为由拒绝退场,不能得到支持。

5. 关于承包方根据《合同法》第286条规定所享有的建设工程价款优先受偿权的行使方式,最高人民法院认为,即使三星公司存在欠付工程价款的情形,福建土木公司也只是就建设工程折价或者拍卖所得价款享有优先受偿权，而不能占据施工场地。

6. 关于福建土木公司是否对建设工程享有留置权。最高人民法院认为，根据《合同法》第264条规定，承揽人对完成的工作成果享有留置权，但留置的对象应当是动产，而不能是不动产，因此福建土木公司主张行使留置权不能得到支持。

7. 关于福建土木公司是否有权行使代位权。最高人民法院认为，福建土木公司以三星公司怠于向沙伯公司行使债权为由向沙伯公司主张行使代位权，明显不具备适用条件，即使条件满足，福建土木公司亦不能通过占有施工场地的方式实现该代位权。

因此，最高人民法院认为，福建土木公司无论从任何立场出发，均无权继续占有涉案施工场地，沙伯公司要求其撤离施工场地的诉讼请求，应当得到支持，并最终判决，撤销本案一、二审判决，福建土木公司应当于2006年1月15日前（注：沙伯公司要求福建土木公司撤离时间）撤离沙伯公司扩建工程项目施工场地。

【格案致知】

本案中，针对施工分包承包人福建土木公司是否有权继续占有工地，一审、二审法院与最高人民法院再审存在着相反的观点。

从最高人民法院的判决中，可以归纳总结出以下要点：

总包合同解除，分包合同必然同步解除，分包人应撤离施工场地。

《合同法》第272条的规定，发包人可以与总承包人签订建设工程合同，将建设工程发包给总承包人，再由总承包人在发包人同意的情况下，将建设工程中的部分工作分包给第三人。

尽管从合同相对性来看，总包合同与分包合同是两个相互独立的合同，但总包合同与分包合同在内容上和履行上是相互联系的。分包合同是总承包人为履行总包合同约定的内容而与分包人签订的，分包合同来源于总包合同。因此，总包合同是签订、履行分包合同的前提与基础。总包合同解除后，发包人的相对方失去了总承包人的法律地位，总承包人与分包人之间的分包合同即失去了继续履行的必要性和可能性，使分包合同陷入履行不能。这正是《合同法》第110条规定的情形，即如果非金钱债务在法律上或者事实上不能履行，则不宜以继续履行的方式承担违约责任。

分包人撤离场地，是分包合同解除后的直接法律后果。根据《物权法》第241条"基于合同关系等产生的占有，有关不动产或者动产的使用、收益、违约责任等，按照合同约定；合同没有约定或者约定不明确的，依照有关法律规定"之规定，分包合同解除后，分包人再占用场地失去了合同和法律基础，分包人即应撤出工地。

附：合同示范文本对总包合同解除后分包合同的处理

（一）《建设项目工程总承包合同示范文本》（GF—2011—0216）

《通用条款》18.1.3 解除合同通知后停止和进行的工作，承包人接到解除合同通知后的工作：承包人应当在解除合同通知后30日内，或者双方约定的时间内，完成以下工作：……（5）应向发包人提交全部分包合同及执行情况说明……承包人有义务配合及处理与其有合同关系的分包人的关系。（6）经发包人批准，承包人应将其与被解除合同或被解除合同中的部分工作相关的和正在执行的分包合同及相关责任和义务转让至发包人和（或）发包人指定人的名下，包括永久性工程及工程物资，以及相关工作。

18.2.2 承包人发包解除合同通知后，有权停止和必须进行的工作如下：……（5）应发包人的要求，承包人将分包合同转让至发包人和（或）发包人指定方的名下，包括永久性工程及其物资，以及相关工作。

（二）建设工程施工专业分包合同（示范文本）（GF—2003—0213）

《通用合同条款》11. 总包合同解除：

11.1 如在分包人没有全面履行分包合同义务之前，总包合同解除，则承包人应及时通知分包人解除分包合同，分包人接到通知后应尽快撤离现场。

11.2 因本合同第11.1款原因终止分包合同，分包人可以得到：已完工程价款、分包人员工的遣散费、二次搬运费等补偿。如本合同第11.1款约定的总包合同终止是因为分包人的严重违约，则只能得到已完工程价款补偿。

11.3 在本合同第11.1款解除分包合同的情况下，分包人经承包人同意为分包工程已采购或已运至施工场地的材料设备，应全部移交给承包人，由承包人按本合同专用条款约定的价格支付给分包人。

（三）建设工程施工劳务分包合同（示范文本）（GF—2003—0214）

《通用合同条款》31.2 如在劳务分包人没有完全履行本合同义务之前，总包合同或专业分包合同终止，工程承包人应通知劳务分包人终止本合同。劳务分包人接到通知后尽快撤离现场，工程承包人应支付劳务分包人已完工程的劳务报酬，并赔偿因此而遭受的损失。

三、发包方滥用解除权导致合同解除，应承担违约责任

【典型案例111】 发包方滥用解除权导致合同解除，应承担违约责任

【案由】 建设工程施工合同纠纷

【基本案情】

2011年11月20日，海东公司与十三冶公司就江苏海东光伏发电电气安装工程的施工项目签订了《建设工程施工合同》。合同约定，争议发生后，除出现以下四种情形以外，双方都应继续履行合同，保持施工连续，保护好已完工程：（1）单方违约导致合同确已无法履行，双方协议停止施工；（2）调解要求停止施工，且被双方接受；（3）仲裁机构要求停止施工；（4）法院要求停止施工（合同第37条）。合同约定的解除条件是：（1）双方协商一致；（2）发生通用条款第26.4款（该条款约定的内容为，发包人不按合同约定支付工程款，双方又未达成延期付款协议，导致施工无法进行，承包人可停止施工，由发包人承担违约责任）情况，停止施工超过56天，发包人仍不支付工程款，承包人有权解除合同；（3）发生通用条款第38.2款（该条款规定，承包人不得将承包的全部工程转包给他人或肢解以后以分包的名义分别转包给他人）禁止的情况，发包人有权解除合同；（4）不可抗力致合同无法履行、因一方违约（包括因发包

人原因造成工程停建或缓建）致合同无法履行。一方依约主张解除合同的，应以书面形式向对方发出解除合同的通知，并在发出通知前 7 天告知对方，通知到达对方时合同解除。对解除合同有争议的，按合同通用条款第 37 条关于争议解决条款处理（合同第 44.1~44.5 条）。

十三冶公司接到开工通知后开始施工。2012 年 1 月 31 日，海东公司向十三冶公司发出律师函，主要为："……因你单位出现违约，致海东公司的合同目的无法实现，海东公司拟与贵公司解除合同，故根据合同通用条款第 44.5 条之规定，致函告知你方。望贵司做好解除合同及撤场的相关准备。"

2012 年 2 月 3 日，十三冶公司向海东公司回函称："我公司 2012 年 1 月 31 日收到贵方律师函后，详读内容，对其中'因你单位出现违约'一段不理解。本着甲乙双方友好协商解决问题为目的，请贵方明确提出我公司违约的具体事项。如经过双方共同努力，仍无法解决来函中所指的违约事项，双方可以经过有关程序协商解约。"

后十三冶公司项目部于 2012 年 2 月 14 日再次致函海东公司，称："我公司项目部根据贵公司的春节期间工作计划，春节期间安排 6 个工人，日夜值勤看守工地，确保了工地施工机具及物资的安全。按照贵公司的要求，2012 年 1 月 30 日（正月初八），我单位管理人员（7 人）和作业人员（23 人）悉数到位，正准备开始施工。不料 2012 年 1 月 31 日（正月初九）收到贵公司委托的律师函，导致施工无法正常开展，人员出现窝工现象。请确认。"次日，海东公司收到上述函件。

2012 年 2 月 19 日，海东公司通过邮政特快专递（EMS）向十三冶公司邮寄《解除合同通知书》，内容为："……合同约定的工期为 32 日历天。后贵公司于 2012 年 1 月 1 日签收开工通知，但未能按开工通知书约定的期限完成施工任务，甚至在《建设工程施工合同》约定的工期内已着手施工的少量工程都未能完成，且已施工部分还出现了不按图纸施工的严重质量问题。贵公司的行为已构成违约，严重影响了我单位的项目推进计划，致使我单位的合同目的无法实现。为此，现根据相关法律规定及合同约定，通知贵司，解除双方间 2011 年 11 月 20 日《建设工程施工合同》。"

2012 年 3 月 5 日，十三冶公司向海东公司发出《解除合同回复函》，内容为："我方收到贵公司的解除合同通知，同意按原合同第 44.6 条处理完有关事项后解除合同，请贵方尽快解决以下事宜：（1）尽快确认已完工程量价款，预算书已于 2012 年 2 月 14 日报于甲方；（2）按本合同专用条款第 26 条和第 47 条规定，按预算书全额支付我方工程款；（3）赔偿我方 2011 年 12 月份和 2012 年 1 月 30 日到目前的窝工损失。请甲方尽快确认签字。如果不尽快解决目前的窝工状态和履行以上条约造成的后果和损失由贵公司承担。"海东公司 3 月 27 日签收上述函件。

2012 年 3 月 12 日，海东公司申请海安县公证处对其施工现场拍摄过程进行了保全证据公证。海安县公证处出具了公证书。

2012 年 4 月 5 日，十三冶公司向海东公司发出《复函》。内容为："……（1）由于贵方意欲解除正在履行的施工承包合同，并长时间不允许施工，工人长时间待工窝工现象一直没得到解决。继续下去将造成不良的社会影响。比如，4 月 12 日由于工人询问工资问题而被殴打住院的事件尚未妥善解决，给和谐社会增加了很多不和谐因素。鉴于此，请贵方实事求是处理问题，如仍执意单方解除合同，就请尽快对工程进行结算并付款，以便我方尽量顺利撤场。（2）在工人得到合理支付后，两天内移交完成有关工程、资料、材料和撤场工作。（3）由于贵方拖延办理解除合同的有关结算，造成现场设备和材料的自然损坏，我方不负责任，有关的保管费用由贵方承担。"

审理过程中，在海东公司反诉后，十三冶公司在答辩中同意解除合同（反诉状落款时间为2012年8月23日，海东公司2012年9月14日缴纳反诉费。2012年9月14日，第一次证据交换时，十三冶公司请求确认反诉是否成立并发表反诉答辩意见）。

一审法院认为，双方当事人签订的建设工程施工合同，不违反法律法规禁止性的规定，应当认定为合法有效。双方当事人均应全面履行合同义务。按照双方当事人的诉辩主张，本案的争议焦点有三：一是海东公司主张合同解除是否符合合同约定或法律规定；二是本案讼争合同是否有效解除，何时解除；三是如合同已经解除，则双方各自应当承担什么义务。

第一，海东公司主张合同解除权，是否符合法律及合同约定？对此，一审法院认为，海东公司主张解除合同，不符合合同约定及法律规定。具体理由如下：

（1）十三冶公司施工中存在违约行为从海东公司主张十三冶公司存在的合同解除条件来看，主要是认为十三冶公司违约。十三冶公司存在的违约行为，一是没有按期完成施工任务，二是已经完成的工程存在质量问题。合同成立后，当事人可以通过协商的方式变更或解除合同。在合同经过有效变更或解除前，合同对双方当事人仍具有拘束力。合同约定，工期为32日历天。实际履行过程中，海东公司虽然在开工通知上要求十三冶公司在2012年1月15日前完成5个区域的施工任务，但这是海东公司的单方意愿，并不改变合同原先对工期为32日历天的约定。同时，工期是合同的重大事项，非经十三冶公司特别授权，其他人无权与海东公司协议改变工期。故虽然项目部签收了开工通知，但因其无权与海东公司就工期问题变更约定，不能按照《合同法》有关表见代理的规定，而认定其变更工期约定有效。海东公司有关工期至2012年1月15日的主张，没有合同及法律依据。

（2）海东公司解除合同不符合合同约定及法律规定。依照我国现有法律规定，直接的合同解除授权主要来自两个方面，一是合同直接授权，二是法律直接授权。在合同没有约定或者合同约定无效的情况下，合同解除权来源于法律赋予。但不论是法律授权还是合同授权，主张合同解除权的一方当事人，援引对方的违约行为而行使合同解除权时，应当遵循约定优先于法定的原则，即在不违反法律强制性规定的情况下，合同当事人约定的解除条款优先适用。

本案中，有关当事人解除合同的约定有两处，一是合同第37条的约定，二是合同第44条的约定，但对照约定，海东公司均无权解除合同。合同第37条约定，出现一方或双方违约时，以合同继续履行为原则，除非出现以下情形，一方方可解除合同：一是单方违约导致合同确已无法履行，双方协议停止施工；二是调解要求停止施工，且为双方接受；三是仲裁机构要求停止施工；四是法院要求停止施工。该约定意味着，除非仲裁裁决或法院判决解除合同，当一方提出解除合同而对方不同意时，合同即无法解除。从目前查明的事实来看，海东公司虽然数次向十三冶公司发函要求解除合同，但其解除权的行使不符合合同授权，只要十三冶公司不同意解除，则不产生解除合同的法律效力。合同第44条有关合同解除约定，海东公司要解除合同时，须满足以下条件：一是承包人即十三冶公司转包或分包；二是因不可抗力致使合同无法履行；三是因一方违约（包括因发包人原因造成工程停建或缓建）致使合同无法履行。海东公司并未援引前两个条件解除合同。对于因一方违约而致合同解除的，须同时满足合同无法履行这一条件。本案中，即使十三冶公司的违约行为存在，但从海东公司的举证来看，得不出因十三冶公司违约而致合同无法履行这一结论。海东公司援引的十三冶公司违约行为主要是未按期完工、已完工工程质量存在问题。即便是十三冶公司存在质量问题及未按期完工的违约行为，按照双方的合同，出现质量问题时应当由十三冶公司返工并承担返工费用（合同第16.2条），未按期完工是承担违约责任（合同第14.2条），上述两个违约行为，均不符合合同约定的解除条件。按照双方合同的约定，质量不符合约定应当由承包人返工并承担返工费用，未按工期完工应当承担违约责任。《合同法》第262条规定，承揽人交付的工作成果不符合质量要求的，定作人可以要求承揽人承担修理、重作、减少报酬、赔偿损失等违约责任。第281条规定，因施工人的原因致使建设工程质量不符合约定的，发包人有权要求施工人在合理期限内无偿修理或者返工、改建。经过修理或者返工、改建后，造成逾期交付的，施工人应当承担违约责任。可见，即便本案十三冶公司存在质量问题，法律规定是以采取补救措施为原则，而不是轻易解除合同。《合同法》第94条规定，当事人一方迟延履行主要债务，经催告后在合理期限内仍未履行时，当事人可以行使合同解除权。此条款规定的是守约方的法定解除权，该规定适用的条件是，对于合同没有约定的违约事项，在守约方向违约方催告后违约方仍未履行。从本案中双方往来的函件内容看，2012年1月31日海东公司发函解除合同预告，但并未明示十三冶公司违约的内容。直到2012年2月19日发函时，才向十三冶公司明示其出现未按期完工及已完工程存在质量问题等违约行为，但并未给予十三冶公司自行补救的机会与期限。同时，在其最终发函解除合同时，十三冶公司实际早已无法进入施工场地继续施工。故海东公司解除合同不符合法律规定。综上，海东公司主张解除合同，不符合法律规定及合同约定。

  第二，本案的合同何时有效解除。对此，法院认为，本案讼争合同自反诉状成立且十三冶公司知悉时解除。依照法律规定，合同解除，除了满足法律或合同规定的条件以外，对方当事人同意的，合同仍可以解除。即不论主张合同解除的一方是否取得合同解除权，只要对方当事人同意解除，即产生解除的法律效力。本案中，海东公司虽数次发函要求与十三冶公司解除合同，但十三冶公司均明确予以拒绝。在审理过程中，海东公司反诉时，十三冶公司在答辩中同意解除合同。自此，产生合同解除的法律效力。海东公司反诉成立于2012年9月14日，故合同解除的时间应为2012年9月14日。合同解除后，双方依据合同取得的财产，应当向对方返还；造成对方损失的，应当依据各自的过错承担赔偿责任。另外，守约方可以向违约方主张违约责任。

第三，双方在合同解除后，各自的义务。

合同解除后，尚未履行的，终止履行；已经履行的，根据履行情况和合同性质，当事人可以要求恢复原状、采取其他补救措施，并有权要求赔偿损失。

（1）海东公司的过错及义务。导致本案合同解除，是由于海东公司滥用解除权所致。在解除合同问题上，海东公司具有过错。依照合同约定，海东公司应当为其提供的材料、设备投保，但海东公司没有依约定为其材料、设备投保，致使其提供的材料包括太阳能电池晶硅板、支架等因日晒雨淋而受损时，无法从保险公司得到理赔而减少损失，海东公司上述行为违反了合同的约定，应当承担相应的违约责任。依照合同第44.6条约定，合同解除后，发包人应当为承包人撤出提供必要的条件，支付以上所发生的费用，并按照合同约定支付已完工程的价款。已经订货的材料、设备由订货方负责退货或解除合同，不能退还的货款和因退货、解除订货合同发生的费用，由发包人承担。因未及时退货造成的损失，由责任方承担。除此之外，有过错的一方应当赔偿因合同解除给对方造成的损失。该条约定，意味着海东公司应当承担向十三冶公司支付撤场费用，对于提供的材料、设备予以退货并承担退货产生的损失，只有在因十三冶公司的过错致使退货不及时的，才由十三冶公司承担赔偿责任。本案中，海东公司要求十三冶公司解除合同并撤场时，十三冶公司明确要求按照该约定支付费用方才同意，但海东公司没有根据该条款约定在合理期限内作出回应，故对于场地上的材料损失负有责任。十三冶公司撤出场地后，海东公司取回了价值不菲的电缆，但对于价值同样巨大的太阳能电池晶硅板及其他材料露天堆放则不闻不问，其行为没有能够有效防止损失的进一步扩大，亦存在过错。综上，依照法律规定，海东公司的法定义务包含以下方面：一是支付工程款，二是对十三冶公司的损失采取补救措施。同时，对于海东公司没有按照合同约定及法律规定，有效防止损失扩大，负有主要责任，应当减轻十三冶公司的赔偿责任。关于海东公司支付工程款。讼争工程1区已完工程量的造价为633292.40元，6区已完工程量的造价为17263.60元。上述工程款海东公司依法应当支付。由于该部分工程款是诉讼中通过鉴定方式确定的，故应当自工程款确定并送达海东公司之日（2014年3月7日）起按照中国人民银行公布的国有商业银行贷款基准利率标准赔偿十三冶公司的利息损失。对于26区已完工程量造价为305131.83元，但该部分工程同样存在纵梁装反的质量问题，目前该区工程款的支付条件尚未成就。依照法律规定，出现质量问题时应当由施工方返工并承担返工费用。故十三冶公司应当在一定期限内按照图纸设计要求完成返工，在十三冶公司完成返工任务后，海东公司应当支付该笔工程款。关于海东公司赔偿十三冶公司因海东公司违法解除合同的损失。双方间工程工期较短，仅为32天；但工程价款达2800万，工程款数额巨大。如此巨额的工程对于双方而言，都应当谨慎履行。从目前的情况来看，虽然没有证据证明十三冶公司所主张的海东公司因为资金断裂而恶意终止合同，但海东公司在主张解除权时，显然没有认真研读双方之间订立的合同，以至于对合同约定的违约责任、解除权的行使等理解有偏差，从而出现主张解除权而难以实现法律规定的解除效果这一局面。对于其不当行使权利而给对方造成的损失，依法应当予以赔偿。但是，从目前十三冶公司提供的证据看，其虽然主张了部分损失，但因其主张的证据没有证据证明，故十三冶公司的该项请求，法院难以支持。

（2）十三冶公司的责任及应当承担的义务。按照双方的合同约定，十三冶公司应当对海东公司提供的材料、设备的安全承担义务。在讼争工程施工完毕或合同被解除后，应当向海东公司返还未使用的材料设备，对于施工中由于其不当行为造成材料、设备损坏的，应当予以赔偿。在十三冶公司针对海东公司不当行使解除权后而撤出场地后，对于海东公司提供的材料、设备采取放任态度，以致海东公司遭受损失。故十三冶公司对于不能返还部分应当承担民事责任。由于解除合同系海东公司不当行使所致，加之海东公司没有为讼争材料、设备投保，且在十三冶公司撤场后没有采取措施防止损失扩大，故十三冶公司应当承担不能返还部分材料损失的三分之一。

四、单方解除，还是双方达成了合意解除

【典型案例112】单方解除，还是双方达成了合意解除

【案号】（2016）川07民终2465号

【案由】建设工程施工合同纠纷

【基本案情】

经政府批准，被告与原告于2014年签订《绵阳市警钟街地下空间开发（兼顾人防工程）合作协议书》。2015年经绵阳市人大常委会审议，绵阳市人民政府研究决定，停止实施案涉协议项目。2015年6月原、被告间通过书面函件就后续事宜进行商谈，同年8月原告就案涉协议项目被停止一事向被告提出异议，并引发诉讼。原告起诉要求判决确认被告于2015年6月4日单方面解除《绵阳市警钟街地下空间开发（兼人防工程）合作协议书》的行为无效。

争议焦点有三：（1）案涉合作协议是被告单方解除还是双方合意解除？（2）在2015年9月6日提起本案诉讼是否超出除斥期间？（3）案涉合作协议解除之效力，即解除之事由是否成立。

【法院意见】

原告发出停止实施案涉协议项目的函，该函件字面意思显示被告向原告告知停止实施协议项目、终止履行协议，但不能反映原、被告双方有协商终止协议的合意。原告及第三人法定代表人在该函件上有签名，并签注"已收到"，其意思仅能表明原告收到前述函件，亦不能显示原、被告有终止协议的合意。同时，被告不能提供其他证据证明原、被告经会谈协商后均同意终止案涉合作协议这一事实。故案涉合作协议的解除系被告单方解除。

根据《合同法司法解释（二）》第24条的规定："当事人对合同法第96条、第99条规定的合同解除或者债务抵销虽有异议，但在约定的异议期限届满后才提出异议并向人民法院起诉的，人民法院不予支持；当事人没有约定异议期间，在解除合同或者债务抵销通知到达之日起三个月以后才向人民法院起诉的，人民法院不予支持。"

《民事诉讼法》第 82 条规定了期间的起算及届满日认定方式，其中第三款规定："期间届满的最后一日是节假日的，以节假日后的第一日为期间届满的日期。"该条款内容不属于期间延长或顺延期间范畴，仍然属于对期间届满日为节假日时如何计算届满日的规定。本案被告在 2015 年 6 月 4 日向原告发出终止履行案涉协议，原告于 2015 年 9 月 6 日向本院提起诉讼，而 2015 年 9 月 3 日、4 日、5 日系国家规定的纪念日放假与调休日，原告在 2015 年 9 月 6 日提起诉讼，未超出除斥期间。

原、被告所签案涉合作协议，系经市人民政府批准，协议内容也非单一商业开发，另还有承载社会服务等公共利益性质。协议成立后，按照市人大常委会审议意见，政府决定停止实施协议项目。据此，该协议成立后的客观情况发生重大变化，协议已不可能实际履行。根据最高人民法院《合同法司法解释（二）》第 26 条的规定："合同成立以后客观情况发生了当事人在订立合同时无法预见的、非不可抗力造成的不属于商业风险的重大变化，继续履行合同对于一方当事人明显不公平或者不能实现合同目的，当事人请求人民法院变更或者解除合同的，人民法院应当根据公平原则，并结合案件的实际情况确定是否变更或者解除。"被告解除案涉合作协议之事由符合前述法律规定。同时原告在 2015 年 6 月 10 日发给被告的回函及退还保证金的函件所载明内容，亦表明其对被告解除合作协议、终止履行不持异议。原告在 2015 年 8 月再次发函中，才提出对被告解除合同有异议，并认为对于由绵阳市第六届人民代表大会第六次会议决议通过关于"启动警钟街、文化广场等地下空间开发"的决议，市六届常委会第 32 次会议是没有任何权利将其撤销或终止。一审法院认为，市人大常委会、市人民政府对涉及本案协议项目的事项是否有权审议或决定终止，非民事案件审查范围。同时，原告不能证明该审议或决定失效，故其要求确认被告在 2015 年 6 月 4 日解除案涉合作协议的行为无效之请求不能成立。

二审法院判决，关于原告解除合同的行为是否有效的问题。绵阳市政府作出决定后，本案合作协议已经不具备履行条件。交发集团在收到绵阳市人民政府《关于停止实施警钟街地下空间开发（兼顾人防工程）项目的通知》后，向南方公司发出《关于停止实施绵阳市警钟街地下空间开发（兼顾人防工程）及公共通道管网系统项目的函》，主张解除合同。2015 年 6 月 10 日的两份函件的内容表明南方公司对交发集团解除合同的主张予以接受，同意终止合作协议并进行清理结算。因此，双方的合同关系已于 2015 年 6 月 10 日解除，双方应当根据《合同法》第 97 条、第 98 条的规定，按照合作协议中结算、清理条款的约定以及合同履行的具体情况进行清理、结算，南方公司单方对解除合同反悔没有法律效力。

【格案致知】

本案一审法院认为，系单方解除合同行为。二审法院却认为，系双方达成了合意解除合同。笔者认为，二审法院的认定很牵强，不符合《合同法》第 93 条关于合意解除的法律规定。合同解除，是指解除合同的权利和义务，即合同解除应当涉及权利义务的后续安排，否则，不会产生解除的法律后果。即使双方都有解除合同的合意，但没有对如何解除达成协议的情况下，也不能视为产生了合意解除的法律后果。

五、本案合同是 BOT 还是 EPC，是否因是 BOT 模式而不能解除合同

【典型案例 113】 合同是 BOT 还是 EPC，是否因是 BOT 模而不能解除合同

【案号】（2017）最高法民终 57 号

【案由】建设工程施工合同纠纷

【法院意见】

本案争议焦点为：案涉《工程总承包合同》是否应予解除？首钢京唐公司是否应当向绿诺公司支付工程款？

1. 关于案涉《工程总承包合同》是否应予解除的问题。

法院认为，判断案涉《工程总承包合同》是否应予解除，应当从两个方面加以分析，一是案涉合同的承包方式是 BOT 还是 EPC，合同是否因承包模式是 BOT 而不能解除；二是首钢京唐公司是否在支付工程款方面存在根本违约。

建设工程领域的所谓 EPC 承包模式，即 Engineering—工程设计、Procurement—设备采购、Construction—组织施工，通称设计采购施工总承包。BOT 承包模式，即 Build—建设、Operate—运营、Transfer—转让，通常是指政府部门就某个基础设施项目签订特许权协议，授权签约的私企来承担该项目的投资、融资、建设和维护。在特许期限内，许可其融资建设和经营特定的公共基础设施，并通过向用户收费或出售产品以清偿贷款，回收投资并赚取利润。政府对该公共基础设施有监督权、调控权，特许期满，签约的私企将该公司基础设施无偿或有偿移交给政府部门。因此，从 BOT 承包模式的性质和本案所涉工程项目并非公共基础设施以及不存在政府部门作为合同当事人的情况看，案涉《工程总承包合同》不属于 BOT 承包模式。另外，从《工程总承包合同》的第 2 条可以看到，承包方式为"采取设计采购施工（EPC）/交钥匙的工程总承包方式"，而且根据该合同第 1.17 规定："组成合同的文件即有限解释顺序"，《工程总承包合同》的解释效力高于合同所附的其他文件。因此，案涉《工程总承包合同》不是 BOT 承包方式，并非由承包模式决定不能解除。

二审法院认为，一审法院已经查明，案涉工程竣工验收后，双方当事人通过结算，确认了工程款及利息数额共计 231013397 元。首先，首钢京唐公司前五期工程款支付情况是每期均作部分支付，共计支付 5800 万元，合计欠付 69155487 元。《工程总承包合同》对于首钢京唐公司支付工程款义务的约定是"合同价款自投产运行满一年时开始支付"。案涉工程通过 168 小时试运行后形成的《脱硫工程运行交接书》上明确记载："达到设计要求，具备正式投产条件。"因此，一审判决将通过 168 小时试运行后一年的 2012 年 1 月认定为支付工程款的起点并无不当。其次，虽然双方当事人没有在《工程总承包合同》中就工程款支付日期作出具体的约定，但一审判决结合案涉项目完成 168 小时试运行的时间和首钢京唐公司每年 1 月支付工程款的情况，将首钢京唐公司向绿诺公司支付工程款的时间认定为每年 1 月，并无不当。再次，案涉脱硫设备一经开机运

转,非因事故等重大原因,一般不会停机。也就是说,在绿诺公司向首钢京唐公司移交设备后,首钢京唐公司即因该设备的运行而实际受益。从理论上说,双方当事人的权利应当按照合同中的约定,将设备移交时间后的一年作为首钢京唐公司向绿诺公司支付工程款的起算时间,在合同约定不明,双方当事人为此产生争议的情况下,人民法院在对合同进行解释时,应当考虑公平原则,尽可能平衡双方当事人的利益。因此,对于首钢京唐公司利用合同约定不明之处,在合同权利已经实现的情况下,通过单方解释,拖延另一方实现合同权利的主张,不应予以支持。一审判决在首钢京唐公司已经于2011年1月从案涉脱硫设备运营中受益的情况下,不支持其有关支付工程款的起算点为2012年7月29日的主张,并无不当。最后,案涉脱硫设备于2013年4月1日至2014年6月底因事故中断运营,但至2013年1月,首钢京唐公司即应向绿诺公司支付第二期工程款,其以付款日期为7月29日为由主张未支付第二期工程款是因为付款时间未到,至2014年10月底始成就第二期运营满一年的付款条件的主张亦不能成立。首钢京唐公司在2013年1月24日曾支付工程款700万元,显然其知道每年的1月份是其应当履行工程款支付义务的时间,因此有履行行为,但不完全履行,已经构成违约。而且,在首钢京唐公司提出的继续付款条件成就后的2014年10月以后,其仍然没有按照合同约定按期、足额支付工程款。一审法院依据《合同法》第94条之规定,判决解除双方当事人签订的《工程总承包合同》,认定事实清楚、适用法律正确。

2. 关于首钢京唐公司是否应当向绿诺公司支付工程款的问题。

本院认为,根据《合同法》第97条之规定,合同解除后,尚未履行的,终止履行;已经履行的,根据履行情况和合同性质,当事人可以要求恢复原状、采取其他补救措施,并有权要求赔偿损失。《合同法》第167条第1款规定,分期付款的买受人未支付到期价款的金额达到全部价款的五分之一的,出卖人可以要求买受人支付全部价款或者解除合同。虽然该条规定针对的是买卖合同,但根据《合同法》第174条规定,法律对其他有偿合同有规定的,依照其规定,没有规定的,参照买卖合同的有关规定。故合同解除后,绿诺公司可以请求首钢京唐公司一次性支付全部剩余工程款,并依照合同约定就欠付工程款支付利息。

鉴于案涉争议是由首钢京唐公司迟延支付工程款引起的,一审判决首钢京唐公司在合同解除的情况下,向绿诺公司一次性支付剩余工程款,并无不当。但客观上将合同约定的分十年支付的工程款一次性支付,毕竟会给首钢京唐公司造成较大的经济压力,因此,理论上存在由二审法院根据首钢京唐公司的上诉请求对合同解除后首钢京唐公司工程款支付时间进行调整的可能。但二审庭审中,经询问当事人,首钢京唐公司明确表示,不需要二审法院做此调整,请求二审法院判决继续履行合同或者将本案发回一审法院重审。因此,由本院调整首钢京唐公司在合同解除后的工程款支付时间缺少当事人请求的基础。

【格案致知】

本案涉及两个主要争议焦点,一是绿诺公司主张提前支付剩余工程款,解除合同是否应予以支持;二是欠付工程款数额如何确定。

关于合同是否应予以解除。根据《合同法》第94条"在履行期限届满之前,当事人一方明确表示或者以自己的行为表明不履行主要债务"以及"当事人一方迟延履行债务或者有其他违约行为致使不能实现合同目地的"的规定，当事人可以解除合同。案涉建设工程经首钢京唐公司验收合格并投入使用后，首钢京唐公司未按合同约定的期限支付工程款，截止 2016 年 1 月 30 日，仅支付前五期工程款 5800 万元，欠付前五期工程款达 6915,5487 元，且无合法原因，其行为构成违约，其行为已表明不履行合同义务，致使绿诺公司无法实现合同目的，因此，绿诺公司诉请解除《工程总承包合同》，提前支付剩余工程价款符合法律规定。

六、施工合同解除后工程交接争议

【典型案例 114】 施工合同解除后工程交接争议

【案号】（2014）浙民提字第 41 号
【案由】建设工程施工合同纠纷
【法院意见】

关于永翔公司未及时向潇潇公司移交工程的损失应当如何确定的问题。《合同法》第 98 条规定，合同的权利义务终止，不影响合同中结算和清理条款的效力。根据（2008）萧民一初字第 6747 号民事调解书，双方当事人同意本案的《建设工程施工合同》于 2008 年 11 月 28 日解除，因解除合同引起的工程款结算与经济赔偿等纠纷另行处理。但是双方当事人未就合同解除后的工程移交等事项达成协议，故合同解除后的工程移交事项应当按照法律规定和合同约定进行。本案工程尚未完工，合同解除后，潇潇公司还须继续建设未完工程，因此，本案合同解除后，永翔公司应当及时向潇潇公司移交工程。经潇潇公司催告后，永翔公司未向潇潇公司移交工程，永翔公司应承担向潇潇公司赔偿损失的民事责任。但是在永翔公司同意移交工程后，潇潇公司以工程尚在鉴定和永翔公司未移交工程资料为由拒绝接受，导致工程迟延交付的损失扩大，对此潇潇公司应当自行承担责任。

根据在案证据，潇潇公司向永翔公司明示主张交付工程的时间为 2010 年 1 月 25 日，永翔公司获悉时间为 2010 年 2 月 1 日，但永翔公司拒不移交；永翔公司于 2011 年 7 月 11 日提出移交工程，潇潇公司于 2011 年 7 月 20 日函告一审法院，要求在工程鉴定及永翔公司移交资料后才同意移交工程，故损失计算时间可以酌情确定为从 2010 年 2 月 2 日起至 2011 年 7 月 20 日止。考虑本案工程尚未完工，损失计算标准可以参照评估租金标准酌定为日租金的 55%。据此，永翔公司应向潇潇公司赔偿损失。

【格案致知】

施工方占有工程的合法依据就是施工合同，施工合同解除后，施工方占有工程的合法依据即行消失，施工方必须移交工程给业主。施工合同解除日，应为工程交接日。因此本案合同解除后，永翔公司应当及时向潇潇公司移交工程。施工方该移交的时候不移交，应赔偿相应损失，后来移交的时候，业主不接收，应承担因此而扩大的损失。

附录

最高人民法院公报：与合同解除权有关的 12 个裁判规则汇总

1. 在双务合同中，双方当事人均存在违约的，如何判断合同当事人是否享有解除权？

【规则要旨】

在双务合同中，双方均存在违约的情况下，应根据合同义务分配情况、合同履行程度以及各方违约程度大小等综合因素，判断合同当事人是否享有解除权。

【延伸阅读】

合同解除权包括法定解除权和约定解除权。在双务合同中，无论合同双方当事人是否约定了合同解除条款，在双方均存在违约的情况下，如一方当事人已经履行了大部分合同义务，尤其是合同目的已基本达成的，若另一方当事人解除合同，应综合考虑合同的履行情况等因素，判断其是否享有解除权。如果另一方当事人解除合同将导致合同双方利益的显著失衡，且合同继续履行并不影响各方要求对方承担违约责任的权利的，则不宜认定其享有合同解除权。

【案例索引】

最高人民法院（2012）民一终字第 126 号民事判决书（审判长辛正郁，代理审判员王丹、司伟，2012 年 12 月 29 日），见《兰州滩尖子永昶商贸有限责任公司等与爱之泰房地产开发有限公司合作开发房地产合同纠纷案》，载《最高人民法院公报》2015 年第 5 期（总第 223 期）"裁判文书选登"。

2. 一方当事人单方解除合同后，拒绝接受对方当事人减少其损失的建议，造成自身利益受到损害的，责任应如何承担？

【规则要旨】

一方当事人提出解除合同后，在未与对方协商一致的情况下，拒绝对方提出减少其损失的建议，坚持要求对方承担解除合同的全部损失，并放弃履行合同，致使自身利益受到损害的，应自负全部责任。

【延伸阅读】

根据《合同法》第 93 条、第 94 条的规定，在无法定或约定的解除情形下，合同一方当事人未与对方协商一致的，不得单方强行解除合同，并要求对方承担解除合同的全部损失。在双方没有达成一致时,任何一方当事人均应继续履行合同约定的权利和义务,违反合同约定的一方,应依据《合同法》第 107 条的规定,承担继续履行、采取补救措施或者赔偿损失等违约责任。因此,在双方未对是否解除合同达成一致意见时,一方提出解除合同并拒绝对方减少损失的建议,坚持要求对方承担解除合同的全部损失,同时放弃履行合同,致使自身利益遭受损害的,应自行负责。

【案例索引】

北京市第一中级人民法院民事判决书(2004 年 11 月 20 日),见《孟元诉中佳旅行社旅游合同纠纷案》,载《最高人民法院公报》2005 年第 2 期(总第 100 期)"案例"。

3. 解除合同是否属于对合同标的物进行处分的方式?

【规则要旨】

根据《物权法》第 15 条规定之精神,处分行为有别于负担行为,解除合同并非对物进行处分的方式,合同的解除与否不涉及物的所有权的变动,而只与当事人是否继续承担合同所约定的义务有关。

【延伸阅读】

解除合同并非对物进行处分的方式,这一裁判规则对于转移标的物所有权的合同纠纷审理具有指导意义。以买卖合同为例,相关的问题是:在买卖合同标的物所有权未转移之前,出卖人能否以自己对标的物仍享有占有、使用、收益、处分的权利为由解除合同?对此,《最高人民法院公报》刊载的该案例明确:出卖人在将合同标的物转移至买受人之前,其确实仍然对该标的物享有所有权,但这并不意味着其可在不符合当事人约定或者法律规定的情形下随意解除双方之间的合同关系。在双方买卖法律关系成立并生效后,出卖人虽系合同标的物的所有权人,但其应当依约全面、实际履行其在买卖法律关系项下的义务。若认为在买卖标的物所有权转移之前,所有人对自己的标的物享有占有、使用、收益、处分的权利,进而认定出卖人有权选择处分财产的方式解除合同,则违背了《合同法》保障交易安全的基本原则,系对《物权法》的错误理解与适用。

【案例索引】

最高人民法院(2013)民提字第 90 号民事判决书(审判长辛正郁,代理审判员沈丹丹、司伟,2013 年 11 月 14 日),见《成都讯捷通讯连锁有限公司与四川蜀都实业有限责任公司、四川友利投资控股股份有限公司房屋买卖合同纠纷案》,载《最高人民法院公报》2015 年第 1 期(总第 219 期)"裁判文书选登"。

4. 解除合同方未向对方提出而是在其他合同中与他人约定解除前述合同的,是否发生合同解除的效果?

【规则要旨】

当事人订立合同后,一方要解除合同应当向对方当事人提出。解除合同方未向对方提出而是在其他合同中与他人约定解除前述合同的,不发生合同解除的效果。

【延伸阅读】

合同一经成立即具有法律效力。当事人订立合同后,一方要解除合同应当向对方当事人提出。合同订立并生效后,合同一方当事人与他人另行订立合同,并在该合同中约定解除前述合同或约定前述合同自动失效的，若前述合同的对方当事人否认该约定，则即使后合同真实有效，该合同中有关解除前述合同或前述合同自动失效的约定也不能发生前述合同解除或失效的效果。前后两个合同分属不同的法律关系，人民法院不得并案审理。

【案例索引】

最高人民法院（2010）民提字第153号民事判决书（审判长王东敏，代理审判员王富博、杜军，2011年6月28日），见《广东达宝物业管理有限公司与广东中岱企业集团有限公司、广东中岱电讯产业有限公司、广州市中珊实业有限公司股权转让合作纠纷案》，载《最高人民法院公报》2012年第5期（总第187期）"裁判文书选登"。

5. 合同解除后，违约金条款是否仍然适用？

【规则要旨】

《合同法》第97条规定，合同解除后，尚未履行的，终止履行，已经履行的，根据履行情况和合同性质，当事人可以请求恢复原状、采取其他补救措施，并有权要求赔偿损失。据此，合同解除导致合同关系归于消灭，故合同解除的法律后果不表现为违约责任，而是返还不当得利、赔偿损失等形式的民事责任。对当事人要求支付违约金的主张，不应支持。

【延伸阅读】

关于合同解除后违约金条款是否适用问题，目前的核心争议在于违约金条款是否属于《合同法》第98条规定的"合同中结算和清理条款"。对此，笔者梳理相关裁判规则如下：

（1）在《最高人民法院公报》案例层面，尚有如下一些涉及合同解除与违约金关系的案例：

①新宇公司诉冯玉梅商铺买卖合同纠纷案（《最高人民法院公报》2006年第6期）。

②重庆索特盐化股份有限公司与重庆新万基房地产开发有限公司土地使用权转让合同纠纷案（《最高人民法院公报》2009年第4期）。

③广州市仙源房地产股份有限公司与广东中大中鑫投资策划有限公司、广州远兴房产有限公司、中国投资集团国际理财有限公司股权转让纠纷案（《最高人民法院公报》2010年第8期）。

④陈全、皮治勇诉重庆碧波房地产开发有限公司、夏昌均、重庆奥康置业有限公司合同纠纷案（《最高人民法院公报》2010年第10期）。

⑤天津市天益工贸有限公司与天津市滨海商贸大世界有限公司等财产权属纠纷再审案（《最高人民法院公报》2013年第10期）。

上述案例的判决重点虽不是合同解除与违约金的关系问题，但无一不明确了合同解除的同时，非违约方可以根据合同约定的违约金条款主张违约金责任。

（2）在司法政策性文件层面，最高人民法院《关于当前形势下审理民商事合同纠纷案件若干问题的指导意见》（法发〔2009〕40号）第8条规定，合同解除后，当事人主张违约金条款继续有效的，人民法院可以根据合同法第98条的规定进行处理。而

《合同法》第 98 条规定，合同权利义务终止，不影响合同中结算和清理条款的效力。可以看出，该指导意见肯定了违约金条款属于"合同中结算和清理条款"，且不因合同解除而失效。

（3）在司法解释层面，最高人民法院《关于审理买卖合同纠纷案件适用法律问题的解释》（法释〔2012〕8 号）第 26 条规定，买卖合同因违约而解除后，守约方主张继续适用违约金条款的，人民法院应予支持；但约定的违约金过分高于造成的损失的，人民法院可以参照《合同法》第 114 条第 2 款的规定处理。据此，违约金条款和合同的解除可以并存。综上，就合同解除后违约金条款是否仍然适用问题，应采肯定说。本裁判规则不能再参照适用。

【案例索引】

最高人民法院（2009）民一终字第 23 号民事判决书（审判长吴晓芳，代理审判员宋春雨、王毓莹，2009 年 12 月 15 日），见《广西桂冠电力股份有限公司与广西泳臣房地产开发有限公司房屋买卖合同纠纷案》，载《最高人民法院公报》2010 年第 5 期（总第 163 期）"裁判文书选登"。

6. 当事人未提出解除合同的诉讼请求，人民法院能否依职权判决解除合同？

【规则要旨】

解除权在实体方面属于形成权，在程序方面则表现为形成之诉。在没有当事人依法提出该诉讼请求的情况下，人民法院不能依职权径行裁判解除合同。

【延伸阅读】

合同解除权为形成权。当事人关于形成权的纠纷，即为形成之诉。形成权的行使必须基于权利人的意思表示，并且于该意思表示为相对人了解或者到达相对人时发生效力。因此，《合同法》第 96 条第 1 款规定，当事人一方依照《合同法》第 93 条第 2 款、第 94 条的规定主张解除合同的，应当通知对方。合同自通知到达对方时解除。对方有异议的，可以请求人民法院或者仲裁机构确认解除合同的效力。根据"相同情况相同处理"的法律适用理念，当事人直接请求人民法院判决解除合同，应当理解为是当事人的一种意思表示方式，与以通知方式行使解除权并无本质的差别。也就是说，当事人在诉讼中若想达成解除合同的目的，必须提出相应的诉讼请求，人民法院也须基于该请求做出相应裁判。如当事人未提出解除合同的诉讼请求的，人民法院不能依职权径行裁判解除合同。

【案例索引】

最高人民法院（2004）民一终字第 106 号民事判决书（审判长程新文，代理审判员贾劲松、关丽，2005 年 12 月 22 日），见《崂山国土局与南太置业公司国有土地使用权出让合同纠纷案》，载《最高人民法院公报》2007 年第 3 期（总第 125 期）"裁判文书选登"。

7. 因委托人解除委托合同，受托人要求赔偿损失的，赔偿范围是否包括对方的预期利益损失？

【规则要旨】

根据《合同法》第 410 条规定，委托人或者受托人可以随时解除委托合同。因解除合同给对方造成损失的，除不可归责于该当事人的事由以外，应当赔偿损失。但是，当事人基于解除委托合同而应承担的民事赔偿责任，不同于基于故意违约而应承担的民事责任，前者的责任范围仅限于给对方造成的直接损失，不包括对方的预期利益。

【延伸阅读】

委托合同基于当事人之间的相互信任而订立，亦可基于当事人之间信任基础的动摇而解除。《合同法》第410条规定，委托人或者受托人可以随时解除委托合同。因解除合同给对方造成损失的，除不可归责于该当事人的事由以外，应当赔偿损失。据此，虽然委托合同当事人行使法定解除权亦应承担民事责任，但这种责任的性质、程度和后果不能等同于当事人故意违约应承担的违约责任。基于委托合同法律关系的性质，不宜对这里的"赔偿损失"作扩大解释。也就是说，委托人承担的赔偿范围应限于因委托合同解除而给受托人造成的直接损失，受托人要求赔偿由此可能造成的预期利益损失的，人民法院不应支持。

【案例索引】

最高人民法院（2005）民二终字第143号民事判决书（审判长徐瑞柏，审判员张树明，代理审判员张雪梅，2005年11月22日），见《上海盘起贸易有限公司与盘起工业（大连）有限公司委托合同纠纷案》，载《最高人民法院公报》2006年第4期（总第114期）"裁判文书选登"。

8. 解除合同的通知送达时间拖延是否影响合同解除的法律效果？

【规则要旨】

合同一方当事人构成根本违约时，守约的一方当事人享有法定解除权。合同的解除在解除通知送达违约方时即发生法律效力，解除通知送达时间的拖延只能导致合同解除时间相应后延，而不能改变合同解除的法律后果。当事人没有约定合同解除异议期间，在解除通知送达之日起三个月以后才向人民法院起诉的，人民法院不予支持。

【延伸阅读】

根据《合同法》第94条的规定，合同一方当事人违反合同致使该合同的目的不能实现，即构成根本违约。当合同一方构成根本违约时，另一方当事人可以依法解除合同并要求对方承担违约责任。根据《合同法》第96条第1款的规定，合同的解除在解除通知送达违约方时即发生法律效力。可见，合同解除的确定是以享有解除权一方的相关解除文书送达相对方之时作为开始发生法律效力的依据，送达时间的拖延只能产生合同解除的起始时间相应后延的后果，而不能导致相关文书送达后不发生法律效力。《最高人民法院关于适用〈中华人民共和国合同法〉若干问题的解释（二）》第24条规定，当事人对《合同法》第96条、第99条规定的合同解除或者债务抵销虽有异议，但在约定的异议期限届满后才提出异议并向人民法院起诉的，人民法院不予支持；当事人没有约定异议期间，在解除合同或者债务抵销通知到达之日起三个月以后才向人民法院起诉的，人民法院不予支持。据此，当事人在收到解除合同通知后，未在约定或法定的时间内行使异议权，应当认定当事人之间签订的合同已经在合同解除通知送达对方当事人时解除。

【案例索引】

最高人民法院（2010）民一终字第45号民事判决书（审判长孙延平，代理审判员李琪、王林清，2010年10月22日），见《深圳富山宝实业有限公司与深圳市福星股份合作公司、深圳市宝安区福永物业发展总公司、深圳市金安城投资发展有限公司等合作开发房地产合同纠纷案》，载《最高人民法院公报》2011年第5期（总第175期）"裁判文书选登"。

9. 普通房屋买卖合同的解除权行使期限，能否适用相关司法解释关于商品房买卖合同解除权行使期限的规定？

【规则要旨】

最高人民法院《关于审理商品房买卖合同纠纷案件适用法律若干问题的解释》第15条关于解除权行使期限的规定，仅适用于该解释所称的商品房买卖合同纠纷案件。对于其他房屋买卖合同解除权的行使期限，法律没有规定或者当事人没有约定的，应当根据《合同法》第95条的规定，在合理期限内行使。何为"合理期限"，由人民法院结合具体案情予以认定。

【延伸阅读】

据该裁判规则，最高人民法院《关于审理商品房买卖合同纠纷案件适用法律若干问题的解释》第1条规定，本解释所称的商品房买卖合同，是指房地产开发企业将尚未建成或者已竣工的房屋向社会销售并转移房屋所有权于买受人，买受人支付价款的合同。据此，该司法解释仅适用于房地产开发企业向社会公开销售商品房而订立的商品房买卖合同，对于非房地产开发企业向特定的对象出售房屋而订立的买卖合同，不适用于上述司法解释。因此，该解释第15条关于解除权行使期限的规定并不适用于非商品房买卖合同。根据《合同法》第95条的规定，法律没有规定或者当事人没有约定解除权行使期限，经对方催告后在合理期限内不行使的，该权利消灭。对房屋买卖合同的解除权行使期限，法律没有规定，而当事人在合同中亦未约定的，对于何为"合理期限"，应当由人民法院结合具体案情予以认定。

笔者认为，在法律就"合理期限"作出明确规定之前，可以类推适用最高人民法院《关于审理商品房买卖合同纠纷案件适用法律若干问题的解释》第15条的规定，即法律没有规定或当事人没有约定，经对方当事人催告后，解除权行使的合理期限为三个月；对方当事人没有催告的，解除权应当在解除权发生之日起一年内行使，逾期不行使的，解除权消灭。理由在于，商品房买卖合同与其他买卖合同在法律性质上并无实质差别，只是标的物不同而已，根据"相似的事物相同处理"的法律适用理念，界定两者解除权行使的"合理期限"自然不应有差别。再者，纵观各国立法，对于上述"合理期限"的规定，几乎均在合同法总则部分，少有针对某类特定合同的除外规定，其目的在于确保该规定的一体适用。我国亦应如此，有关合同解除权行使期限的规定，也应适用于所有类型的合同，故可通过类推适用上述司法解释的规定。

【案例索引】

最高人民法院（2012）民再申字第310号民事裁定书（审判长张国蓉，代理审判员付少军、张帆，2013年1月31日），见《天津市滨海商贸大世界有限公司与天津市天益工贸有限公司、王锡锋财产权属纠纷案》，载《最高人民法院公报》2013年第10

期（总第 204 期）"裁判文书选登"。

10. 催告对方履行合同的当事人违约的，其是否享有基于该催告而产生的合同解除权？

【规则要旨】

催告对方履行的当事人应当是守约方，处于违约状态的当事人不享有基于催告对方仍不履行而产生的合同解除权。

【延伸阅读】

《合同法》第 94 条第（3）项规定，当事人一方迟延履行主要债务，经催告后在合理期限内仍未履行的，对方当事人可以解除合同。该项规定赋予了合同当事人基于催告对方仍不履行而产生的合同解除权。综合《合同法》第 94～96 条的规定，《合同法》确立合同解除制度的立法宗旨在于将解除权赋予守约方，只有守约方才能享有基于催告对方仍不履行而产生的合同解除权。因此，若催告对方履行合同的当事人在发出催告通知时自身已处于违约状态，则其不能享有由此产生的合同解除权。需要注意的是，在满足一定条件下，赋予违约方合同解除权以平衡当事人之间的权益，亦应确认。相关案例详见下文。

【案例索引】

最高人民法院（2003）民一终字第 47 号民事判决书（审判长杜万华，审判员刘竹梅，代理审判员辛正郁，2004 年 4 月 1 日），见《万顺公司诉永新公司等合作开发协议纠纷案》，载《最高人民法院公报》2005 年第 3 期（总第 101 期）"裁判文书选登"。

11. 判定合同解除行为的效力应把握哪些标准？

【规则要旨】

合同解除权的行使须以解除权成就为前提，解除行为应当符合法律规定的程序，否则不能引起合同解除的法律效果。

【延伸阅读】

附录最高人民法院专家法官的主流观点：合同法定解除权产生的情形，归纳起来可以分两种，一种是因不可抗力产生的解除权；另一种是因一方违约而产生的解除权，包括拒绝履行、迟延履行和根本违约。

（1）关于因不可抗力致使合同目的不能实现导致的合同解除。

当事人依照这一情形行使法定解除权依法解除合同的，必须符合以下条件：

①合同有效成立，尚未履行完毕之前发生了不可抗力事件，如果履约方迟延履行的情况下发生了不可抗力事件，不可抗力则不能成为迟延履行一方解除合同或者免除违约责任的理由。

②由于不可抗力致使合同目的不能实现。如果不可抗力只是致使合同暂时不能按期履行，则当事人不能解除合同，在不可抗力事件消失后，应当继续履行合同。不可抗力的发生致使合同部分或者全部不能履行，从而导致当事人订立合同的目的无法实现时，当事人才可以解除合同。在适用不可抗力事由解除合同时，要注意区分不可抗力和情势变更规则的适用。两者区别在于：二者的障碍程度不同，造成的后果也不同。不可抗力

造成合同不能履行或者不能按期履行。情势变更造成合同履行艰难但并非不能履行。因不可抗力而不能履行合同时，可以免于承担违约责任。而情势变更的适用导致合同权利义务的变更或者解除。

（2）关于因预期违约造成的合同解除。

合同当事人根据先期违约的情形而行使合同的法定解除权，应当注意以下问题：

①必须是在合同履行期限届满之前行使，如果当事人在合同履行期限届满之后表示不履行其债务，对方当事人可以依法追究其违约责任，而不必解除合同。

②必须在对方当事人明确表示或者以自己的行为表明其不履行合同债务时才能行使。

（3）关于因迟延履行而引起的合同解除。

当事人根据这一法定条件行使法定解除权时，应当符合以下条件：

①对方当事人违反了双方对履行期限的约定，在履行期限届满时没有完全履行债务。债务的履行分为定期履行与未定有履行期限两种情况。定有履行期限的，是指双方约定了履行期限的最后时间。未定有履行期限的，债权人随时可以要求债务人履行，但必须给债务人必要的准备时间，准备时间届满后，即视为履行期限届满。

②对方当事人迟延履行的是合同中约定的主要债务。如一方当事人在合同履行期限内已经履行了合同规定的主要债务，只是迟延履行了合同的次要债务，则只能要求迟延履行方承担违约责任，而不能因此解除合同。

③必须对迟延方进行催告。所谓催告，是指债权人催促债务人及时履行合同债务的通知。催告必须采取书面形式，只有当迟延方在另一方给予其合理的履行期限内仍不履行合同主要债务的，另一方才可以行使其法定解除权。

（4）关于因迟延履行或者其他违约行为不能实现合同目的引起的合同解除。这种情形简称为根本违约。在审判实践中，判断是否构成根本违约要结合案件的具体案情进行分析和断定。要从双方签订合同的目的是否实现、迟延履行的程度以及合同解除后的法律后果等进行综合判定。特别是要考虑合同解除后的法律效果与社会效果的统一。

（5）法律规定的其他情形。如《合同法》第 148 条规定，因标的物不符合质量要求，致使不能实现合同目的的，买受人可以拒绝接受标的物或者解除合同。第 165 条规定，标的物为数物，其中一物不符合规定的，买受人可以就该物解除合同，但该物与其他物分离使标的物价值明显受损害的，当事人可以就数物解除合同。第 167 条规定，分期付款的买受人未支付到期价款的金额达到全部价款的五分之一的，出卖人可以要求买受人支付全部价款或者解除合同。总而言之，在判定合同解除时，要针对个案的不同情况，既要尊重当事人的选择，也必须考虑尽量消除因合同解除带来的消极后果。合同解除的适用，既要保护履约方的合法权益，也要达到惩罚违约方的目的。①

---

① 见《判定合同解除案件的标准问题》，最高人民法院民事审判第二庭副庭长付金联著，载《法律适用》2005 年第 5 期。

【案例索引】

最高人民法院（2003）民一终字第47号民事判决书，见《万顺公司诉永新公司等合作开发协议纠纷案》，载《最高人民法院公报》2005年第3期（总第101期）"裁判文书选登"。

12. 违约一方起诉要求解除合同、守约一方要求继续履行合同的，法院是否以及在何种情况下可以判决解除合同？

【规则要旨】

根据《合同法》第110条规定，有违约行为的一方当事人请求解除合同，没有违约行为的另一方当事人要求继续履行合同，当违约方继续履约所需的财力、物力超过合同双方基于合同履行所能获得的利益，合同已不具备继续履行的条件时，为衡平双方当事人利益，可以允许违约方解除合同，但必须由违约方向对方承担赔偿责任，以保证对方当事人的现实既得利益不因合同解除而减少。

【延伸阅读】

《合同法》第107条规定，当事人一方不履行合同义务或者履行合同义务不符合约定的，应当承担继续履行、采取补救措施或者赔偿损失等违约责任。从本条规定看，当违约情况发生时，继续履行是令违约方承担责任的首选方式。法律之所以这样规定，是由于继续履行比采取补救措施、赔偿损失或者支付违约金，更有利于实现合同目的。但是，当继续履行也不能实现合同目的时，就不应再将其作为判令违约方承担责任的方式。《合同法》第110条规定，当事人一方不履行非金钱债务或者履行非金钱债务不符合约定的，对方可以要求履行，但有下列情形之一的除外：（1）法律上或者事实上不能履行；（2）债务的标的不适于强制履行或者履行费用过高；（3）债权人在合理期限内未要求履行。此条规定了不适用继续履行的几种情形，其中第（2）项规定的"履行费用过高"，可以根据履约成本是否超过各方所获利益来进行判断。当违约方继续履约所需的财力、物力超过合同双方基于合同履行所能获得的利益时，人民法院应从衡平双方当事人利益受损状况和长远利益考虑，遵循公平和诚实信用原则，允许违约方解除合同，用赔偿损失来代替继续履行。同时，就判决赔偿损失而言，虽然不是应非违约方的请求作出的，但此举有利于公平合理地解决纠纷，也使当事人避免了诉累，故不应认定为超出了当事人的诉讼请求。

【案例索引】

江苏省南京市中级人民法院民事判决书（2004年9月6日），见《新宇公司诉冯玉梅商铺买卖合同纠纷案》，载《最高人民法院公报》2006年第6期（总第116期）"案例"。